U0450350

东方哲学与文化

第八辑

徐小跃 主编

Eastern Philosophy
and Culture

中国社会科学出版社

图书在版编目(CIP)数据

东方哲学与文化. 第八辑 / 徐小跃主编. —北京：中国社会科学出版社，2023.7

ISBN 978-7-5227-2608-3

Ⅰ.①东… Ⅱ.①徐… Ⅲ.①东方学—丛刊 Ⅳ.①K107.8-55

中国国家版本馆 CIP 数据核字（2023）第 178329 号

出 版 人	赵剑英
责任编辑	郝玉明
责任校对	谢　静
责任印制	王　超

出　　版	中国社会科学出版社
社　　址	北京鼓楼西大街甲 158 号
邮　　编	100720
网　　址	http://www.csspw.cn
发 行 部	010-84083685
门 市 部	010-84029450
经　　销	新华书店及其他书店

印　　刷	北京君升印刷有限公司
装　　订	廊坊市广阳区广增装订厂
版　　次	2023 年 7 月第 1 版
印　　次	2023 年 7 月第 1 次印刷

开　　本	710×1000　1/16
印　　张	15.75
字　　数	228 千字
定　　价	86.00 元

凡购买中国社会科学出版社图书，如有质量问题请与本社营销中心联系调换
电话：010-84083683
版权所有　侵权必究

《东方哲学与文化》编委会

学术委员会（按姓氏笔画排序）：

卢国龙　朱越利　刘笑敢　杜维明（美国）
李丰楙（台湾）　李　刚　李远国　胡孚琛
洪修平　姚卫群　徐　新　傅有德　楼宇烈
赖永海　詹石窗　熊铁基

编辑委员会（按姓氏笔画排序）：

戈国龙　尹志华　刘固盛　刘鹿鸣　李建欣
杨维中　何建明　沈文华　宋立宏　张广保
陈　坚　陈　霞　郑志明（台湾）　徐小跃
郭　武　盖建民　彭国翔　程乐松

主　　编：徐小跃

执行主编：沈文华

编 辑 部：陆杰峰

主办单位：老子道学文化研究会
　　　　　　南京大学道学与东方文化研究中心

目　　录

卷首语

真空妙有 …………………………………………… 徐小跃（1）

道学研究

七部明清丹经小考 ………………………………… 朱越利（6）
"斩赤龙"
　　——女丹的关键 ……………… ［意］莫尼卡著　田茂泉译（30）
"三家参同"与"济世度人"：明末徽州
　　曹珩道教思想探略 …………………………… 徐　克　郭　武（43）
林希逸老学的诠释特点与思想价值 ………………… 刘固盛（57）
杜光庭《易》《老》会通的宇宙论 ………………… 李延仓（79）
"老子化胡"思想与7世纪唐突关系 ……………… 司家民　韩吉绍（92）
江西梦山多元融合的文化特征 ……………………… 欧阳镇（110）
北属时期越南金石铭文中的道教信仰 ……………… 宇汝松（119）
诗中寻迹：丽江迎仙楼与木氏土司吕祖信仰 ……… 王　娜（140）

佛学研究

"以梦为马，不负韶华"
　　——天台之"梦"研究 ……………………… 陈　坚（164）

中国佛教莲宗与净土法门漫谈 …………………… 黄公元（193）
律宗在关中地区的发展与演变 …………………… 海　波（205）
善用竹篦子：论晦山戒显与"竹篦禅"的
　　明清传承 ………………………………………… 黄伟龙（229）

《东方哲学与文化》稿约 ……………………………………（246）

卷首语

真空妙有

徐小跃

说有说无应该是佛教各宗各派共同的理论任务。因为佛教以"空"来透视"有",又以"缘生缘灭"来让人明白有无。在我看来,对有无、对空有的理解没有比通过认知"真空妙有"来得更有效的了。《佛学大辞典》说:"非有之有曰妙有,以对于非空之空而曰真空也。"[①]

一

佛教的"性宗谈空","相宗说有","空"是"真空","有"是"妙有",也可以说缘起(妙有)性空(毕竟空),性空缘起。因为真实,才能缘起妙有。"有"与"空"之间并没有绝对。"妙有"说明你与凡夫俗子看到的"有"是不一样的。"妙有"是对"有"之实际相状及其属性的透视。我将其概括为,"妙有"是"因缘之有"与"变化之有"者也。"真空"也即"毕竟空"都是在强调一切"有",因为是"妙有",所以就其本质属性来说"它们"是不真实的,真的是空的。换句话说,虽然是"有",但就其本质来说,"有"

---

① 丁福保:《佛学大辞典》,上海书店出版社1991年版,第1203页。

毕竟是"空"的。

因为"有"被揭示出了"妙有",决定了"有"之性质是"因缘"("无我")与"变化"("无常"),即"空"的,"性空"是也。"妙有"已表明"性空",所以"有"与"空"是相即的关系,是"不异"的关系。所以佛教才说:"五蕴不异空,空不异五蕴,五蕴即是空,空即是五蕴!"

"有"是凡夫所见之"有";"妙有"是觉悟者所见之"有"。"妙有"命题的确定既已表明"有"的空性即无我之性与无常之性是随之呈现。

你若认识到"有"是"妙有",即"因缘和合"与"变化无常",那么你自然会得出结论:"有"真是空性的存在,即"联系"与"发展"的存在。如此一来,"妙有"就等于是"真空";"真空"就等于是"妙有"。"有"之前加了一个"妙"字,即通过这个"妙"字,其本身就表明觉悟到了"有"之真性。

二

"妙有"是"诸相非相"的同义语,而"见此"即悟了"有"是"性空",亦即表明见到"如来"了。所谓"见如来",就是洞见了"有"的本来属性、真性矣——无我与无常者也。"凡所有相,皆是虚妄,若见诸相非相,即见如来"(《金刚经》),此之谓也。从字面来理解"如来"二字,就是"如其本来"。什么"如其本来"呢?当是指宇宙间一切存在,也即佛教所说的"诸法""五蕴""凡所有相""一切有为法"。那么,"诸法""五蕴""凡所有相""一切有为法"的本来性状、相状是怎样的呢?佛教指出:性空,非相,妙有,假有,幻有,不真有。而如果人们认识到了这一点,洞见到了这一点,那么证明你看到了宇宙间一切存在的真实本性了。"见诸法非相,即见如来",此之谓也。为什么说是"非相"呢?因为一切"相"都是"无我"与"无常"的存在,所以它没有"一相",没有"常相"!

所以我们可以说，"妙有"所表示的正是"凡所有相都是非相"的意思。故见妙有亦见如来矣。

一切"有"都是"妙有"，正因为是"妙有"，所以一切"有"之性才真的是空呢！"妙有真空""真空妙有"，此之谓也。

说"空"说"有"，实际上都是一回事。只要是佛教，它一定是以"缘起论"为其理论基础的，缺此就不叫佛教，所以空宗与有宗，尤其是有宗，虽然重点强调"有"，但它又一定要指出"有"是"缘起性空"的。

"十二因缘"都是在说"有"，彼此之间相互影响并发挥着作用。因此你就不能视它们为没有，它们是"有"的，但人可以"转化"它们，"超越"它们，这也可能是视"有"为"有"的原因所在。

因为"有"是"妙有"，所以才决定了"有"不是"真有"！因为"空"是"真空"，所以才决定了"空"不是什么没有！或者说，"真空"要表达的意思是，"有"的性是空的（无我与无常），但不是指"绝虚"的那种存在。

如果你将"空"理解成什么都没有，那就叫"断灭空"，而"断灭空"就不是"空"了。"真空"所要表达的不是"断灭空"。"空"不是"断灭空"，即什么都没有的意思，那么就需要在"空"前面加上一个字"真"。可见，"真空"概念的建立是为了对治"断灭空""恶取空""顽空"等错误的见解。故而又叫"断灭见""邪见"！不是什么都没有，言外之意就是"有"。但却又不是一般世俗所见之"有"，这样的"有"前面也需要加上一个字——"妙"。所谓的"妙有"就是"多有"，就是"变有"。而"多有""变有"恰又是"真空"的意思。"真空妙有""妙有真空"一也。

三

我将《心经》"五蕴皆空"，"色不异空，空不异色。色即是空，空即是色"作如下转换："妙五蕴皆真空"，"妙色不异真空，真空不异妙色。妙色即是真空，真空即是妙色"。

妙色之"多色""变色"不异于（等于、是）真空之旨也。妙色之多色和变色就是"空"的真实意思。不是什么都没有，而是"多多的有"与"变化无常的有"，所以才叫"此有"为"妙有"！从而也才叫"此有"（"妙有"）为"真空"！

一切相都是因缘合成的、组合的、构成的。现象有，本性无；唯有众缘，实无一法。没有自性，没有固定不变的实质，当体即空。

"当"是代词，"本、这"的意思，例如"本尊"。所以正解"当体即空"也就非常重要了。在我看来，"当体"有二义：一是"这相""本相"就是空的，突显的是对"此相"的认定，而不是脱离"本尊"（该事物、此有）的"另有一物"的存在；二是"这相的本体、体性、本质是空的"，突显的是对"此相"属性的规定。"当体"第一义侧重"现象有"；"当体"第二义侧重"本性无"。

诸法本性空——非真有，缘起有——非绝无。说"自性空"是为了对治"执着"——执着一因、一缘，数因、数缘而不是"众因多因""众缘多缘"且"和合"者也；说"缘起有"是为了对治"恶取空"。对"空"说"有"，对"常"说"无"。实离于"有无"。既不能堕入断灭的绝对空，又不能牢牢系着实有不变的常执。

"空"不否定缘起的作用，也不泯灭因果，不可沉"空"而废"有"。我认为应这样更确切地表述：说空的目的、归旨正是为突显缘起的存在、缘起的作用、有因才有果的道理。例如，树为果，树种是其"因"，水分、土壤、阳光是其"缘"。

值得强调指出的是，佛教的一系列用来表述诸法诸相，即一切存在之有之本性的那些用语，如缘起性空、因缘和合、无自性、缘生缘灭、无我、无常，此有故彼有，此生故彼生，此无故彼无，此灭故彼灭等都在说因果。"此有故彼有"，不是在说"因果"吗？"此无故彼无"不也是在说"因果"吗？"缘生缘灭"不还是在说"因果"吗？所以，从缘起性空而得出没有因果的结论是荒谬的。

甚至这种表述都不够明晰，说什么，说"空"并不否定因果，说"空"是不废因果的。实际上，应该作这样的表述：缘起性空观念恰恰是要强调万物都是一种"因果"性的存在。"无我"不正是强调"关系""联系"吗？而"关系""联系"不就是存在着因果关系吗？

"顽空"就是执着于"空"（应确切地说就是认为一切都不存在，一切什么都没有。或更进一步地说，所谓"顽空""恶取空""断灭空"就是认为什么都没有暂时存在过，什么都不曾有过，灭了以后也不可能再生，不可能再有），是对"空"的误解。佛经上说："宁起有见如须弥山，不起空见如芥子许。"因为"有"的见解虽然不究竟，但还知道要修善业，还能得善果。如果错解空性，执着空见，认为一切皆空，无因果，就可以随意作恶。之所以会出现"顽空""恶取空""断灭空"这样的"空见"，最关键的还是没有真正理解佛教所谓"空"是什么意思。没弄清楚佛教讲"空"是对着"有"讲的，"当体即空"，此之谓也。此其一。没有弄清楚佛教讲"空"是要揭示出一切"有"之两大本质属性，一为"缘生""无我"，一为"缘灭""无常"，"妙有真空"，此之谓也。此其二。上述两点，都是不离"有"的！

妙有真空，真空妙有，"有"就是"空"，"空"就是"有"，这才究竟。可见，《心经》说"色即是空"申论的是"有"之本性"无"；"空即是色"申论的是"无"（"空"）不是绝对的没有。"色即是空"申论的是"妙有"；"空即是色"申论的是"真空"。两者都说才叫"中道"，才叫"不偏"一边。

[作者简介：《东方哲学与文化》主编、南京大学哲学系教授（江苏南京210023）]

道学研究

七部明清丹经小考

朱越利

摘　要：七部明清丹经的署名、列名和序跋，云山雾罩，好似谜面。《金丹真传原序》疑点颇多，孙汝忠何时著《金丹真传》有待继续考证。《性命圭旨》撰于明后期，作者难现真容。《广胎息经》撰于明后期，台湾"中央"图书馆藏署名傅山的抄本四件是采进本《广胎息经》抄本的抄本。《唱道真言》和《青华老人序》皆是托名之作，托名者鹤腥子姓氏、籍贯、生平不详。《修身正印》三篇序言的叙述令人怀疑，疑《修身正印》托名明初孙碧云著，实为清嘉庆时期的作品。《玄微心印》问世不迟于道光甲辰年（1844），其开列了四个人名，但作者仍深藏不露。《立命篇》撰于同治十一年（1872），刻印于光绪九年（1883），疑《立命篇》作者本人以及其父、其友的别号都是编造的，都是托名。这七部明清丹经都完全或部分推行阴阳双修。

关键词：明清；丹经；阴阳双修；托名

作者简介：朱越利，中国社会科学院道家与道教研究中心特邀研究员（北京100732）。

七部明清丹经的署名、列名和序跋，云山雾罩，好似谜面。《金丹真传原序》疑点颇多。同为明代的《性命圭旨》，署"尹真人秘授"，署姓不署名，刻印者吴之鹤留下一篇跋文。《广胎息经》不署作者名氏，其抄件冠"丹亭真人卢祖师"之名，转抄件署"傅山青主录"。清代《唱道真言》署"鹤腊子辑"，只署别号，托名青华上帝乩坛降谕。《修身正印》署"碧云孙真人"著，孙碧云为明初道士，卷前只有三篇清代人的序言。同为清代的《玄微心印》，卷名内侧并列喻太真等四个名字。《立命篇》作者自称"玄阳子"，不露姓名。针对这些谜面，一些学者已发表高见，本文参与探讨。

一　《金丹真传》

中国中医科学院图书馆藏手抄本《金丹真传》（以下简称中医科学院本），无抄录者署名，没有标注抄录年月。全书反复使用元珠、元窍、元牝和元座等词，将这些名词中原来的"玄"字改写为"元"字，避清康熙帝玄烨名讳。不仅如此，卷前的《金丹真传原序》（以下简称《原序》）提及明孝宗年号弘治时，"弘"字缺末笔；落款中明神宗年号的繁体字"萬曆"改写成"萬歷"。[①]"弘"字缺末笔，繁体字"曆"改写为繁体字"歷"，皆避清乾隆帝繁体字弘曆名讳。此手抄本《金丹真传》，抄录于清乾隆年间。

目前流传最广的《金丹真传》版本，是道光二十一年（1841）傅金铨顶批本，此外还有流传不广的嘉庆十四年（1809）聚锦堂梓行本（以下简称聚锦堂本）。这两个版本的序言、正文九节及其注疏，除个别字句外，内容皆与中国中医科学院图书馆藏乾隆年间手抄本同。[②] 这两个版本中，另有作者辑著的《葫芦歌》《明道歌》

[①] 参见（明）孙汝忠《金丹真传》，（明）张崇烈注、（明）李堪疏、（清）傅金铨顶批，中国中医科学院图书馆藏手抄本，第1a、4b页。感谢蒋门马教授馈赠白云深处人家网站数据。

[②] 这两个版本的序言称《金丹真传自序》，与中医科学院本《金丹真传》卷前的《金丹真传原序》是同一篇序。

《修真入门》《修真大略》《金丹五百字》《扫邪归正歌》六篇，此六篇皆无注疏。中医科学院本少此六篇中的《明道歌》，有其他五篇，抄写者还为五篇中的《金丹五百字》添加了补注。另外，中医科学院本比这两个版本多《采金歌》和附《雷门测候图》，抄写者又据秘本增加《开关》和《铸剑》两诀，两诀皆有注疏。傅金铨顶批本附录《入药镜注》《康节邵子诗解》《吕祖沁园春注》《试金石》等。

《原序》有孙汝忠和孙汝孝兄弟二人的姓名落款，实际是以孙汝忠一人的口气自述的。《原序》中，孙汝忠称父亲为父师。《原序》曰："父师世居齐，登黄甲，生于弘治甲子。""父师讳教鸾，号烟霞散人。"① 《原序》中的孙教鸾金榜题名，是否入仕则无下文。其人自幼好道，历访名山，坚持修炼，获安老师传授，奉安师入室还丹成功。六十岁到潞安，治危重病甚验，被缙绅绊留。娶妻成家，七十岁生孙汝忠，七十三岁生汝忠之弟，八十八岁生汝忠之妹。不顾道禁父子相传之戒，将丹法传给孙汝忠。孙教鸾获京师缙绅相助，入室还丹成功，至一百零六岁仙去。

《原序》又说：孙汝忠于万历四十三年（1615）著《金丹真传》，同时与张崇烈、李堪二人合作，二人完成注和疏。其曰：孙教鸾升天后，孙汝忠杜门慕演了三年，后北游京畿，万历四十年壬子（1612）抵汴，"坊间见《玉洞藏书》，索其人，则李楚愚笔也。因邂逅于藩史公署中，为莫逆交……时衡麓张公留居邸

---

① （明）孙汝忠：《金丹真传》，（明）张崇烈注、（明）李堪疏、（清）傅金铨顶批，中国中医科学院图书馆藏手抄本，第1a、4b页。聚锦堂本和傅金铨顶批本《金丹真传自序》曰："父师世居齐登黄，生于弘治甲子……父师讳教鸾，号烟霞散人。"［（明）孙汝忠：《顶批金丹真传》，载萧天石主编《道藏精华》精装本第二集之一，台北：自由出版社1989年版，第1—8页］明清时山东置登州府（今烟台市），下辖包括黄县（今山东省龙口市）。山东没有置登黄府或登黄县，无论登州府还是黄县都不能简称为登黄。有人合称登州和黄县为"登黄"，1912年4月，徐镜心撰写了《光复登黄战事纪实》，文章中的"登黄"即登州和黄县的合称。请参阅李日《〈光复登黄战事纪实〉的成稿、流传及其史料价值》，《南京社会科学》2016年第8期；李日、郭春香、徐学航《徐镜心手稿〈光复登黄战事纪实〉笺注》，《民国档案》2015年第4期。但世居两地是说不通的。

署，余日与楚愚……因述父师得道颠末，冠诸篇首，名曰《金丹真传》"①。

孙教鸾在潞安（今山西省长治市）因医术高超而深得民心，古稀耄耋之年连续生育子女。如此佳话，如此奇迹，在方志、笔记小说和文人诗词中竟然悄无声息，此现象不合常情。明清两朝主管一省人事与财务的官员布政使，别称藩台，又称藩司、方伯，不称藩史，更无藩史公署。李堪的《玉洞藏书》"成于万历壬子"②。孙汝忠当年即与素不相识的李堪邂逅，迅速结为莫逆之交，张崇烈立即接待二人住在开封合作三年，这种机缘百年难遇。《原序》疑点颇多。

清翰林院庶吉士仇兆鳌在康熙四十二年（1703）和四十三年（1704），相继编《悟真篇集注》和《古本周易参同契集注》（以下简称《参同契集注》）。仇兆鳌在这两部《集注》中，表现出对《金丹节要》和《金丹真传》的重视。其曰："兹凭《节要》三乘，参以《真传》九调，提明纲领，条例功夫。"③所谓"《真传》九调"，即《金丹真传》完整的丹道九节工夫。其又曰："但开关成法，有积气、聚气之两途……《节要》《真传》二书可证。"④开关法是《金丹真传》丹术的关键环节之一。仇兆鳌在两部《集注》中，多处引用《金丹真传》，不知其引用的是何时的版本。可以确知：其引用的版本不迟于康熙四十二年，早于中医科学院本、聚锦堂本和傅金铨顶批本。仇兆鳌引用《金丹真传》正文及李堪疏，不见其引用《原序》和张崇烈注。其引用的文字，与中医科学院本、聚锦堂本和傅金铨顶批本基本相同，个别不同。不同处比如：中医科学院本只称孙教鸾，聚锦堂本和傅金

---

① （明）孙汝忠：《金丹真传》，（明）张崇烈注、（明）李堪疏、（清）傅金铨顶批，中国中医科学院图书馆藏手抄本，第3b—4b页。
② （清）永瑢等：《四库全书总目》，中华书局1965年版，下册，第1264上页。
③ （清）仇兆鳌：《悟真篇集注》卷首《悟真篇提要七条》，载萧天石主编《道藏精华》精装本第六集之一《悟真篇集注二种》，第53页。
④ （清）仇兆鳌：《悟真篇集注》卷首《悟真篇提要七条》，载萧天石主编《道藏精华》精装本第六集之一《悟真篇集注二种》，第46页。

铨顶批本只称孙教鸾，而仇兆鳌引文既称孙教峦之名，又称他为孙教鸾。① 仇兆鳌曰："所未详者，玩三丰真人《节要》篇及孙汝忠《金丹真传》，自可得其分晓也。"② "聚气出于孙汝忠，有《金丹真传》可据。"③ 孙汝忠为《金丹真传》的作者，可无疑。④ 仇兆鳌在《参同契集注》中收集了一幅《十二雷门测候图》，图中文字曰："弘治间，山西孙教峦得真人安先生秘授。"⑤ 仇兆鳌亦曰："明时弘治间，山西孙教峦遇异人安先生授以金丹大道，其子汝忠著《金丹真传》。"⑥ 仇兆鳌所说孙教峦获安老师传授，与《原序》所说时间相差不少。仇兆鳌的这句话，可理解为弘治间孙汝忠著《金丹真传》。这一理解与《原序》所说差异也很大。这些增加了对《原序》的疑点。仇兆鳌的这句话，也可理解为没有说孙汝忠何时著《金丹真传》。今不见《金丹真传》初本。《原序》真伪，有待继续考证。⑦

关于《金丹真传》丹法的定性，学界争论颇为激烈，此课题超出了本文范围，待另文论述。本文仅简述一点：《金丹真传》宣传男女双修术。比如，其中的《修真大略》曰："窃闻还丹大道，原

---

① 再比如：仇兆鳌引文既称孙汝忠之名，亦称他为孙少庵，中医科学院本、聚锦堂本和傅金铨顶批本正文只称孙汝忠，署名孙汝忠以贞；仇兆鳌引用《十二雷门测候图》，图名和内容与中医科学院本、聚锦堂本和傅金铨顶批本中的《雷门测候图》皆不同。
② （清）仇兆鳌：《悟真篇集注》卷首《例言二十条》，载萧天石主编《道藏精华》精装本第六集之一《悟真篇集注二种》，第29页。
③ （清）仇兆鳌：《悟真篇集注》卷下，载萧天石主编《道藏精华》精装本第六集之一《悟真篇集注二种》，第227页。
④ 高帅认为这个孙汝忠，一定不是《金丹真传》的原作者。参见高帅《关于〈金丹真传〉的成书年代及原作者的一些推断》，2015年4月14日，道教之音，https://www.daoisms.com.cn/article/sort012/info—15974.html。此结论有误。
⑤ （清）仇兆鳌：《古本周易参同契集注》卷下，载周全彬、盛克琦编校《参同集注：万古丹经王〈周易参同契〉注解集成》，宗教文化出版社2013年版，第3册，第1254页。
⑥ （清）仇兆鳌：《悟真篇补注》附录，载萧天石主编《道藏精华》精装本第六集之一《悟真篇集注二种》，第294页。"汝"原为"以"，据第227页改。
⑦ 高帅推断："或许序言和顶批，均为傅金铨托名。"若傅金铨是《自序》的伪作者，不可能中医科学院本和聚锦堂本皆有《自序》，参见高帅《关于〈金丹真传〉的成书年代及原作者的一些推断》。

非兀坐单修，阴阳龙虎必双全，玄牝汞铅须两配……玩吕祖《敲爻歌》，庶知次序。"①

二　《性命圭旨》

《性命圭旨》，全名《性命双修万神圭旨》，署"尹真人秘授"。明末伍守阳称尹真人为尹蓬头，其曰尹蓬头作《万神圭丹》。②《万神圭丹》即《性命圭旨》。明清世人最为津津乐道的尹蓬头，名从龙，字继先。传说他东汉时姓屈，元明时姓尹，持有南宋理宗朝颁发的道士度牒。闵一得说《尹真人东华正脉皇极阖辟证道仙经》即这位尹蓬头的仙经。③

乾隆间，朝廷向全国搜集藏书。浙江省第十二批向朝廷呈进的藏书中，有一部施天谷的《删补性命圭旨》。《四库采进书目》著录曰："宋真人尹蓬头撰，龙沙醒翁删补。"④"龙沙醒翁"为施天谷的别号。施天谷曰："幸而清和真人尹髼头出，继往开来，授受得人。乃有高第传述其书，名《性命圭旨》。"⑤"尹髼头"即尹蓬头，清和真人即全真道第六代掌教宗师尹志平。尹从龙持有南宋的道士度牒，尹志平南宋时入道，皆可称宋真人。施天谷声称秘授《性命圭旨》的尹蓬头是尹志平，但没有给出依据。

佘永宁《刻性命圭旨缘起》曰，《性命圭旨》"盖尹真人高第

---

① （明）孙汝忠：《金丹真传》，（明）张崇烈注、（明）李堪疏、（清）傅金铨顶批，中国中医科学院图书馆藏手抄本，第44a—45a页。

② 参见（明）伍守阳《重刻仙佛合宗语录》卷六，载胡道静等主编《藏外道书》，巴蜀书社1992年版，第5册，第762页。

③ 清闵一得《尹真人东华正脉皇极阖辟证道仙经跋》曰，"尹真人，于元明时姓尹，世所称'尹蓬头'是也。于东汉时姓屈，讳祯，道号无我，阅千数百年，盖屡易姓名以隐于尘世者"。参见董沛文主编《玄门宝典：性命圭旨·丹亭传道密集·道元一炁合刊》，周全彬、盛克琦点校，华夏出版社2017年版，第197页。

④ 吴慰祖：《四库采进书目》，商务印书馆1960年版，第304页。

⑤ （明）施天谷：《删补性命圭旨》卷前《〈删补性命圭旨〉定本自序》，载董沛文主编《玄门宝典：性命圭旨·丹亭传道密集·道元一炁合刊》，周全彬、盛克琦点校，第215页。

弟子所述也"①。这是说，尹真人将《性命圭旨》的内容秘密传授给弟子，其弟子撰写成书，成为作者。

现在看到的《性命圭旨》最早的版本是吴之鹤于万历四十三年刻印出版的。他在跋文中说，他于外祖唐太史新庵先生的旧箱子中，得《性命圭旨》一集。他珍藏二十多年后，"公诸同志"②。唐皋（1469—1526），字守之，号新庵（一作心庵），别号紫阳山人。明正德年间状元，授翰林院修撰，曾奉旨出使朝鲜，官至翰林院侍讲学士兼经筵讲官。

《性命圭旨》的作者署名和刻印者吴之鹤的跋文，留下了探寻作者姓名的空间，王重民在《中国善本书提要》中说《性命圭旨》大概是吴之鹤所撰，李安纲倾向于是唐皋所作。③ 截至目前可谓众说纷纭。④ 其中汪登伟的观点最有新意。其说："从现有材料中，虽然我们无法得知尹真人是谁，也不知其高弟为谁。但今本《圭旨》作者是位精通三一教之人，而《圭旨》最初为尹真人弟子所作，在吴之鹤手中时进行了改写，其书是集合了尹真人及其弟子的口诀论说、三一教教理和道书佛典的作品却是无疑的。"⑤

作者署名是托名，吴之鹤的跋文亦不知是否托名。《性命圭旨》的作者难现真容。

吴之鹤刊本表明，《性命圭旨》的问世不迟于万历四十三年。学者们普遍认为《性命圭旨》撰于明后期，但指出的时间段略有差异。如李安纲说，《性命圭旨》"成书的时间该在嘉靖末年……至

---

① （明）佘永宁：《刻性命圭旨缘起》，载董沛文主编《玄门宝典：性命圭旨·丹亭传道密集·道元一炁合刊》，周全彬、盛克琦点校，第3页。

② （明）吴之鹤：《跋〈性命双修万神圭旨〉后》，载董沛文主编《玄门宝典：性命圭旨·丹亭传道密集·道元一炁合刊》，周全彬、盛克琦点校，第173页。

③ 参见李安纲《〈性命圭旨〉与〈西游记〉》，《山西大学师范学院学报》（哲学社会科学版）1996年第1期。

④ 如傅凤英《浅论〈性命圭旨〉的作者和成书年代》，载赵学义、牟钟鉴主编《宗教与民族》第3辑，宗教文化出版社2004年版，第305—315页。

⑤ 汪登伟：《试析〈性命圭旨〉与三一教关系——兼评其功夫得失》，2022年10月8日，道学社，https://mp.weixin.qq.com/s/JblTfbzJTTu3gdGG7fK6Jw。

早不超过嘉靖二十五年（1546）"①。三浦国雄说："该书的成书时间最迟应该在16世纪末。"② 傅凤英说："可以断定本书应该成书于明末（约1472—1615年）。"③ 张雪松说："将《性命圭旨》最初成书时间大体定在明嘉靖到万历之间是适宜的；其最初流传地域，应该是在皖南、赣皖江浙交会之地。"④

明末伍守阳批评《性命圭旨》"惑世坑人"曰："若不明宗旨，唯蹈袭古人几句糟（左米右离）旧说，惑世坑人者，元太虚、阳葆真之作《直议》《真诠》，尹蓬头之作《万神圭丹》等书是也。"⑤ 施天谷批评《性命圭旨》"必有增改。不啻骈枝赘疣，决非尹公之初文明矣。此后之耳食邪宗，盲行润色……"⑥

内丹经诀被批评"惑世坑人"和"邪宗"，多半因为其传授阴阳双修，或其含有采战术和春药等内容。《性命圭旨》讲述丹道九节工夫，文图并举。第二节绘有插图《龙虎交媾图》，图中歌诀曰："男女相须，含吐以滋。雌雄错杂，以类相求。""婴儿姹女齐齐出，却被黄婆引入室。云腾雨施片时间，不觉东方红日出。"⑦男女相须以类相求，云腾雨施，直白地描写了阴阳双修。第五节辑录《指玄篇》曰："奔归气海名朱骥，飞入泥丸是白鸦。昨夜虎龙

---

① 李安纲：《〈性命圭旨〉与〈西游记〉》，《山西大学师范学院学报》（哲学社会科学版）1996年第1期。

② ［日］三浦国雄：《郑州访书记——访求稀见本〈性命圭旨〉》，《河南图书馆学刊》2003年第4期。

③ 傅凤英：《道教内丹对佛教义理的融合和发挥初探——以〈性命圭旨〉一书为例》，载丁鼎主编《昆嵛山与全真道——全真道与齐鲁文化国际学术研讨会论文集》，宗教文化出版社2006年版，第348页。

④ 张雪松：《〈性命圭旨〉渊源考》，载赵卫东主编《全真道研究》第9辑，山东大学出版社2021年版，第105页。

⑤ （明）伍守阳：《重刻仙佛合宗语录》卷六，载胡道静等主编《藏外道书》，第5册，第762页。

⑥ （明）施天谷：《删补性命圭旨》卷前《〈删补性命圭旨〉定本自序》，载董沛文主编《玄门宝典：性命圭旨·丹亭传道密集·道元一炁合刊》，周全彬、盛克琦点校，第215页。

⑦ （明）施天谷：《删补性命圭旨》卷前《〈删补性命圭旨〉定本自序》，载董沛文主编《玄门宝典：性命圭旨·丹亭传道密集·道元一炁合刊》，周全彬、盛克琦点校，第95页。

争战罢,雪中微见月钩斜。"①《指玄篇》是白玉蟾自述阴阳双修的诗篇之一。②

三 《广胎息经》

《四库全书提要》曰:"《广胎息经》二十二卷(两淮盐政采进本),不著撰人名氏,但题为宋人。然第二十一卷中引罗洪先、陈献章语,则明代道流所作,题宋人者妄矣。其书皆称养浩生问而丹庭真人答,分却病、延年、成真、了道四部,论吐纳之法兼及容成之术,非道家正传也。"③两淮盐政采进本,以下简称采进本。

丹庭真人和养浩生,疑实无其人。罗洪先(1504—1564),明代杰出的地理制图学家。陈献章(1428—1500),明代杰出的思想家。采进本《广胎息经》作者不明。其"引罗洪先、陈献章语",可证明其撰于明代后期,不早于罗洪先。④

《胎息经》很早就出现了,其称胎息"可以长生",胎息的要领为"神气相注","勤而行之,是真道路"。⑤内丹术的要领与此同,如宋徽宗时太府卿李傅曰:"内丹之要在乎存其心养其气而已。"⑥《胎息经》第一句曰:"胎从伏气中结。"唐幻真先生注曰:

---

① 董沛文主编:《玄门宝典:性命圭旨·丹亭传道密集·道元一炁合刊》,周全彬、盛克琦点校,第132页。
② 参见朱越利《宋元南宗阴阳双修的代表人物和经诀》,《宗教学研究》2010年第2期。
③ (清)永瑢等:《四库全书总目》,下册,第1261页上。
④ 明代卢丹亭《丹亭悟真篇》中辑罗念庵诀曰:"毋以妄念戕真念,毋以客气伤元炁。"(载萧天石主编《道藏精华》精装本第十三集之五《丹亭真人传道密集》,第77页)罗洪先,号念庵。陈昭吟说:"'毋以妄念戕真念,毋以客气伤元炁'是否真为罗洪先所言?恐怕也是值得再商榷。我们无法在罗洪先的作品集中找到这两句口诀的纪录,只字词组亦难从中了解来龙去脉,加上难以归类,也只得姑存于此。"(陈昭吟:《道经中署名罗洪先之著作考辨》,《成大中文学报》2021年第75期)
⑤ (唐)幻真先生:《胎息经注》,《道藏》,文物出版社、上海书店、天津古籍出版社1988年版,第2册,第869页。
⑥ (宋)曾慥编:《道枢》卷三十五,《道藏》,第20册,第796页。

"玄胎既结,乃自生身,即为内丹,不死之道也。"① 《胎息经注》中的《胎息铭》更是直截了当地曰:"假名胎息,实曰内丹。"②

养浩生曰:"尝闻自古真师,未得延年,先期却病。故病魔不除,仙基难立。"③ 依据上医抄本内容组成表可知,却病部讲述医药和治疗,延年部讲述大小采补的方剂和丹药。成真部从数息开始,到调息、闭息、住息、踵息、胎息、无胎息,讲述内丹修炼的全过程。了道部抄录诸真有关胎息、药物、火候和鼎器的口诀,讲述内丹原理和丹房注意事项。笔者推测,作者盖将作为仙基的却病和延年两部统称"广",将作为修仙的成真和了道两部统称"胎息",故将全书定名《广胎息经》。

采进本《广胎息经》今日难觅踪影,仅有抄本存世。④ 上海图书馆藏《丹亭真人卢祖师广胎息经》抄本(以下简称上图抄本)仅残存元、贞2册,中华医学会上海分会图书馆藏《丹亭卢真人广胎息经》抄本(以下简称上医抄本)6册完整。⑤ 上图抄本全书目录完整地保存了下来,白照杰录为《上图抄本〈广胎息经〉元册所列全书目录》;上医抄本无目录,白照杰编制了"中华医学会上海分会图书馆藏〈广胎息经〉抄本内容组成"表⑥,并点校了上医

---

① (唐)幻真先生:《胎息经注》,《道藏》,第2册,第868页。
② (唐)幻真先生:《胎息经注》,《道藏》,第2册,第869页。
③ 《丹亭真人卢祖师玄谈》,载萧天石主编《道藏精华》精装本第十三集之五《丹亭真人传道密集》,第4页。
④ 范行准编《中华医学会牛惠生图书馆中文医书目录》著录曰:"《丹亭卢真人广胎息经》十二卷,明抄本。"(中华医学会、中华医史学会1949年版,第65页)中华医学会牛惠生图书馆,已更名为中华医学会上海分会图书馆。另外,薛清录主编《全国中医图书联合目录》(中医古籍出版社1991年版)以及陈荣、熊墨年、何晓晖主编《中国中医药学术语集成·中医文献》(中医古籍出版社2007年版)也著录了《丹亭卢真人广胎息经》,裘沛然主编《中国医籍大辞典》(上海科学技术出版社2002年版)著录为《丹亭卢真人广胎息经注》。
⑤ 因新冠疫情肆虐,笔者拜托金顺英教授和白照杰教授替我查阅《广胎息经》上医抄本和上图抄本。金顺英教授请上海图书馆纪陆恩主任和中华医学会徐本明馆长协助后,白照杰教授前往二图书馆亲自查阅。不久,白照杰教授发来大量珍贵资料和待发表的论文。衷心感谢金顺英教授、白照杰教授、纪陆恩主任和徐本明馆长。
⑥ 参见白照杰《中华医学会上海分会图书馆藏〈丹亭卢真人广胎息经〉探研》,待刊。

抄本《丹亭卢真人广胎息经》。上图抄本目录和上医抄本内容组成表，皆包括却病、延年、成真、了道四部，表明此二抄本与采进本是同一部《广胎息经》，但同书异名。

有学者推测采进本《广胎息经》丹庭真人称谓中的"庭"字为"亭"字之误①，即《四库全书提要》应改成：采进本《广胎息经》"其书皆称养浩生问而丹亭真人答"。这等于推测上图抄本和上医抄本就是采进本，上图和上医二抄本亦"皆称养浩生问而丹亭真人答"。事实并非如此。上医抄本中"胎息真人"统领全经，以他启发众弟子提问为开篇。②除去一处写成"养浩生问而胎息真人答"③之外，全经"皆称养浩生问而真人答"，"养浩生问而丹亭真人答"的叙述一次也没有出现过。由此可以反证采进本《广胎息经》丹庭真人称谓中的"庭"字准确无误。

上图抄本和上医抄本与采进本不仅同书异名，正文也有重大出入。表现为上图抄本和上医抄本中的"旌阳诸祖"名谱，《四库全书提要》只字未提。④南宋初诞生了灵宝净明法，净明忠孝道于元代问世，二者统称净明道。东晋许逊被尊为"净明第六代道师许真君"。传说他曾出任旌阳县令，民间称其为"许旌阳"，故而净明道历代宗师也统称"旌阳诸祖"。上医抄本卷末开列"旌阳诸祖"名谱⑤，上图抄本卷末开列的内容与之相同⑥。许蔚指出：开列"旌阳诸祖"名谱"应该只是比附宗派，以示其丹法

---

① 参见知乐斋主《精通内丹和医学的丹亭卢真人》，2015年12月1日，秦岭之尖，http://www.360doc.com/content/15/1201/14/26252107_517159290.shtml。

② 参见《丹亭卢真人广胎息经》（一轮标点本），白照杰点校，待出版，第13页。

③ 《丹亭卢真人广胎息经》（一轮标点本），白照杰点校，第82页。

④ "旌阳诸祖"名谱将《广胎息经》比附为净明道经，这是有关《广胎息经》的形成、流传以及教派归属的重要资料。"旌阳诸祖"名谱中一些人名气很大。比如第六代许逊的神话故事，早已演化为"一人得道，鸡犬升天"的成语。第十五代刘渊然和第十六代邵以正，为明初高道。《四库全书提要》没有提及"旌阳诸祖"，表明采进本没有此内容，此内容只存在于上图和上医二抄本中。

⑤ 参见《丹亭卢真人广胎息经》（一轮标点本），白照杰点校，第216—217页。

⑥ 参见许蔚《〈净明忠孝全书〉的刊行与元明之际净明统绪的构建——以日本内阁文库藏明景泰三年邵以正序刊本为中心》，《古典文献研究》2014年第1期。

的正宗"。①卢丹亭其人，待考。他被"旌阳诸祖"名谱列为"净明第二十五代嗣教导师丹亭卢真人"，为上医抄本卷名中和上图抄本经名中称他为祖师提供了宗教依据。在上医抄本卷末开列的"旌阳诸祖"名谱中，在许逊之前依次是第一代日中始炁孝道仙王、第二代月中元炁孝道明王、第三代斗中玄炁孝道悌王、第四代兰公、第五代谌母。他们在净明道徒心目中占有无与伦比的崇高地位。将他们附于《广胎息经》卷末，在净明道徒看来属于亵渎神灵。"旌阳诸祖"名谱盖不是《广胎息经》原文，而是抄手添加。

除了添加的"旌阳诸祖"名谱之外，上医抄本其他内容与采进本相同。这表明上医抄本抄自采进本。大概因为"丹亭"二字与"丹庭"二字发音非常相近，故而有人抄录采进本时，做了手脚，删去了"丹庭"二字，抬出"丹亭真人卢祖师"，并附录"旌阳诸祖"名谱。但其仍是以采进本为底本，亦"分为却病、延年、成真、了道四部，论吐纳之法兼及容成之术"，将采进本的内容都抄录下来了。经过增删修改，抄本摇身一变，从底本作者不明，变成了抄本托名卢丹亭。上医抄本和上图抄本是同样的抄本。

托名卢丹亭的抄本遭到明末内丹家伍守阳的痛斥。其曰："他如卢丹亭之作《广胎息经》，最邪妄，最淫恶，诈托旌阳为说，僭渎帝经为名，罪深无间地狱。"②伍守阳并不知道卢丹亭是托名。伍守阳是北宗龙门派内丹家，因此在他眼里"卢丹亭之作《广胎息经》"，"最邪妄，最淫恶"。他和堂弟伍守虚更具体地揭露曰："借古者以人喻为言者，便假说以女人为彼家，以阴户为鼎器，以行淫为配合，以淫媾久战而诳人曰采取，取男媾之秽精、女媾之浊涕而吞之曰服食。此《广胎息书》之异说也。"③伍

---

① 许蔚：《〈净明忠孝全书〉的刊行与元明之际净明统绪的构建——以日本内阁文库藏明景泰三年邵以正序刊本为中心》，《古典文献研究》2014年第1期。
② 《重刻仙佛合宗语录》卷六，载胡道静等主编《藏外道书》，第5册，第762页。
③ （明）伍守阳撰并注、伍守虚同注：《天仙正理直论增注》卷前《本注并序》，载萧天石主编《道藏精华》平装本第一集之四，序第3页。

氏兄弟揭露的这些内容，都是托名卢丹亭的抄本从采进本照抄的。《四库全书提要》批评采进本"兼及容成之术，非道家正传"，口气缓和。伍守阳作为全真道士，痛斥"卢丹亭之作《广胎息经》"，"诈托旌阳为说，僭渎帝经为名"。所谓"诈托旌阳为说"，即痛斥卷末开列"旌阳诸祖"名谱。《胎息经》被信奉者尊称为《高上玉皇胎息经》①。高上玉皇也被称为玉皇天尊、玉皇尊帝、玉帝、玉皇大帝等，故伍守阳尊称《胎息经》为"帝经"。所谓"僭渎帝经为名"，即痛斥卢丹亭僭越、亵渎神圣的《高上玉皇胎息经》，竟然将自己的作品也称为《胎息经》。伍守阳谴责的"卢丹亭之作《广胎息经》"，与上医抄本和上图抄本是同样的抄本。伍守阳认为卢丹亭著《广胎息经》，罪大恶极，应当下最底层的无间地狱。其实托名卢丹亭的抄本的出现，做手脚者可能是卢丹亭，更可能另有其人。无论做手脚者是何人，都是将《广胎息经》托名卢丹亭。伍守阳《天仙正理直论增注本序》撰于崇祯十二年（1639），托名卢丹亭《广胎息经》出现的时间不迟于此年。

明末清初画家张远的传世作品《刘源像》，创作于康熙四年（1665）。他创作了《丹亭真人传道图》，创作年月不详。②《丹亭真人传道图》盖为宣传托名卢丹亭的《广胎息经》而作。

康熙四十四年（1705），曹寅编《楝亭书目》卷三《医部》曰："《广胎息经》，抄本，一函十二册，丹亭卢真人撰，二十二卷。"③ 这里著录的也是托名卢丹亭《广胎息经》。

台湾"中央"图书馆藏署名傅山的抄本，不分卷，不分部，共四件，即《丹亭真人卢祖师玄谈》《丹亭真人卢祖师养真秘笈》《丹亭问答》和《丹亭悟真篇》（此四件以下皆简称台图抄本）。萧天石

---

① 参见《道藏》，第1册，第748页。
② 参见《养真秘笈》卷前，载萧天石主编《道藏精华》精装本第十二集之二，第1—3页。
③ （清）曹寅：《楝亭书目》卷三，载金毓黻辑《辽海丛书》第8集，辽沈书社1985年影印，第4册，第2663页。

先生主编《道藏精华》将之收录,为学界提供了极大的方便。①

台图抄本四件皆称养浩生问而真人答。《丹亭真人卢祖师玄谈》不分卷,不分部,但行文中突兀另起一行"丹亭真人卢祖师广胎息经卷之二",紧接着又突兀另起一行"却病部二"②,《丹亭问答》中出现了"了道部五"和"了道部六"字样③,《丹亭悟真篇》中出现了"了道"和"了道部八"字样④。这些突兀出现的文字,前不着村,后不着店,与前文和后文不搭界,实为衍文。显然,抄手原意跳过底本这些字样不录,但心不在焉,硬是抄下来了。无意中抄录的卷名显示,台图抄本四件的底本是托名卢丹亭的《广胎息经》,是采进本《广胎息经》抄本的抄本。⑤

白照杰指出,上图抄本《广胎息经》元册所列全书目录缺点不少。⑥ 经与中华医学会上海分会图书馆藏《广胎息经》抄本内容对照⑦,台图抄本《丹亭真人卢祖师玄谈》相当于上医抄本卷一和卷二,《丹亭真人卢祖师养真秘笈》相当于卷八,《丹亭问答》相当于卷十一,《丹亭悟真篇》相当于卷十二。台图抄本放弃了底本《丹亭真人卢祖师广胎息经》的分卷,只抄录其中的五卷,拆分为四件,另取经名,从而变底本一经为抄本四经。另取的经名,名实对应松散。另外,还删去了自称净明法派的内容,以及大部分性医

---

① 萧天石先生将《丹亭真人卢祖师养真秘笈》归入《上乘修道秘书四种》(载萧天石主编《道藏精华》精装本第十二集之二),将《丹亭悟真篇》《丹亭问答》和《丹亭真人卢祖师玄谈》合称为《丹亭真人传道密集》(载萧天石主编《道藏精华》精装本第十三集之五)。
② 《丹亭真人卢祖师玄谈》,载萧天石主编《道藏精华》精装本第十三集之五,第99页。
③ 《丹亭问答》,载萧天石主编《道藏精华》精装本第十三集之五,第60、106页。
④ 《丹亭悟真篇》,载萧天石主编《道藏精华》精装本第十三集之五,第1、82页。
⑤ 刘康乐推断四本抄件"可能系自《丹亭卢真人广胎息经》一书的四部辑抄成单册",参见刘康乐《丹亭真人养真法探秘》,载熊铁基、黄健荣主编《第三届全真道与老庄学国际学术研讨会论文集》,华中师范大学出版社2017年版,上册,第743页。
⑥ 参见白照杰《中华医学会上海分会图书馆藏〈丹亭卢真人广胎息经〉探研》,待刊。
⑦ 参见白照杰《中华医学会上海分会图书馆藏〈丹亭卢真人广胎息经〉探研》,待刊。

学、阴阳双修内丹术、三峰采战术等内容。更准确地说，台图抄本是托名卢丹亭《广胎息经》的节抄本。

萧天石先生在《道藏精华》中介绍台图抄本时，引用了数则有关卢丹亭的传说，同时感叹丹亭真人"略而无传"，"世人传说，语焉不详"。[①] 又曰："或曰静中即丹亭真人，然乎否乎？不得而知也。"[②] 萧天石先生将台图抄本《丹亭真人卢祖师养真秘笈》，称为卢丹亭语录。其曰："《养真秘笈》一书，为卢门传道集之首篇……斯编由丹亭卢祖师门人养浩生所记……丹亭真人为玄门隐士……此书之传，乃其入门之传道语录也。"[③] 其又将另外三件台图抄本《丹亭悟真篇》《丹亭问答》和《丹亭真人卢祖师玄谈》，合称为《丹亭真人传道密集》。

萧天石先生肯定台图抄本确为傅山亲手抄录，称傅山为卢丹亭的弟子。其曰："考青主所手录卢丹亭真人之传道秘书凡四种。"[④] 萧天石先生引南岳神道子曰："所谓录者，乃录其言，而非抄其文也。录本与抄本有别，善者录之，不善者舍之；故全书均可视为其师门授受之传道集，而实即青主之所纂也。"[⑤] 萧天石先生发挥神道子的观点说："青主曾师事龙门派卢祖师丹亭真人，尽得该派秘诀法要，纂录以传世。"[⑥] 萧天石先生的介绍，影响很大。近年来，不少学者发表了研究《广胎息经》、研究内丹术、研究内丹派别以及研究傅山各个方面的论文，接受了萧天石先生的说法。萧天石先生将台图

[①] 萧天石：《丹亭真人传道密集》卷前《丹亭真人传道密集序》，载萧天石主编《道藏精华》精装本第十三集之五，序第5、4页。
[②] 萧天石：《丹亭真人传道密集》卷前《丹亭真人传道密集序》，载萧天石主编《道藏精华》精装本第十三集之五，第5页。
[③] 《丹亭真人卢祖师养真秘笈》卷前《重刊养真秘籍序》，载萧天石主编《道藏精华》精装本第十二集之二，第1—2页。
[④] 萧天石：《丹亭真人传道密集序》，载萧天石主编《道藏精华》精装本第十三集之五，序第1页。
[⑤] 不知神道子是何时人、何许人。神道子这番议论，转引自萧天石先生《丹亭真人传道秘集序》，载萧天石主编《道藏精华》精装本第十三集之五，第3—4页。
[⑥] 萧天石：《丹亭真人传道密集序》，载萧天石主编《道藏精华》精装本第十三集之五，序第5页。

抄本视为卢丹亭的传道集，忽略了卢丹亭不是采进本《广胎息经》作者的事实。卢丹亭不是创立采进本却病、延年、成真、了道四部之人。

有学者对台图抄本署名傅山表示怀疑。甄跃达说："就目前掌握的资料来看，除传道秘书外，并无其他可直接证实或证伪傅山与传道秘书之间存在联系的史料。""以《傅青主女科》《傅氏家抄医学抄本》与《养真秘笈》的思想相通来证明傅山与传道秘书关系，说服力不足。"① 白照杰说："萧天石等前贤对傅山与此书关系之判断还需谨慎对待，尤其是不能将这些节抄认为是傅山本人的创作和思想积淀。"②

傅山精通医学、内丹，生前即获"医圣"之名。傅山师事郭静中后，"遂为道士装，邀游平定祁汾间，人争重之"③。作为医圣和道士，傅山如果节抄《丹亭真人卢祖师广胎息经》，并非绝无可能。但是，傅山作为与顾炎武、黄宗羲、王夫之、李颙、颜元并列的"清初六大师"之一，不会为节抄的作品另取经名。故而台图抄本并非傅山节抄，而是出自他人之手，擅加傅山大名。台图抄本署名"太原傅山青主录""太原傅山青主手录""太原傅山青主纂"，实为变相托名。采进本《广胎息经》作者不明，后来的抄本托名卢丹亭。台图抄本擅加傅山大名，可谓第二次托名。

康熙四十四年曹寅编《楝亭书目》没有著录台图抄本，台图抄本盖抄录于康熙四十四年之后。

四 《唱道真言》

《唱道真言》五卷，署"青华老人传、鹤臞子辑"，或署"青

---

① 甄跃达：《傅山道学思想研究》，博士学位论文，华中师范大学，2020年，第140、141页。
② 白照杰：《中华医学会上海分会图书馆藏〈丹亭卢真人广胎息经〉探研》，待刊。
③ （清）马家鼎修，（清）张嘉言纂：《寿阳县志》卷十三，台北：成文出版社1976年版，第956页。

华老人语、鹤臞子录"，托名青华上帝乩坛降谕。卷前《青华老人序》曰："岁在己酉春三月甲辰之旦，法嗣鹤臞子觉，受炼文昌笔录大法。老人与鹤臞子本有宿契，即日降坛，迄今已近三载……鹤臞子欲公之于天下，以为后代之矜式，而问序于我。"① 这是说，从己酉年三月开始，青华上帝在乩坛降谕近三年，一位被称为鹤臞子觉的鸾生、弟子将乩语笔录成《唱道真言》，刊印前请青华上帝作序，此序称为《青华老人序》。其实，《唱道真言》和《青华老人序》皆是托名之作。

雍正元年（1723），万清和《唱道真言跋》曰："岁庚子……偶观鹤臞子笔录青华上帝《唱道真言》五卷……余方怀梓佈而愿未舒。"② 万清和所说"岁庚子"，当为康熙五十九年（1720）。据"岁庚子"推算，《青华老人序》所说"岁在己酉"当为康熙八年（1669），"近三载"即康熙十一年（1672），《唱道真言》撰成于此年。

鹤臞子《唱道真言后序》曰："直至己酉之岁，行年四十，受炼元皇笔录大法，承青华道父祖师降坛，诲谕谆谆……觉奉侍道父三载……道父所以护持小子，实欲小子护持此经传之后世……觉敢不自勉以答道父意乎？"③ "己酉之岁"鹤臞子四十虚岁，鹤臞子当生于崇祯三年（1630）。托名者号鹤臞子，名觉，其姓氏、籍贯、生平不详。其奉青华上帝为道父，盖为全真教南宗道士或信徒。

鹤臞子将展阅《唱道真言》时"不避妇人"的行为，作为不肖之徒的罪过之一。④ 鹤臞子描述采取之法，比喻曰："如奏笙簧，

---

① （清）鹤臞子：《唱道真言》卷前，载萧天石主编《道藏精华》精装本第一集之二，第165—166页。
② （清）鹤臞子：《唱道真言》卷末，载萧天石主编《道藏精华》精装本第一集之二，第242—243页。
③ （清）鹤臞子：《唱道真言》卷末，载萧天石主编《道藏精华》精装本第一集之二，第241—242页。
④ 参见（清）鹤臞子《唱道真言》卷前，载萧天石主编《道藏精华》精装本第一集之二，第167页。

如调琴瑟；男欢女爱，夫刚妇柔，两情和畅，送入黄宫，而采取交会之理毕矣。"①鹤腯子引经据典，强调男女交曰："《易》曰：'天地不交，而万物不通也。男女不交，其志不同也。'故有道之士，以离中之火补坎中之阴，以坎中之水育离中之阳，其卦为泰。《易》曰：'天地交而万物通也，男女交而其志同也。'……金精木液战斗一番，鼓九阊之瑈而弹八风之瑟。日月出于脐下，风云起于腋间，圆陀陀，赤洒洒，仍是一个清虚洞玄、洪濛一气之太极也。"②鹤腯子说丹士修炼时要像柳下惠坐怀不乱那样，才能采到元精。其曰："见如不见，应如是观。柳下惠纳女于怀，目中不见有女也。……丹以精为主，精非交媾之精也。交媾之精，夹杂欲火在内，水中带火，其味咸而不用……大丹无形无声，无色无味，岂容得杂火之精？故采精须采元精，清空一点，若有若无，结下灵丹，一个赤条条的孩子从此中跳将出来。"③《唱道真言》表面上讲述清修，骨子里却述阴阳双修内丹术。

五 《修身正印》

《修身正印》，署"碧云孙真人"著，金天观藏版，清嘉庆癸亥年（1803）镌。

孙碧云，号虚玄子，冯翊（今陕西省大荔县）人，华山道士。幼年颖悟，立志学仙，探求黄老经旨和《周易参同契》，熟诵儒释、诸子、史书。明太祖朱元璋数次诏见孙碧云。朱元璋问三教之说优劣何如？孙碧云对以殊途同归、无优劣之分，深得朱元璋赞赏。明成祖朱棣封孙碧云为道录司右正一、武当山南岩宫住持，令他规划武当山宫

---

① （清）鹤腯子：《唱道真言》卷一，载萧天石主编《道藏精华》精装本第一集之二，第179页。
② （清）鹤腯子：《唱道真言》卷三，载萧天石主编《道藏精华》精装本第一集之二，第203—204页。
③ （清）鹤腯子：《唱道真言》卷二，载萧天石主编《道藏精华》精装本第一集之二，第190页。

观的营建。永乐十五年（1417），孙碧云于武当山羽化。①

《修身正印》卷前有三篇序言，叙述此书来历。刊印人陈松风序言曰：友人张芝南于嘉庆元年（1796），"出手录碧云孙真人《修身正印》一卷相赠"，陈松风于嘉庆八年（1803）将抄本刻印出版，公之于世。②宁夏将军苏宁阿序言曰：他在道友陈松风处见到《修身正印》，请教刘一明后，才知道其书是孙碧云真人"留渡人修炼之真传，接五祖七真之的派，随抄录留存雷坛"③。金天观俗名雷坛。刘一明《修身正印叙》曰：我看了苏宁阿出示的《修身正印》之后，才知道孙碧云的内丹术达到了出神入化的极致，"始知真人茹黄芽而尝白雪，吞乌肝而服兔髓，深有得于大象大音之妙"④。

刘一明介绍孙碧云说：肃藩王迎请孙碧云真人居金天观圜室。真人离去后仅有圜室遗迹，别无所留。"相传圜室为真人养道处，其实真人之有道无道而人皆不知也。"⑤肃藩王即明太祖朱元璋第十四子、明朝第一任肃王朱楧，在兰州建金天观。刘一明是说孙碧云没有为金天观留下著作，人们不知道他懂内丹。宁夏将军苏宁阿介绍孙碧云说：金天观"为碧云孙真人传道开教之场。乾隆四十六年遭盗劫焚坏……孙真人渡世之书未传"⑥。苏宁阿说乾隆四十六年（1781），苏四十三回乱焚毁了金天观，造成孙碧云著作失传。

孙碧云羽化379年后人们第一次看到手录《修身正印》，386

---

① 参见（明）任自垣《大岳太和山志》卷二，载胡道静等主编《藏外道书》，第32册，第825—829、930页。
② 参见（清）陈松风《太华碧云孙真人修身正印序》，载王卡、汪桂平主编《三洞拾遗》，黄山书社2005年版，第9册，第143页。
③ （清）苏宁阿：《碧云孙真人修身正印序》，载王卡、汪桂平主编《三洞拾遗》，第9册，第141页。
④ （清）刘一明：《修身正印叙》，载王卡、汪桂平主编《三洞拾遗》，第9册，第142页。
⑤ （清）刘一明：《修身正印叙》，载王卡、汪桂平主编《三洞拾遗》，第9册，第142页。
⑥ （清）苏宁阿：《碧云孙真人修身正印序》，载王卡、汪桂平主编《三洞拾遗》，第9册，第141页。

年后《修身正印》第一次刻印出版。刘一明和苏宁阿解释说，出现这种结果，事出有因，不足为奇。但二人介绍的历史情节，差异不小。

三篇序言的叙述令人怀疑。陈松风为何没有介绍张芝南的抄本从何而来？苏宁阿如何知道焚毁之前的金天观存有孙碧云的度世之书？刘一明说孙碧云没有为金天观留下著作，那么孙碧云回到华山或武当山，为何也没有刊印《修身正印》？刘一明说人们不知道孙碧云懂内丹，他断定《修身正印》是孙碧云的著作，依据何在？

明代任自垣在《孙碧云传》中没有记载孙碧云居金天观的事迹。① 乾隆元年（1736）刊刻的《甘肃通志》，记载了孙碧云居金天观的事迹，未提《修身正印》。② 疑《修身正印》托名明初孙碧云著，实为清嘉庆时期的作品。

六　《玄微心印》

《玄微心印》卷二初见于傅金铨《证道秘书十七种》中。《玄微心印》卷二引用托名张三丰的《无根树道情二十四首》中第八、十七、十三、七和第二五首为证。③ 清雍正初（1723），汪锡龄将署名张三丰的文章"辑为成书"。道光甲辰年李西月将之重新编集为《张三丰先生全集》。④《玄微心印》当撰于清前期雍乾嘉道间，

---

①　参见（明）任自垣《大岳太和山志》卷七，载胡道静等主编《藏外道书》，第32册，第929—930页。
②　《甘肃通志》卷四十一载："孙碧云，冯翊人。幼即慕道，年十三入华山。明太祖召赴京，与语甚悦。所赐之物，辞不受。肃庄王迎居金天观环室。接引徒众，语多奥旨。后还少华山。永乐中，赐号虚宣子。年七十三，羽化于武当山。"
③　参见（清）赵两弼等《玄微心印》卷二，载萧天石主编《道藏精华》精装本第四集之六，第65—69页。
④　参见（清）李西月《叙》，载胡道静等主编《藏外道书》，第5册，第380页。李西月《叙》又曰："卓庵刘君得汪书而补纪之，刊版传世。"有学者判定：刘卓庵在李西月之前刊刻了《张三丰太极炼丹秘诀》（郭旭阳：《〈张三丰全集〉版本源流考》，《郧阳师范高等专科学校学报》2006年第2期）。刘卓庵是李西月重编并刊刻《张三丰先生全集》的助手之一。李西月《叙》中此句，盖是对助手劳绩的肯定之辞。

不迟于道光甲辰年。

《玄微心印》卷前的《玄微心印原序》，落款"南昌喻太真撰"，不标年月。《原序》讲述明性之行、至命之术，将坚持阴阳双修而成仙称为天心。其曰："龙虎合德，方得其真……千劫万劫，长居玉清。大丈夫事，至此乃宏。圣贤妙法，若斯之灵。如兹如斯，名曰天心……四知勿慢，六耳勿闻。戒之慎之，灵官随身。更无别言，叮嘱尔人。"① 读《原序》，喻太真像是《玄微心印》的作者。

《玄微心印》卷前《玄微心印论》，落款"紫阳赵两弼谨识"，不标年月。《玄微心印论》曰，余"续正阳嫡派，为上阳之嗣孙，受斗南之提命，直指单传，亲承教旨，故不敢自私天宝，亦未敢滥授于人，鉴汝谆诚，传兹命脉……爰授七章，更成三律"②。"爰授七章"，《玄微心印》卷二共有胎息、铸剑、筑基、玉液、金液、温养、面壁七节。"更成三律"，《玄微心印论》以三首七律收尾。读《玄微心印论》，赵两弼像是《玄微心印》的作者。但是，无论是《玄微心印原序》，还是《玄微心印论》，都没有提及自己或他人是《玄微心印》的作者，也没有介绍《玄微心印》的写作过程和成书年月，只管自说自话。连落款喻太真和落款赵两弼，都不标年月。《玄微心印原序》和《玄微心印论》的叙述和落款有些奇怪。

《玄微心印》卷一和卷二的卷名内侧，低数格另起一行"传授心法"四字，此形式和内容极为罕见。"传授心法"一行下接并列的四行，并列四行的内容是四个地名+别号+姓名，即"天都紫阳道人赵两弼、豫章两顾道人胡憿、蜀东青峰子丁守明、南昌四一学人喻太真"。这四行似署名，但没有著、书、撰、注等后缀动词，与通常的署名不同，也有些奇怪。这四个人名中，究竟有没有作者？谁是作者？无法确定。疑《玄微心印原序》《玄微心印论》和

---

① 《玄微心印》卷前，载萧天石主编《道藏精华》精装本第四集之三，第5—6页。
② 《玄微心印》卷前，载萧天石主编《道藏精华》精装本第四集之三，第8—9页。

"传授心法"一行下接并列的四行,均为作者的障眼法,《玄微心印》的作者深藏不露。

《玄微心印》引用《无根树道情二十四首》中的五首,毫不隐讳地讲述阴阳双修的过程和操作方法。《玄微心印》述择鼎标准曰:"要察颜色红白,骨肉均停,肤嫩发黑。言乃金声,神全气足,则咽喉爽而言语响亮。脐为命蒂,元炁深则脐腹深厚。神之光射于目,必目睛黑白分明。肾之精聚于齿,必齿牙莹洁。谓之四美。"①这里所说的择鼎,就是丹士挑选阴阳双修的女伴。

七 《立命篇》

《立命篇》作者自称号玄阳子,籍贯四明(今浙江省宁波市)。其在《立命篇序》中自述曰:自己幼年丧父,其父守虚子留下《悟真篇》一帙。自己托迹尘寰而志在修炼,废寝忘食地研读《悟真篇》和薛道光、陆子野和陈致虚的《悟真篇三注》。"同治丁卯时余十有七岁",顿悟玄机,始知"神仙之道,近在目前"。为慈航普度,著《立命篇》。②落款于"同治壬申"(1872),署"四明玄阳子"。以同治丁卯(1867)十七虚岁推算,玄阳子生于咸丰元年(1851)。《立命篇》卷前玄阳子之友抱拙子《读立命篇》曰,过访玄阳子,"见手撰《立命篇》一卷……光绪昭阳协洽岁余月谷旦鹿峰山抱拙子谨识"③。光绪昭阳协洽岁即光绪九年(1883)。据此可知,这一年玄阳子仍在世。玄阳子的姓名和卒年不详。

据《立命篇序》和《读立命篇》所述,《立命篇》撰于同治十一年(1872),刻印于光绪九年。

《立命篇》作者玄阳子的落款只有别号而无姓名。其实,他是

---

① 《玄微心印》卷一,载萧天石主编《道藏精华》精装本第四集之六,第33页。
② 参见(清)玄阳子《立命篇》卷前,载萧天石主编《道藏精华》精装本第四集之七,131—135页。
③ (清)玄阳子:《立命篇》卷前,载萧天石主编《道藏精华》精装本第四集之七,第130页。

向往青史留名的。他劝人修炼内丹曰："功成跨鹤升天去，留得姓名万古传。"① 万古流芳也是他的追求。但他不露姓名，做了隐名作者。

其友抱拙子撰《读立命篇》，文中只称四明玄阳子而不称姓名，其落款亦只有别号而无姓名，完全配合《立命篇》作者的隐名。这种配合不多见。作者号玄阳子，其父号守虚子，其友号抱拙子，三人的别号义相通，盖非巧合。不多见，非巧合，疑《立命篇》作者本人以及其父、其友的别号都是编造的，都是托名。

《立命篇序》劝人在家中修炼内丹曰："神仙之道，近在目前，人人皆可学而得之。若修之者，终不外乎世法人情之理、阴阳同类之妙，又何必离家弃妻、孤入深山方谓修炼哉？古云离家非道，诚良言也。得诀者，何妨隐居市朝潜修还丹！"②《立命篇》讲述阴阳双修曰，外药阳铅"当于同类中求之"。"其炉也，即为生人之地、产药之乡。""彼感我应，彼动我受。"③《立命篇》讲述阴阳双修丹法。

八　结语

本文考证的七部明清丹经都完全或部分推行阴阳双修，但作者都隐藏自己的姓名，且隐藏得很深，很巧妙。作者自我保护，这是明清两代正统思想和社会风气相互矛盾的反映。

本文认为，《性命圭旨》撰于明后期，作者难现真容。《广胎息经》撰于明后期，不早于罗洪先，作者不明。两淮盐政采进本《广胎息经》是所有《广胎息经》抄本的底本。台湾"中央"图书

---

① （清）玄阳子：《立命篇》，载萧天石主编《道藏精华》精装本第四集之七，第210页。
② （清）玄阳子：《立命篇》卷前，载萧天石主编《道藏精华》精装本第四集之七，第133—134页。
③ （清）玄阳子：《立命篇》，载萧天石主编《道藏精华》精装本第四集之七，第144、153、170页。

馆藏署名傅山的抄本四件，是采进本《广胎息经》抄本的抄本。擅加傅山大名实为变相托名，可谓采进本《广胎息经》的第二次托名。《唱道真言》撰成于康熙十一年，《唱道真言》和《青华老人序》皆是托名之作。托名者鹤臞子当生于崇祯三年，姓氏、籍贯、生平不详。《玄微心印》当撰于清前期雍乾嘉道间，不迟于道光甲辰年。《立命篇》撰于同治十一年，刻印于光绪九年。

  本文未解决的问题是，《金丹真传原序》疑点颇多，孙汝忠何时著《金丹真传》有待继续考证。《修身正印》三篇序言的叙述令人疑问，疑《修身正印》托名明初孙碧云著，实为清嘉庆时期的作品。疑《立命篇》作者本人以及其父、其友的别号都是编造的，都是托名。笔者疑《玄微心印原序》《玄微心印论》和"传授心法"一行下接并列的四行，均为作者的障眼法。这些疑问有待继续考证。有的问题可能永无答案。作出永无答案的判断如在学界形成共识，可以提醒同道和后人不必再试图解答此问题。

"斩赤龙"
——女丹的关键*

[意] 莫尼卡著　田茂泉译

摘　要：《道藏续编》收录了《西王母女修正途十则》和《泥丸李祖师女宗双修宝筏》两个女丹文本。这两个文本都强调因生理结构与特性之不同，女子在进行一般内丹修炼的"炼精化气"之前，必须有一个"炼血化精"的过程，即所谓"斩赤龙"的过程。女性的"赤龙"对应于男子的"白虎"，含藏于女子胸腔之内，以不稳定的女性之火的形式表现，是女性生命能量之根基。"斩赤龙"象征着将女子的先天元气积聚起来，而不是让其随经血散失。在内丹修炼的所谓"逆转的镜像"里，后天的生理要素必须通过修炼，方能返本归根，结成"仙胎"。

关键词：斩赤龙；女丹；逆转；镜像

作者简介：莫尼卡（Monica Esposito, 1962—2011），意大利著名汉学家，日本京都大学人文科学研究所访问学者；田茂泉，鲁东大学历史文化学院副教授，硕士生导师（山东烟台 264025）。

---

* 【译者按】：原文的出版信息：Monica Esposito, "Beheading the Red Dragon: The Heart of Feminine Inner Alchemy", In *Facets of Qing Daoism*, Wil/Paris: University Media, 2016, pp. 225–238。另外，标题序号为译者所加。

"斩赤龙"

大约在清代初期，出现了一类新的内丹文献，即所谓的"女丹"典籍。这类文献旨在向女性讲解内丹修炼的心理—生理技术。① 尽管其基本原理和普通内丹法一致，但因男女生理结构之不同，女丹道也颇有独特之处。② 一般说来，女丹的修炼强调女性与月亮的相似性——月亮规律性的圆缺转换，与女性月经的生理周期颇为相仿。女子经血的来去循环，恰似女子的"生""死"变奏曲，"生"时倏然解脱，"死"时为锢为苦。因此，对女性而言，"修经"（Cultivating the Menses）③，即通常所说的"斩赤龙"，就是女丹道的基本功法。这既是本文讨论的核心，也是女丹修炼的关键，还是男女丹法的基本区别所在。④

---

① 最早的中国内丹典籍的清单，参见 Catherine Despeux, *Immortelles de la Chine ancienne: Taoïsme et alchimie féminine*, Puiseaux: Pardès, 1990, pp. 291 – 302。按照戴思博的观点，最早的女丹文献完成于 1743 年（Catherine Despeux, *Immortelles de la Chine ancienne: Taoïsme et alchimie féminine*, Puiseaux: Pardès, 1990, p. 163）；然而女丹典籍所涉及的参引文献，其出现则要早得多（Catherine Despeux, *Immortelles de la Chine ancienne: Taoïsme et alchimie féminine*, Puiseaux: Pardès, 1990, p. 79）。

② 有关女丹道，参见 Catherine Despeux, *Immortelles de la Chine ancienne*, Douglas Wile, *Art of the Bedchamber: The Chinese Sexual Yoga Classics Including Women's Solo Meditation Texts*, Albany: State University of New York Press, 1992; Monica Esposito, *La Porte du Dragon: L' école Longmen du Mont Jingaï et ses pratiques alchimiques d' après le Daozang xubian (Suite au Canon Taoïste)*, thèse de doctorat, Université de Paris Ⅶ, Vol. 1, 1993, pp. 280 – 374; Monica Esposito, "L' alchimie féminine", in J. Servier (ed.), *Dictionnaire critique de l' ésotérisme*, Paris: Presses Universitaires de France, 1998, pp. 51 – 52。

③ "经"在汉语中有多个意思，[日] 诸桥辙次（Morohashi Tetsuji）所编《大汉和辞典》谈及。其中谈到，"经"指女子之月经，进而指女子月经一月一行的规律性，参见 [日] 诸桥辙次编《大汉和辞典》卷八，东京：大修馆书店1976年版，第1072a页。引申言之，又指所谓的"常道"（constant way）、准则或轨则，参见罗竹风主编《汉语大词典》卷九，上海辞书出版社1986年版，第859页。下文我们将会看到，"常"／"常道"的概念揭示了女丹修炼过程中月经的意义所在，它既跟特定的戒规的持守有关，也跟女性月经周期的"重整化"（regularization）有关。正是有了这些修持轨则，女子才能借由自身对月经的感受来体会月亮消长变化的规律性。此外，月经的规律性来临，也使得女子能够理解世间阴阳消息之周期的真正意义，一如其身体所映显的那样。

④ 这两个文本的英文译本，参见 Douglas Wile, *Art of the Bedchamber: The Chinese Sexual Yoga Classics Including Women's Solo Meditation Texts*, pp. 193 – 201, 204 – 212。其法文译本，参见 Monica Esposito, *La Porte du Dragon: L'école Longmen du Mont Jingaï et ses pratiques alchimiques d' après le Daozang xubian (Suite au Canon Taoïste)*, pp. 318 – 374。除这两个文本之外的女丹典籍，参见陶秉福主编《女丹集萃》，北京师范大学出版社1989年版。这里的很多观点在笔者的博士学位论文中已经谈到，笔者只是参引了其中与女丹关系密切的部分内容。

在《道藏续编》（1834 年刊，四卷本，1989 年海洋出版社重刊）中，女丹文本仅有两个：一是《西王母女修正途十则》①，一是《泥丸李祖师女宗双修宝筏》②。下面的讨论将以这两个文本为基础展开。

一　女性、月亮与经血

在女丹文献中，女子常被说成具有如月亮一般的"阴"质。③ 这并不是由于她具有受孕产子的可能性，也不是由于其性情多变，而是因为她们身上有跟月亮的盈虚相对应的月经周期。④ 在许多不同的语言中，这一生理周期多跟月亮有不解之缘——比如说，英文中的"月经"（menses）一词来源于拉丁文 mensis，意谓"月"（month）；"行经"（menstruation）来源于拉丁文 menstrua/menstruus，意思是"每月的"（monthly）。⑤ 汉语中则常用"月经"或"月事"来指称这一现象；"月事"一词跟农业生产有密切关系——人们根据月亮的圆缺规律来确定良辰吉时，以便播种五谷。又如在法国，月经被人们称作"月亮的时刻"（le moment de la lune）；据说欧洲的农民相信，月亮每月盈亏的月亏时段会给人以不祥的感觉——古老的民间传

---

① 《道藏续编》，海洋出版社 1989 年版，第 3 册，第 1a—6b 页。对这一文本的详细介绍，参见 Monica Esposito, "Longmen Taoism in Qing China: Doctrinal Ideal and Local Reality", *Journal of Chinese Religions*, No. 29, 2001, pp. 191 – 231。

② 《道藏续编》，第 3 册，第 7a—12b 页。该文本有副标题"女功指南"。对这一文本的详细介绍，也请参见 Monica Esposito, "Longmen Taoism in Qing China: Doctrinal Ideal and Local Reality", *Journal of Chinese Religions*, No. 29, 2001, pp. 191 – 231。有关女丹道中戒律的作用，参见 Catherine Despeux, *Immortelles de la Chine ancienne*, pp. 147 – 152。

③ 《西王母女修正途十则》中说，"女子，阴质也，月象也"。参见《道藏续编》，第 3 册，第 1b 页。

④ "太阴月的周期，即月亮绕地球旋转的周期，与人类女性的月经周期关系密切。对重生和多产的召唤，以及月光的无私普照，使月亮含蕴了浓郁的情感意义。"参见 E. G. Richards, *Mapping Time: The Calendar and its History*, New York: Oxford University Press, 1998, p. 7。

⑤ 参见 Robert Briffault, *The Mothers*, Vol. 2, New York and London: Macmillan, 1927, pp. 430 – 432。艾斯特·哈丁在其《女人奥秘古今谈》中也曾引用《母亲》中的这一内容，参见 M. Esther Harding, *Woman's Mysteries: Ancient and Modern*, Boston and Shaftesbury: Shambhala, 1990, p. 55。

说认为，在这一时期，殷红的天堂之血，即"月亮之血"（moon blood）会从天上降落人间。① 事实上，月经（menses）一词不仅指称女性经血流失的生理律则，象征着其受孕的可能性，同时也是不成功的"产出"，还带来了一系列针对女性的禁忌和规戒。古人认为月经期间的女子有很强的传染性，因此处于经期的女子是不洁的，因而其待人接物应受到一定的限制。② 禁忌所针对的就是作为污染之载体的经血，古人认为那是一种由于魔鬼附体而产生的传染病。按照这一逻辑，月经期间的女子必须隔离，甚至要对她们制定相应的戒规。③ 禁食、隔离和申斥是常见的涤愆、赎罪手段。④

规矩和禁戒在中国的女丹文献里也占有十分重要的地位。上文谈到的《道藏续编》中的两篇内丹典籍，其内容都是奠基在这类规戒之上的；这些规戒本身也是内丹修炼体系的一部分。尽管这类典籍认可女子从事内丹修炼，但同时也谆谆告诫她们，要恪守妇道、忠于夫君，要谦卑柔顺，要承担对社会的责任，如此等等。在从事内丹修炼之前，她们须按照这类戒律条文来忏悔罪业。⑤ 因此，与

---

① 参见 M. Esther Harding, *Woman's Mysteries: Ancient and Modern*, p. 55。如今，法语中指称月经的惯用词汇是 règles，强调月经周期的规律性（regulation）。

② 女性被禁止接触黄油、葡萄酒和肉类，参见 Emily Martin, *The Women in the Body*, Milton Keynes: Open University Press, 1989, pp. 97 – 99。与月经禁忌有关的污染理论的详细阐发，参见 Mary Douglas, *Purity and Danger*, London: Ark, 1984。在有的现代文化里，这类禁忌或禁令仍然盛行，参见 Karin Kapadia, *Siva and Her Sisters: Gender, Caste, and Class in Rural South India*, Boulder and Oxford: Westview Press, 1995; Ruth-Inge Heinze (ed.), *The Nature and Functions of Rituals: Fire from Heaven*, Connecticut and London: Bergin & Garvey Westport, 2000。

③ 德尔玛·德席尔瓦（Deema de Silva）在《僧伽罗女子的成年礼》（"Sinhalese Puberty Rites of Girls", in Ruth-Inge Heinze (ed.), *The Nature and Functions of Rituals: Fire from Heaven*, p. 84）中说，在女子的第一次月经来临时将其隔离，是为了保护她们免受恶魔的侵扰——恶魔会进入她们的身体，带来疾病，或者影响其心理机能。

④ 参见 M. Esther Harding, *Woman's Mysteries: Ancient and Modern*, pp. 57 – 59。

⑤ 《西王母女修正途十则》以女子应当领受的强调恪守妇德的"九戒"开篇。这些戒律在当今中国全真道的女冠身上，仍然适用。有关这九条戒律，参见《道藏续编》，第 3 册，第 1a 页；其英文译本，参见 Douglas Wile, *Art of the Bedchamber: The Chinese Sexual Yoga Classics Including Women's Solo Meditation Texts*, p. 193。其对应的法文文本，参见 Catherine Despeux, *Immortelles de la Chine ancienne*, pp. 149 – 152。

"修经"有关的戒规在女子内丹修炼过程中扮演着极为重要的角色,被认为是女性"斩赤龙"的先决条件。①

许多研究都强调女子因其月经的存在带有了不洁和染污的性质,因而被认为是"低人一等"的,然而一旦变换语境,女性月经的象征意义则可能大不相同。在许多古代文化中,月经被认为是神圣的。尤其是在密教之反转的逻辑中,危险的、污染的月经之血反而拥有了快乐和解脱的性质。在密教里,女性的身体因代表了女神的形象而拥有了神圣性。② 在印度,阿萨姆人的密教修行者通常在八九月份所谓女神的月经周期内,举行一年一度的集会活动。③

如果说在印度,女神的月经期被认为是举行集会和进行修炼的吉祥时段的话,那么中国的女丹修炼也同样认为这一时段具有特殊

---

① 《西王母女修正途十则》中的第四条戒律尤其重要,参见《道藏续编》,第3册,第2a页。

② 在古老的文化传统中,我们也可发现视经血为强有力物质的观念,而与污染观念没有关系。参见 J. L. Brockington, *The Sacred Thread: Hinduism in its Continuity and Diversity*, Edinburgh: Edinburgh University Press, 1981, pp. 147 – 148。Sarah B. Pomeroy(ed.) *Women's History and Ancient History*, Chapel Hill: University of North Carolina Press, 1991, p. 287; Karin Kapadia, *Siva and Her Sisters: Gender, Caste, and Class in Rural South India*, p. 70, 76。在印度教性力派典籍中,有经血具有神秘力量的说法,参见 Madha Khanna, "The Goddess—Women, Equation in Sākta Tantras", in Mandakranta Bose(ed.), *Faces of the Feminine in Ancient, Medieval, and Modern India*, New York: Oxford University Press, 2000, pp. 116 – 119。这类传统往往跟印度密教的炼丹术修ծ有关,参见 David Gordon White, *The Alchemical Body: Siddha Traditions in Medieval India*, Chicago: University of Chicago Press, 1996, pp. 191 – 202。在藏传佛教金刚乘(Vajrayāna)传统中,据说著名的空行母多杰帕嫫(Ḍākinī Dorje Pagmo)的经血形成了波德朗湖(Phodrang Kyomotso),成为密教修行者的圣地。参见 Toni Huber, *The Cult of Pure Crystal Mountain: Popular Pilgrimage and Visionary Landscape in Southeast Tibet*, New York and Oxford: Oxford University Press, 1999, p. 96。沙弥尼在修行时常观想空行母,以净化其性欲望,参见 Monica Esposito, "Una tradizione di rDzogs—chen in Cina, una nota sul Monastero delle Montagne dell'Occhio Celeste", *Asiatica Venetiana*, Vol. 3, 1998, pp. 221 – 224(尤其是第222页); Monica Esposito, "A Sino-Tibetan Tradition in China at the Southern Celestial Eye Mountains: A First Comparison between Great Perfection(rDogs chen) and Taoist Techniques of Light", in the international conference *Tantra and Daoism: the Globalization of Religion and Its Experience*, Boston University, 19 – 21, Apr., 2002; Monica Esposito, *The Zen of Tantra*, Wil and Paris: UniversityMedia, 2013。

③ 参见 David Gordon White, *The Alchemical Body: Siddha Traditions in Medieval India*, p. 195, 451, note 67。

的重要性。事实上，中国女丹修炼也有与密教类似的反转逻辑，它与对女性的伦理规戒一样，在女丹修炼过程中扮演着重要的角色。诚然，讨论两种文化传统在这一方面的异同十分有意义——尤其是在学界对清代道教和密教之关系几未涉足的情况下；然而，鉴于本文讨论的范围仅止于女丹道，是以笔者仍将讨论的重点放在月经初期（"初经"）这一快乐的、具有潜在解脱性的重要时段上。

二 "初经"：女丹修炼"最初时刻"的觉察与"天癸"的作用

在中国的女丹典籍中，女子修炼的最恰当时机就是所谓的"初经"之时。"初经"是少女月经的第一次来临，是生理学意义上卵巢活动开始的标志。[1] 古代内丹文本的作者对此远未了解，而是认为在女性子宫内有所谓"如星如珠"之物；若不能适当持守，它就会每月化赤，变为经水流出。[2] 为避免此"先天至宝"蜕变遗失，

---

[1] 参见《西王母女修正途十则》，《道藏续编》，第3册，第1b页（原文为："自有一点初经，含于内牝，如星如珠，乃是先天至宝。藏于坤腹之上，位于中黄之中。……则此一物，得附性天，便成元一，不变赤珠，不化天癸。"）第2a页（原文为："按初经命宝，不失知修，则附性天，而化元一。"）在很多文化传统中，第一次月经的出现被认为是一个重要的时刻，标志着女子性能力和生育力的成熟。今天，许多地方仍然有庆祝"初经"的仪式。参见 Karin Kapadia, *Siva and Her Sisters: Gender, Caste, and Class in Rural South India*, p. 70, 95; Victorial J. Baker, *Ritual Practice of Sinbalese Village*, Fort Worth: Harcourt Brace College Publishers, 1998, p. 63; Deema de Silva, "Sinhalese Puberty Rites of Girls", in Ruth-Inge Heinze (ed.), *The Nature and Functions of Rituals: Fire from Heaven*, pp. 84 – 85。在中国的女丹文本中，有一点是引人注目的，即被视为既危险又有利的这一时刻，是如何转化为女子内丹修行的组成部分的。在此意义上，女丹的"初机"（也称"气机"或"初气"）就成为与"初经"相对应的概念，因为"初机"是"气"分化为阴阳两部分之前所呈现出来的短暂的时刻。参见 Monica Esposito, *La Porte du Dragon: L'école Longmen du Mont Jingaï et ses pratiques alchimiques d'après le Daozang xubian* (*Suite au Canon Taoïste*), Vol. 1, pp. 286 – 291, 315 – 316, 377。至于这些术语的宇宙论意涵，参见 Isabelle Robinet, "Primus Movens et création récurrente", *Taoist Resources*, Vol. 5, No. 2, 1994, pp. 29 – 70。

[2] 参见《西王母女修正途十则》，《道藏续编》，第3册，第1a页。英文译本，参见 Douglas Wile, *Art of the Bedchamber: The Chinese Sexual Yoga Classics Including Women's Solo Meditation Texts*, p. 194, note 18。

女性就须修炼所谓的"天癸"。而欲使此"天癸"不化为经血,女性就应当持守自身的洁性,将这一创造性的能量炼化为仙胎胚芽。然而,在仙胎出现之前,她会经历象征着女性"实体妊娠"(ontological gestation)的月经过程的中断。这意味着女性修炼内丹,也要跟普通女子怀孕一样,历经一个类似妊娠的月经中断的阶段。只不过,在内丹修炼的意义上,女性产下的不再是一个胎儿,而是炼化出来的所谓"真我"(True Self)。

在内丹修炼过程中,男子必须防止心神散乱和昏沉掉举,其方法是收摄心神,防止真阳外泄。与之相似,女性也要了解自身容易动情、情感多变的"阴性"(lunar nature)特征,遏制内在情欲的干扰。"天癸"是女性创造性能量的渊薮,它有待于从女性的深层次生命中汲引(extraction)出来。这种"汲引"有赖于女子在内心确立与染污决绝的信念。因为一旦她追逐于外在的欲望,经血就会奔流而出。

《黄帝内经·素问》第一篇就谈到了"天癸"一词,将其与男女的生殖系统及其功能联系起来。① 具体而言,"天癸"指的是与肾脏之"气"的积聚紧密相关的生殖力的肇始(生命能量最强之时)。由于肾"气"与性功能有关,是其他重要生命能量的基础,因此掌控了它,也就掌握了长生之方。在此意义上,"天癸"就成了"元气"的同义语,在女丹修炼过程中意义重大。② 这就无怪乎

---

① 戴思博曾引用该文,参见 Catherine Despeux, *Immortelles de la Chine ancienne*: *Taoïsme et alchimie féminine*, p. 218。

② 明代医生张介宾(1563—1640)在其《质疑录》中,对《黄帝内经》中的"天癸"作了详细解释,参见(明)张介宾《质疑录》,王新华点注,江苏科学技术出版社1981年版,第28页。与其他医学派别的解释相比,张介宾将"天癸"与"元气"而非精血联系起来(原文为:"天癸者,天一所生之真水,在人身是谓元阴,即曰元气。……则知天癸非精血矣。")参见 Monica Esposito, *La Porte du Dragon: L'école Longmen du Mont Jingaï et ses pratiques alchimiques d'après le Daozang xubian* (*Suite au Canon Taoïste*), p. 288, note 285。《道藏续编》中的内丹文本,将张介宾对"天癸"的解释运用于女丹和一般的丹道修炼。参见《西王母女修正途十则》,《道藏续编》,第3册,第1b、5、13页;第2a、3b、6页;《泄天机》,《道藏续编》,第1册,第3b页;《张三丰全集》,《道藏续编》,第3册,第5a页。[译者按:《质疑录》是江苏科学技术出版社在南京出版的,原文误为"北京"(Beijing);时间当为"1981",原文误为"1989"。译文据改]

"斩赤龙"

《西王母女修正途十则》将女性的"本命"（destiny）跟"天癸"紧密关联了。① 然而深究起来，这一术语有着相互矛盾的双重含义：一方面，它代表了人体创造性能量的巅峰时刻；另一方面，它也是"先天"（before heaven）基因遗传开始退化的起点。我们还可以将"天癸"一词分开来理解："天"指先天的遗传基因；"癸"是中国传统中十天干的第十位，代表青春期，意指水的流动。此外，"天癸"还让我们联想到用以表达女性经血和行经过程的另外一个术语——"壬癸"②。在女丹典籍中，"壬癸"又可细分为两个阶段。

1. "壬"的阶段。按照清代著名道士、龙门派第十一代弟子刘一明的解释，此阶段也称"天"，是指经前、经后出现了所谓"真元"（true energy）的时段。这是女子从事女丹修炼的恰当时机（"阴"中生"阳"，或"阳"中产"阴"），跟女性之妊娠和生产的可能性有关。

2. "癸"的阶段。具有一般所说的"阴"的性质，表示经水的流动。女性修炼内丹，必须将第一个阶段作为能量的来源，因为该时段是元气积聚之时。由于内丹修炼不是繁殖后代，因此它不会遏制第二个阶段"癸"的发生，反而会被这一阶段"打断"（interrupted）。第二个阶段的月经之流一般称作"月水""月经""经水"或"癸水"。这种"打断"也被认为具有快乐和解脱的性质。正是有了它，女性才能逐渐意识到自身能量之月复一月的规律性损耗，从而认识到内丹修炼的必要性。诚如丹道典籍所言，女性在月经来

---

① 参见《西王母女修正途十则》，《道藏续编》，第3册，第1b页。原文为："盖以女命还在天癸，天癸不化，命何能保？"

② 清代道士刘一明（1734—1821）在其所著《象言破疑》（卷下，第42a页；载《道书十二种》，中国中医药出版社1990年版，第三集，第205页）中谈到"壬水阳兮癸水阴"的说法；在讨论女丹斩赤龙之术时，刘一明又谈到"天壬地癸相见面"（《女金丹》，载陶秉福主编《女丹集萃》，第304页）。这很好地解释了"天壬"和"地癸"之间的关系，同时也是对女丹修炼要超越二者表面之对立的很好说明。

临之前，都有机会通过修炼将自己从行经的苦楚中解脱出来。如果要修炼内丹，月经前两天是最佳时刻，因为此时正是阳气转化为阴血之时。女丹典籍中称这一时间为"信水"（Messenger Water）或"月信"（Monthly Messenger）。这两个术语都包含一个"信"字，意指月经"信息"（message）的到来，抑或是指月经像信使（messenger）一样到来，通过大家熟知的腰腿沉重感、头痛等症状来宣而告之。① 所宣告的信息其实是一种"气"的来临，即"阳"中"真阴"（或"阴中""真阳"）的发生。这是内丹修炼的最佳时机，因为一旦经水之流减弱，作为女性本命的血的阴质就会散失。此外，女丹文本还指出，月经之后两天半，女性可继续进行内丹修炼。②

女丹典籍中称女子的这种内丹修炼为"斩赤龙"（Beheading the Red Dragon）。"赤龙"的象征意义，当与女子月经前后各两日半女子能量的基础（energetic basis）有关。另外，在理解"经血"（menstrual blood）一词时，要将它与上文谈到的"癸"的阶段的经水或癸水区别开来。只有在斩断赤龙之后，先天的元阳真气才能展露真容；这一过程可以用自"癸"至"壬"（"壬"←"癸"）或自"癸"至"天"（"天"←"癸"）的反方向运动来表示。③ "赤

---

① 有关这些术语的解说，参见 Catherine Despeux, *Immortelles de la Chine ancienne*, pp. 153 – 256。

② 参见《女金丹》（载陶秉福主编《女丹集萃》，第302页）及《女丹合编》（载陶秉福《女丹集萃》，第96页）。《奥义书》对于与女子初经有关的吉祥时刻，不乏溢美之词："毫无疑问，在月经结束时换却衣服的女子是最吉祥的。一旦她这么做了，那么就可以被走近，并可与人行房事。"参见 Patrick Olivelle, *The Early Upaniṣads: Annotated Text and Translation*, New York: Oxford University Press, 1998, p. 88。

③ 此即刘一明所言"天壬地癸相见面"；也与下面的解释合拍："天，颠也，谓头顶颠。"参见《释名》，载郝懿行等《尔雅·广雅·方言·释名清疏四种合刊·附索引》，上海古籍出版社1989年版；何新《诸神的起源》，台北：木铎出版社1989年版，第269页。在内丹修炼中，这是一种"界域颠倒"（Upside-down world）的意象，是一种反转的逻辑。在这种情况下，经水不是如世俗般顺流而下，而是通过修行上升至天。这相当于从"后天"（world after heaven）复返"先天"（world before heaven）。有关内丹中"界域颠倒"的概念，参见 Isabelle Robinet, "Le monde à l'envers dans l'alchimic intérieure taoïste", *Revue de l'histoire des Religions*, Vol. 209, No. 3, 1992, pp. 239 – 257。

"斩赤龙"

龙"象征着元气的积聚，是能够转化为真元能量的内在动力。这样一来，我们就可以理解"赤龙"和"斩赤龙"的真正含义了。① 在下文中，我们将用"颠倒"（upside-down）的概念对其作进一步探究。"颠倒"，即在逻辑上逆转（反转）的思想，是内丹修炼的基本原理之一。这一点，既表现在男、女在身体结构上存在的"逆转的镜像"（inverted image）上，也体现在男、女相似的"逆则成丹"的修炼轨辙上。

---

① 此处作为逆转的头部或掉落在地的头颅（即释"天"为"颠"，见上一注释）之意象的"界域颠倒"的概念，让我们联想到中国古代神话传说中头颅被斩的英雄人物刑天。参见何新《诸神的起源》，第268—269页；Anne Birrell, *Chinese Mythology: An Introduction*, London: Johns Hopkins University Press, 1993, pp. 216-217。其中谈到这一神话的时候说，"为天所刑"（Punished by Heaven）或者"因天成形"（Shaped by Heaven）的无头英雄以乳为目，以脐为口，颇类似于当今医学上所谓的"移植"（transplants）术。这可视为女丹"斩赤龙"修炼中所宣称的身体改变的一种象征，因为女子应当首先将身体转变为与男子相似的身体（即《樵阳经》所说的"乳头缩而赤龙斩，变成男体"，参见陶秉福《女丹集萃》，第136页），最终将身体炼化为兼具男女两性特质的身体（详见本注释后文）。此外，头颅斩断也内蕴了重生的观念。《十洲记》（《道藏》，第598号，涵芬楼线装本，第330册，第2b页）记载有一种怪兽，火不能伤之，纵然头被砍也能复生。贺碧来曾引用过此事。（参见 Isabelle Robinet, *Méditation taoïste*, Paris: Albin Michel, 1995, p. 276）在中国文献中，那些斩龙或者是杀死可怕动物的英雄俯拾皆是，而且他们往往被暗示为可以治疗疾病，或者驱除邪魔。颇为有趣的是，印度神话中也有与女子月经有关的斩杀恶龙的神话故事，如魔鬼般的恶龙乌里特那（Vrtra）因为阻碍降雨而被因陀罗（Indra）斩杀。但与中国的神话传说不同，这一印度神话的后来版本加入了新的内容——由于乌里特那是以婆罗门的形象出现的，因此在争斗中胜出的因陀罗必须接受惩罚。因陀罗跑到了女人那里寻求庇护，要求她们承担自己杀死婆罗门罪过的第三部分，于是乎女人们就承受下来，其所承担的罪则表现为月经。[参见 Madha Khanna, "The Goddess-Women, Equation in Sākta Tantras", in Mandakranta Bose (ed.), *Faces of the Feminine in Ancient, Medieval, and Modern India*, New York: Oxford University Press, 2000, pp. 117-118] 在密教逆转的逻辑中，也有印度女神斩杀恶魔的故事，一如广为人知的杜尔迦（Durgā）斩杀化为公牛的恶魔。但女神的形象打破了对婆罗门的既定印象，她手持武器与恶魔战斗，她的血是神圣的，不再具有染污性。（参见 Kim Knott, *Hinduism: A Very Short Introduction*, New York: Oxford University Press, 2000, p. 45; David Gordon White, *The Alchemical Body: Siddha Traditions in Medieval India*, p. 190, 191-202）也可参见上文的注释。还有一点要着重指出，即炼丹视域中通用的所谓"斩赤龙"的隐喻，其原初意义是指石灰或金属硫化物的形成。参见 Joseph Needham, *Science and Civilisation in China*, Vol. 5, part 2, Cambridge: Cambridge University Press, 1974, p. 8。

三 作为男子镜像之逆转（inverted mirror）的女子

女子有其自身的特性和生理结构。如笔者所言，女性生命的能量根基是血液（blood），因此女子的内丹修炼必然以炼化这一物质为起点。在开始内丹修炼的第一个阶段"炼精化气"之前，女性首先需要"炼血化精"。因为对女性而言，每个月的月经，将损耗她大量的创造性能量，因此这一步骤，即通常所说的"斩赤龙"，就成为女丹修炼的基础性环节。与女性的这一修行步骤相对应的，是男性对"精"的炼化。内丹文本《女金丹》描述男女两性内丹修炼的区别如下：

> 男子以阳生，为火，火回就水成功；女人以阴生，为水，水回就火成功。何为阴生？阴生者，潮信是也。男子炼气，女人炼形。男牵白虎，女斩赤龙。白虎者，神与气也；赤龙者，精与血也。男子阳生在子，女人阴生在午。子乃肾经，午乃心经。午是阴之根，子系阳之苗。男子外阳而内阴，女人外阴而内阳。男子夺外阳以点阴，女人夺外阴以点阳。此乃女人修仙之道。[1]

在此意义上，女性恰恰是男性镜像的逆转——"赤龙"一旦被斩断，就与男性的元气一般无二。"赤龙"代表了女性潜在的受孕和

---

[1] 此段文字见于陶秉福《女丹集萃》，第301—302页。在该书第132页有"女功炼己还丹图说"，旁有一段文字曰："午是阴之根，子乃阳之苗。男子外阳而内阴，女人外阴而内阳。男子夺外阳而点内丹，女子夺内阴而点外丹。"跟本段文字的后半部分相似。（译者按：此注释原文为：此段文字见于陶秉福《女丹集萃》第301页。"午是阴之根"开头的后半段文字也见于陶秉福《女丹集萃》第132页的"女功炼己还丹图说"。考陶秉福《女丹集萃》原文，页码当为第301—302页；又"女功炼己还丹图说"以"午是阴之根"开头的一段文字与正文中引文的后半段略有出入，原注认为相同，误。译文据改）

生产能力。① 女性的"赤龙"对应于男子的"白虎":"赤龙"含藏于女子胸腔之内,以不稳定的女性之火(female Fire)的形式表现出来;"白虎"则在男子睾丸之中,表现为易燃烧的男性之水(male Water)。由此,男女内丹修炼的起手部位恰好相反。女子专注于两乳之间的乳溪,通过轻按乳房来启动血气的循环。② 一旦炼化完成,女子之血会降至肚脐附近的"下丹田",从而转化为"精"(essence)。与此相反,男子则将其精神聚焦于生殖系统(肾脏/睾丸),即一开始就专注于所谓的"下丹田",从而积聚精元。一旦炼化完成,男子之精(而非精液/精子)就会转化为"气",并上升至头部的所谓"上丹田"。

在内丹理论中,男女两性在能量区位点上也有不同。这些内丹理论往往以身体的、宇宙的乃至形而上的化育理论作为基础,进而指出女子的经血和男子的精元是内丹修炼的基本要素。然而,在内丹修炼之"逆转的镜像"里,这些要素必须通过修炼返本归根,方能结成"仙胎"。与世俗世界的顺行规则相反,修炼内丹必须返回"先天境界"(the World Before Heaven)。具体而言,女子要在经血化为经水之前对其予以炼化,男子要在精元化为精子之前将其炼化。这些"纯正的"(pure)元素,是内丹修炼工程"第一原质"(materia prima)的来源。

四　结论

由此可知,女丹修炼过程中的所谓女子"月经的中断",其实与男子在内丹修炼过程中的"精流的中断"现象是相对应的。女子

---

① 作为精血的赤龙一旦被斩断(即颠倒其性质),就可以返回其本源,即天癸之府库(reservoir)。可参见张介宾在其《质疑录》(第28页)中所说:"天癸在先,而后精血继之……"一段文字,也可参见上文注释和下文注释。

② 恰恰是通过在遮盖其本性的外显面(即月经和乳房,女子区别于男子的性别特征)上的修炼,女子方能获得解脱。同样的逻辑也适用于男子及其性别特征。尽管在许多文化中,因男女身体性征方面的不同,将女子视为下劣的性别,但在女丹修炼的逆转的逻辑里,这类性别特征却成为女子修行解脱的资粮。

的这种"中断"代表着世俗女性与修丹女子的重大区别——前者顺着普通女性的生命轨迹生儿育女；后者则能掌控并扭转这一进程，孕育出"真我"（True Self）。

"斩赤龙"意味着女子对其身体和时间的充分控制，一如男子控制其精元的妄动一般。二者都需要严格控制情欲、昏沉和心猿意马。在"斩赤龙"的过程中，女性将会体验到自身特殊的"阴阳消息"，理解自身生理周期如潮水般起落的价值所在，从而更好地体悟自身所具有的"成仙"资粮。通过这一修炼，女性可以从经水的外流中解脱出来，体会"真我"降临的快乐，这是女性复返"先天"的开始。自兹以往，她就可以跟男子一样从事其他的修炼步骤，也就是内丹典籍中常说的"炼精化气""炼气化神""炼神还虚"等程序。一旦女子进入"中"（Center）的状态，一个全新的境界就会显现出来——在此境界中，所有的二元对立将被超越；男女两性的差异也得以弥合。无怪乎内丹典籍常说，内丹修炼成功的人往往缺乏单一的性别特征，或者集男女两性特征于一身——女子双乳缩小如处子，男子则出现所谓的"马阴藏相"。

最后要强调的一点是，"斩赤龙"一如女子受孕，是一个月经中断的时间阶段。因此，若女子仅仅关注修炼的生理效果，那么这一阶段仅仅具有"小周天"（microcosmic orbit）的意义。要完成"仙胎"孕育，女子必须继续从事"大周天"（macrocosmic orbit）的炼化。一旦完成"大周天"的修炼，她就会萌发一种"默即说兮，这说处，元来有默"的奇特的神秘体验。①

---

① 一如李道纯（活跃时间在1288—1306年）在《中和集》中所言："默即说兮，这说处，元来有默，只默说便是金丹秘诀。"参见李道纯《中和集》卷六，《道藏》，第249号，涵芬楼线装本，第119册，第11b页。

"三家参同"与"济世度人":
明末徽州曹珩道教思想探略

徐 克 郭 武

摘 要：身兼各派传承的曹珩，是明末清初徽州为数不多有著作传世的高道。他曾遍访江南丹师，在批评"清静""宗门""彼家"的基础之上，构建了其"三家参同"的内丹思想；而在净明道龙沙谶的影响下，他又具有强烈的济世度人情怀，突出地表现在他与士庶之间的往来接应，以及对医药和俗世生活、人道根本的重视等方面。这将为我们了解明清时期的徽州道教提供更广阔的视野。

关键词：徽州；曹珩；明道；《俞俞子内外篇》

作者简介：徐克，云南大学历史系博士研究生（云南昆明650091）。郭武，山东大学犹太教与跨宗教研究中心教授（山东济南250199）。

明代中后期，道教内丹之学日益成熟，在此期间出现了诸多重要的丹家。他们不仅在理论建构上各具特色，同时又积极地入世度人，徽州歙县曹珩就是其中之一。曹珩具体生卒年不详，约活跃于明末清初。曹珩，字元白，又自称曹士珩、俞俞子、俞俞道人，长于医药、绘画等，著有《俞俞子内外篇》。该书现存至少五种版本，其中上海图书馆所藏为崇祯七年（1634）初刻本，国家图书馆所藏为崇祯十七年（1644）补图本，而《道书集成》影印北京师范大学的藏本，则为清乾隆年间（1736—1796）的重刊本。曹珩所著《俞俞子内外篇》分为内篇《道元一炁》、外篇《保生秘要》，内容丰富而影响较大。曹珩其人其书对于研究徽州道教，认识晚明道教养生之现象有重要的意义。然而，学界关于他的研究成果却很少①，仅有几种普及性的医学、艺术类著作略有提及。在曹珩的道教思想中，"三家参同"的修行丹法与济世度人的宗教情怀占有核心地位，以下拟就此两方面略作探析。

一 学有异授：身兼各派的曹珩

道教虽门派众多，却并非壁垒森严，身兼各派法脉、融汇各家精义之道士，历代皆不乏其人，明末曹珩即是如此。曹珩在求道历程中，曾遇到过多位师父，但被其认作导师、度师者仅有两位。曹珩的导师是娥皇女英墓旁的老者，正是他告诉曹珩"终南溪涧王道人，真汝度师也"②。而此王道人也正是曹珩后来遇到的汪师，结合"指予溪涧王道贞""葛巾道者喜相投"可知③，传授曹珩金丹大道的度师，即应是终南山的汪道贞或称"葛巾道者"。曹珩更在其著作中图写二师真容，可见其尊师重道之意。然而，曹珩并没有明确指出自身的道派归属，要解答这一问题尚需对相关材料进行分析。

从曹珩在《亨集》中图绘、转录全真道五祖七真之肖像、歌诀中，可知其应传全真道统，他也称"郝真人《直言》，可谓吾教中

---

① 美国学者刘迅在其探讨晚明内丹男女双修的文章中，曾涉及曹珩"彼家"的修炼思想，Xun Liu, "Numinous Father and Holy Mother: Late Ming Duo—Cultivation Practice", in Livia Kohn & Robin R. Wang（ed.）, *Internal Alchemy: Self, Society, and the Quest for Immortality*, Magdalena, NM: Three Pines Press, 2009, pp. 122 – 141.
② （明）曹珩编著：《道元一炁》元集，崇祯七年（1634）刻本，国家图书馆藏，第7页。
③ （明）曹珩编著：《道元一炁》乾集，第3、4页。

"三家参同"与"济世度人":明末徽州曹珩道教思想探略

祖父,以诲后人,欲人人超达,不落下乘,真乃良药苦口,疗病之方"①。曹珩曾自称"正道弟子曹珩元白""新安参学弟子曹士珩""新安奉道弟子曹士珩""混元门下弟子曹士珩"等②,这其中"混元门下"有待辨析。

明清所习称的"混元门",多指弘阳教。此教为明万历二十二年(1594),北直隶广平府曲周县人韩太湖所创立。弘阳教主要信奉混元老祖、无生老母、飘高老祖等神祇,宣扬"三阳劫变"以及伦理道德说教,并注重道场仪式,主要经典有《混元弘阳飘高祖临凡经》《弘阳苦功悟道经》《混元弘阳叹世真经》《混元弘阳悟道明心经》《弘阳显性结果经》等。但在曹珩《俞俞子内外篇》中,却没有任何有关弘阳教的内容,可知其与曹珩无关。

道教中以"混元"命名的道派,较早出现在宋代,如南宋李简易编制《混元仙派之图》所载的"混元仙派"。该图以太上老君为其源,以钟吕丹师为其流。学者据此认为"混元仙派"即两宋内丹派最初的名称,因其专修内丹,又多单传秘授,故无固定教团,以致少有人知。③"混元仙派"的这种特征与曹珩情况相近,按此认为他属于"混元仙派"亦无不可。然而,此派毕竟是李简易一家之言,且时至明末,曹珩是否仍认同"混元仙派"之名,尚存疑问。

据王卡校定的《诸真宗派源流》可知,后世道教中"混元派"流传有两种字谱,其一曰:"混元乾坤祖,天地日月星。三教诸圣师,金木水火土。浑合本空洞,朝谒上玉京。虚无生一炁,良久归太清。"其二曰:"一永通玄宗,道高本常清。德祥恭敬泰,义久复圆明。混元三教主,天地君亲师。日月星斗真,金木水火土。"此外,又有"混元门宗派",其字谱为"万法皈圆顿,三教混元

---

① (明)曹珩编著:《道元一炁》亨集,第34页。
② (明)曹珩编著:《道元一炁》元集,第36页;亨集,第1、3页;贞集,第1页。
③ 参见马西沙、韩秉方《中国民间宗教史》,中国社会科学出版社2004年版,第938—939页。有关"混元仙派"的研究,参见李显光《混元仙派研究》,中国社会科学出版社2007年版。

生。了达无为道，龙华会相逢"。①然而，这三种派谱皆与曹珩不合，且在曹珩的师父或者后学弟子中也未见相关派字，故"混元派""混元门宗派"似也与曹珩无关。

由此可推知，曹珩所称的"混元门下"大概与天师道相近。他说"说着道，便是先天。说着法，便是后天。而后天发号，由先天之将令。气用先天一气，将用自己元神，是矣。赖上德之士，金丹有注，混元门下道高而法体具"②。又说"若行驱瘟斩邪符咒，混元门下老氏法教，按先天祖炁、罡炁、煞气，斩妖立见"③。可知此"混元门下"的特征之一，即在于结合内炼以行符咒。而本着济世度人的情怀，他也在《贞集》中转载了天师道之符科、法术，如其称"珩且请较天师门弟，无外二理，总出仙源一脉者，普济世人，岂非功德无量哉"④，"珩较之天师门弟，祖炁便捷符咒、药饵服食，发梓公传，济人保生之要，居家入山便览"⑤。

曹珩较为明确的道派归属其实是净明道，而龙沙谶之于曹珩的意义又非同一般，从中可见他济世度人思想的根源。曹珩的同道"龙眠学仙童子燕胎道人郭士豪"⑥，自称"髫年学道，遇海上至人数辈，读家藏道藏书数万余卷，若内若外，若正若邪，若假若真，

---

① 王卡：《诸真宗派源流校读记》，载麦子飞、熊铁基主编《全真道与老庄学国际学术研讨会论文集》，华中师范大学出版社2009年版，第57、75页。
② （明）曹珩编著：《道元一炁》贞集，第1页。
③ （明）曹珩编著：《道元一炁》贞集，第4页。
④ （明）曹珩编著：《道元一炁》贞集，第4页。
⑤ （明）曹珩编著：《道元一炁》贞集，第1页。
⑥ 方志所载明中后期有两位郭士豪。其一是晋江郭士豪，其父郭楠，《明史》有传。晋江郭士豪字志迈，为诸生，待人仁信，以孝亲著称。万历《泉州府志》载郭士豪以子郭继曾显贵，赠黎平府推官，则此人至迟于万历末年即已去世。参见万历《泉州府志》卷十五《封赠》，万历四十年（1612）刻本，第45页；乾隆《晋江县志》卷十《孝友》，乾隆三十年（1765）刻本，第25页。其二是舒城郭士豪，此人字光斗，号蝶公，擅诗文，事母至孝，曾以明经特荐任御史，仕至金衢兵备道，同时也是复社成员，著有《四书口义》等。虽时代和籍贯与"龙眠学仙童子燕胎道人郭士豪"相符，但二者之间差异甚大，故尚缺乏坚实的证据表明二者为同一人。参见雍正《舒城县志》卷十八《儒林》，雍正九年（1731）刻本，第3页；（清）陆世仪：《复社纪略》卷一，《续修四库全书》，上海古籍出版社2002年版，第438册，第488页。

无不洞悉"①，唯对曹珩心甚折服，"愿与之为八百领袖，共相砥砺，以期同登道岸"②。二人有着极强的应谶传道、济世度人的意识，如郭士豪《道元一炁序》言：

> 今日者，俞俞子以紫阳道气，振起东南；余也以梅屿遗民，揣摩西北。两人者，业已绝俗逃世，呼迷唤梦。慨然于一千二百四十年后，身任接引斯人之责。万勿惮其初心，谓仅仅著书立言，便足了我身心大事。必也体祖师普渡共济之怀，广祖师净明忠孝之教，接祖师无上秘要之传。务使五陵之内，八百仙侣，由我二人联翩而起，以应祖师龙沙之谶。庶不负东南有俞俞子，西北有燕胎道人也。③

净明道龙沙谶预言的早期形态，见于北宋《灵剑子》之《松沙记》，此文载许真君斩蛇之后，有蛇子从腹中出，因蛇子无过而灵剑不能斩之，故暂饶其性命。许真君又预言说，五百年后，当松枝低垂接地之时，他将降世察看。若蛇子仍未伤害人民，则灵剑仍不能诛之。若蛇子作乱，其时豫章之境、五陵之内，前后八百人，皆得道而获地仙，自当有后贤降伏。征兆则是豫章大江中心，沙洲出现，向下渐长，掩过沙市口，并与龙沙相对。《灵剑子》之《导引势》载有另一预言说，一千二百四十年后，有道首大扬道气，八百仙众，相次飞升。按许逊后五百年正值唐末，松沙谶的应谶之期早已过去。为调和此矛盾，南宋初即已出现松沙谶与一千两百四十年相结合的神话，形成后世所谓的龙沙谶。

时至明代万历年间（1573—1620），龙沙谶应谶之期降至，江南成为此一预言最为盛行之区域，诸如屠隆、王士贞、潘士藻、李鼎等一批儒生文士便对此深信不疑。而徽州自嘉靖帝祈嗣白岳有验之后，其地的道教发展便日趋兴隆。又徽州地处江西、江苏、浙江

---

① （明）郭士豪：《道元一炁序》，载（明）曹珩编著《道元一炁》乾集，第7页。
② （明）郭士豪：《道元一炁序》，载（明）曹珩编著《道元一炁》乾集，第7页。
③ （明）郭士豪：《道元一炁序》，载（明）曹珩编著《道元一炁》乾集，第7页。

之间，且三地均为徽商来往贸易的重要区域，则此地的道士以应谶为目的，自有其地缘上的原因。事实上，曹珩为求道释疑，便曾两度云游湖南、湖北，并在江苏如皋、南京、泰州等地访师修道。无论龙沙谶的应谶之期是在万历十八年（1590），还是万历二十六年（1598），至崇祯年间（1628—1644）时，社会上已不再热衷于八百地仙平地飞升的龙沙谶，甚至出现了以内丹修炼解释龙沙谶的现象。① 恰是此时，曹珩与郭士豪高调标榜"祖师龙沙之谶"，这既是二人坚定信仰的体现，又与崇祯年间内外交困、民不聊生的社会现实相关。换言之，相较于万历时期的承平，崇祯年间的乱世景象更能激起曹珩、郭士豪等高道入世度人的应谶情结。

　　道教素有济世度人的倾向，曹珩既生活在明清鼎革之际，目睹生民之艰，又以应龙沙谶自居，则其在自我的内丹修炼之外，必兼有入世度人的情怀。事实上，杭州名士卓发之便称其"学有异授""普发大心"，度世救人"如慈母之赴婴儿也"。② 总而言之，身兼各派传承的高道曹珩，除了别具一格的内丹思想之外，还有强烈的济世度人的入世情怀，详如下述。

二　三家参同：曹珩的内丹功法

　　张玉成在《俞俞子内外篇序》中称，晚明的修炼法门除儒家之外尚有三家，一是"清静"，二是"宗门"，三是"彼家"。并说清静"主恬淡无为而蕴真以立基"，宗门"主虚无寂灭而假机锋以见性"，而彼家"主安炉择鼎而借点化以完真"。③ 其实，就是指道教内丹修炼中自身清修与阴阳双修这两派，以及禅宗的见性工夫。而

---

① 参见张艺曦《飞升出世的期待——明中晚期士人与龙沙谶》，《新史学》2011年第1期。
② （明）卓发之：《漉篱集》卷十，崇祯年间（1628—1644）传经堂刻本，第14—16页。
③ （明）张玉成：《俞俞子内外篇序》，载（明）曹珩编著《俞俞子内外篇》乾集，上海图书馆藏，第5页。

"三家参同"与"济世度人":明末徽州曹珩道教思想探略

在曹珩的修道过程中,对上述三家均有实修经历。

曹珩自述早年就曾学习过房中术,也曾皈依禅宗,但这均不能使其了道释疑。曹珩在湖南、湖北等地云游访道时,遇到一位师父传授胎息法,但他仅言身中坎离而已。之后,曹珩返回徽州,又遇到一位师父传以"最上乘之道"。当时的曹珩自认为阴阳就是心肾、坎离,但却不懂房中术的修炼原理。天启三年(1623),曹珩在扬州又遇到一位师父,但他所阐述的都是清净胎息法,也不明白坎离的道理。天启四年(1624),曹珩在如皋与志同道合者结侣入环,自认为已经证得"清静"家的修炼境界,但同时又对丹经中语语皆"彼家"之言的现象产生了疑问。曹珩自称如此不论曲直邪正,多方参究以至于数十师,均未能解其疑窦。天启六年(1626),曹珩再游湖南岳阳,偶逢娥皇女英墓旁老者,并在其指示下得遇汪道贞。最终,汪师授其阴阳大道、日用平常之理,方才抽钉拔楔。①

从上述曹珩访师求道的经历中,可以看出清修与双修之间的矛盾,是曹珩内丹思想的核心问题。而他最终所体悟出的至理即"三家参同"。他曾说"明者透三家之偏执,合一贯之宗旨,则不负珩平昔阅历之苦,授受渊源之自"②。曹珩认为"清静""宗门""彼家"各自都有偏颇。如他说偏于"清静"的修行者,是只知一身之中动静即阴阳、阴阳即水火,而不知"大道"也有彼我之分,故对所有从身外着手的修行方法,一概斥为旁门。③ 偏于"宗门"的修行者又只知以虚无合道,却不知"性以形立,形以性生",必须抛弃身体才能修得正果。此外,又四处显露聪明,而不知"聪明愈多,隔道愈远"④。而偏于"彼家"的修行者,不是落入房中邪淫之术,就是不懂清静的见性工夫。⑤

在曹珩看来,修"清静"家欲寻解脱者,必先静心减欲。减欲

---

① 参见(明)曹珩编著《道元一炁》乾集,第15—16页;元集,第6—7页。
② (明)曹珩编著:《道元一炁》乾集,第16页。
③ 参见(明)曹珩编著《道元一炁》乾集,第13—16页。
④ (明)曹珩编著:《道元一炁》乾集,第17—19页。
⑤ 参见(明)曹珩编著《道元一炁》乾集,第19—21页。

之后才能心安、神定，以至于息凝。而后神与气、精三者之间相互作用，"始得以神入气，终则以气入神，久则神气停聚，胎息渐凝"。其后，立玄关、颠倒坎离，壶中天地交。气、神常凝常聚以现大定后，最终得以"玉液还丹"①。事实上，曹珩所撰写的"玉液还丹"八种次第，即来自此"清静"家的修炼工夫。而从事"宗门"的修行者，也并非只是坐于蒲团之上调心调息而已，必须与"清静"家的工夫相结合，才能见如来本来面目，即所谓"禅玄一贯，才得真悟真解"。而在炼性之后，更要还丹，次第以渐修。② 其实，"清静""宗门"二家的见性工夫，也是曹珩内丹思想的基础。如他说"夫静功乃丹道之纪纲，见性之要理。形以道全，命以术延，咸赖是也"③，又说"盖金丹之道，虽为最上一乘之要，然不明炼己之功，与道无干"④。

相对于"清静""宗门"来说，曹珩对"彼家"的定义较为清晰。他认为所谓"彼家者，原借彼之所有，以修我之所无。乃成道之能事，点化之妙诀，非世俗所称房术邪道可比也。盖无极仙佛，莫不由此以登天阶，岂外此而别有一道可成者哉?"⑤曹珩认为人自破体之后，真阳走入坤宫，遂变成离，而自身所有皆是后天之物。所以，必要借同类之先天——坎内乾金才能相补，即所谓"种在乾，产在坤。安炉于己，采药于彼也"⑥。在这里，曹珩明确将"三峰采战"之类的房中术从"彼家"中排除出去，如他所论"驱邪论""九邪""十不正"。但同时，曹珩又将"清静"之说引入"彼家"，如他说"间有红铅配食之类、少女三进气法，得己清净接引，庶几不邪"⑦。这种"彼家"的修炼方

---

① （明）曹珩编著：《道元一炁》乾集，第6—8页。
② 参见（明）曹珩编著《道元一炁》乾集，第8—10页。
③ （明）曹珩编著：《道元一炁》乾集，第13页。
④ （明）曹珩编著：《道元一炁》乾集，第19页。
⑤ （明）曹珩编著：《道元一炁》乾集，第10页。
⑥ （明）曹珩编著：《道元一炁》乾集，第10页。
⑦ （明）曹珩编著：《道元一炁》元集，第36页。

"三家参同"与"济世度人"：明末徽州曹珩道教思想探略

法则被曹珩称为"有为小乘"。所谓少女三进气等术，盛行于明末医、道两界。李时珍即说"近时术家，令童女以气进入鼻窍、脐中、精门，以通三田，谓之接补。此亦小法，不得其道者，反以致疾"①。显然，在面对当时社会上所流行的此类养生方法时，曹珩的态度是模糊，甚至是自相矛盾的。虽然，他亦声称此法只有小补之功，能养命却不能成丹，"所谓'有质皆非是'，不能还丹"②。

在对三家之优劣得失有如上认识的前提下，曹珩主张"三家参同"，并将三家的修炼方法融为一体。具体而言，即"清静"是入道的第一步，学道者于日用动静之间，体乎"清静"、参乎"宗门"，方能筑基以见性理，而最终的了道点化还需假借"彼家"。换言之，即运用"清静""宗门"二家见性工夫所修得的"玉液还丹"，只是"应真汞半斤之数"，需要再与"应真铅半斤之数"的"金液大丹"相结合，才能完复纯乾之体，否则"玉液还丹"只能是出阴神而已。而所谓"金液大丹"者，始由积阴德、除己念入手。在得窍之后，可按时以行火候。而后二气相感以成丹，进阳火退阴符以防危，朝屯暮蒙、抽铅添汞以温养。最后，在练就纯乾之体后又需静养。在"金液大丹"修炼过程中，所需的"无上真鼎"即女性，但要注意的是，"清静""宗门"的见性工夫必须贯穿始终。

如此，曹珩通过将其所阐发的"玉液还丹"与"金液大丹"合为一个修炼次第，便在实践的层面上完成了其参三家的内丹修炼思想。由此也可知，曹珩虽然主张"三家参同"，其实则更侧重于调和"清静""彼家"二家的学说，而"宗门"在曹珩的内丹修炼中只处于辅助的地位。张玉成称曹珩的丹法"本清静以立基，用培胎息。托宗门以开悟，不事机锋。阐彼家之正论，不倚形而倚

---

① 王剑、孙士江主编：《李时珍医药学全集》，中国中医药出版社2019年版，下册，第1482页。
② （明）曹珩编著：《道元一炁》元集，第36页。

气。借坎中之实，补我离中之虚。无妨于清静，有协于宗门"①，概括可谓周详。

由三家而三教，曹珩对儒释两教也有批评。他认为儒家只学得道教之余绪，用以治国而不知治身，佛教是修性不修命，唯有道教能性命双修、身世两获。总之，无论是对三家得失的指正，还是对儒释两教的批评，均可看出性命双修的原则是其内丹思想的出发点。他认为性与命即神与气，又因神与气即元神、元炁，故又有真性、真命以对应之。而关于性命之间的关系，曹珩认为"性无命不立，命无性不存，二者相为表里"②。故此，他在内篇论述"玉液还丹""金液大丹"之外，又有外篇"南北规中""治症分科"等养命之术。但在修行次第上，曹珩大抵是先命后性的。如其认为"学道者，先须养气，气盛则精生，精生则神全，神全则气足，是为真人"③。曹珩认为"性由自悟，命假师传"④，而命又以术延，故曹珩虽然重视清静以见性，却缺乏对具体见性工夫的论述。相反，以术延命、运气养命的方法则在外篇中有详细的记载。这也与其在讲见性工夫时，援引"宗门"心法的特点相符。

应该说，性命双修其实是历代丹家所共同遵守的原则，而融会佛道两教之学说，调和清修与双修两派之方法，也并非曹珩独创，如元代陈致虚以及明代陆西星即致力于此。曹珩特有的贡献实在于，他在辨析三家优劣得失的基础之上，明确提出了"三家参同"的主张，并将"玉液还丹"和"金液大丹"合为一个修炼次第。而经过他重新界定过的"彼家"，和对"彼家"中"有为小乘"的论述，又可见于后世如汪启贤、闵一得等医、道著作之中。然而，"三家参同"的内丹修炼，只是曹珩道教思想的一面；济世度人的宗教情怀，同样也是探讨其道教思想不可或缺的一面。

---

① （明）张玉成：《俞俞子内外篇序》，载（明）曹珩编著《俞俞子内外篇》乾集，第5页。
② （明）曹珩编著：《道元一炁》元集，第12页。
③ （明）曹珩编著：《道元一炁》乾集，第17页。
④ （明）曹珩：《弁言》，载（明）曹珩编著《道元一炁》乾集，第14页。

三 济世热肠：曹珩的度人情怀

内丹修炼侧重于自我身心性命的完善，而作为身兼净明道统，以应龙沙谶自许的曹珩，则强调出世度己与入世度人之圆融。① 如其称"夫在道门者，必得功行两全，自有真人暗度，是以一诚可格天地"②。而曹珩之所以著书传世，也是因不满当时"外道邪师"误人误己的局面，故"敬一片渡人济世热肠，恐人不易知。恐人人不易知，故立之言，著之书，寿之梓，以示同人"③。事实上，曹珩确也针对不同人群，在书中分别阐述了相应的度人方法：

> 人又谓俞俞子著金液、玉液是矣，又著南北规中、治症、红铅、符科诸术为何？余曰：政俞俞子无穷隐意也。金液不易得，至人不易生，且寿之修短，学之顿渐，俱不一则。故著规中以引渐者，治症以安病者，接命以扶衰者，天罡以振颓者，符科以破拘者。则人人咸可学道长生，人人咸可成真做祖。岂可概以金液细微之学，望之先之也哉？此又俞俞子善为接引处也。④

其同道郭士豪也以"体祖师普渡共济之怀，广祖师净明忠孝之教，接祖师无上秘要之传"为号召，勉励曹珩在著书立说之外，更要广泛地入世度人。道教之度人既是一种思想观念，又具体地表现为多种社会实践。以下着重从弘道传教、医药养生和其对俗世生活根本的重视这三方面入手，以略见曹珩济世度人的入世情怀。

玉液、金液是曹珩所体会到的最高修炼法门，但他也深知这并非

---

① 参见郭武《"出世"与"入世"：道教的社会角色略论》，《宗教学研究》2014年第4期；郭武《"度人"与"度己"：关于当代道教发展的一点思考》，《世界宗教文化》2017年第6期。
② （明）曹珩编著：《道元一炁》元集，第12页。
③ （明）郭士豪：《道元一炁序》，载（明）曹珩编著《道元一炁》乾集，第7页。
④ （明）郭士豪：《道元一炁序》，载（明）曹珩编著《道元一炁》乾集，第8页。

人人都可修成，其弟子汪瀚便是如此。汪瀚早年为求道，也曾学过良知之学与佛学，后因未能抛舍"人道"，加之疾病缠身，遂开始修炼内丹，终究"了不得其门户"。崇祯七年（1634），汪瀚在南京遇到曹珩，并拜其为师。然而，曹珩仅授其清静之功用于筑基，并告之"至于金丹，有缘终得"①。此外，可知的曹珩后学弟子还有扬州惺惺道人张延誉、婺源鲍山、歙县方明良、泰州陈应旂、蓬壶子方逢时等。②而曹珩之子曹际升也是因读曹珩的著作，从而却病、明理。③ 与曹珩有往来者，还包括闻名一时的文人士大夫，如吏部尚书、武英殿大学士龙眠何如宠④，其称曹珩"发明性命甚备，语语印丹经，其不肯为邪师魔语曲通方便，尤为可敬"⑤。杭州名士卓发之一生性喜交游，与李维桢、汤显祖、董其昌、钱谦益、倪元璐等均有往来，他也称曹珩度人之"一种誓愿，自是当世无两"⑥。如皋贡生天承山人张玉成，则称曹珩"崛起于三天子都之麓，盱衡于黄山白岳之间。纵览中区，精研陴筑。探伯阳、紫阳之遗篇，讲求长生之术。寻真访道，足迹几半天下，历有岁年。总挈三家，淹通一贯。破除拘挛，剖撤藩篱"⑦。尚宝司卿如皋徂徕道人李之椿更详细记载了他与曹珩之间的交往经历，他说自己因有病在身，曾多方寻师问道而不得其人，所见不是"狃一巷之师而偏枯者"，就是"剽三家之肤见而牵合者"，最终是因遇到曹珩，并在读其著作之后才"恍然有悟于心"。且以宰官之身"愿拔脚风尘之外，而从游于大道"⑧，足见其对曹珩的敬佩之情。

----

① （明）汪瀚：《道元一炁小引》，载（明）曹珩编著《道元一炁》乾集，第11—13页。

② 方逢时，字行之，号金湖，嘉鱼人，官至兵部尚书，著有《大隐楼集》。然此嘉鱼方逢时已于万历二十四年（1596）去世，可知与曹士珩弟子并非同一人。参见（清）张廷玉等《明史》卷二百二十二，中华书局1974年版，第19册，第5844—5848页。

③ 参见（明）曹际升《小跋》，载（明）曹珩编著《道元一炁》元集，第37—39页。

④ 参见（清）张廷玉《明史》卷二百五十一，第21册，第6491—6492页。

⑤ （明）何如宠：《道元一炁小引》，载（明）曹珩编著《道元一炁》乾集，第2页。

⑥ （明）卓发之：《漉篱集》卷十，第16页。

⑦ （明）张玉成：《俞俞子内外篇序》，载（明）曹珩编著《俞俞子内外篇》乾集，第6页。

⑧ （明）李之椿：《俞俞子内外篇叙》，载（明）曹珩编著《道元一炁》乾集，第3—4页。

"三家参同"与"济世度人":明末徽州曹珩道教思想探略

医道通仙道,曹珩于内篇《道元一炁》之外,又编著有外篇《保生秘要》两卷。张玉成称《保生秘要》"精用之而证仙翀举,粗用之而蠲疴益寿者也。血气之未定者定,而祛扎瘥之患;血气之既衰者不衰,而享平格之休。其'养生主'有补于'人间世'"①。外篇所载运气、导引等术,为历代医家所重视,如清代官修《古今图书集成》,以及医家沈金鳌所著《沈氏尊生书》等,均曾援引相关内容。按明清时期徽州地区的医学臻于鼎盛,名医名著层出不穷,但从《保生秘要》的具体内容来看,曹珩的医学思想和方法仍源自道教。这其中,《女功却病》与《避难隐谷丹要》同样值得特别关注。道教本就重视女性,曹珩对妇女疾病的关注是其济世度人思想的内在要求。而这在女性地位较低,男子又多外出经商的徽州便具有了格外的意义。事实上,在徽州地区的医学中,其妇科的发展便与道教有着密切关联。② 又,明清时期的徽州人地矛盾突出,粮食供应仰赖四方,徽州粮商的出现最初即为解决本地粮食不足的困境。而曹珩身值明清鼎革之际,各地战事频仍,百姓生存自然是其主要关怀之一。结合这一时代背景,则曹珩《避难隐谷丹要》不仅仅是道教辟谷养生的方法,"避难"二字更透露出身处乱世的哀民生之多艰的心迹写照。

无论是"三家参同"的内丹功法、弘道传教的社会实践,抑或是治病救人的医药技艺,其侧重点均在于人之"生命"的保养。但在此之外,兼有净明道统的曹珩,同样也很重视俗世"生活"。如他曾提道:

> 有问者曰:"我久志于道,奈亲老家贫,倚靠于身。妻子缠绊,为其所累。今欲思祝发,以终于无为,脱离苦海,可否?"曰:"不然。未修仙道,先尽人道。倘为人不忠不孝,不能成人,焉得成仙?父母妻子不得其所,恝然长往,去道远

---

① (明)张玉成:《俞俞子内外篇序》,载曹珩编著《俞俞子内外篇》乾集,第6页。
② 参见李济仁主编《大医精要:新安医学研究》,华夏出版社1999年版,第10页。

矣。但亦有兄弟可托，或子立成人者，善为脱身计，则可耳。"①

忠孝等日用伦常是净明道的修行法门，由此可直接了道成仙。然而，曹珩出世度己的方法却是内丹等术，这与其兼全真道之传承有关。但曹珩毕竟认为"未修仙道，先尽人道"，不忠不孝者，不能成人，更不能成仙。忠孝为净明道所重视，同时也为徽州理学、宗族所倡导。净明道与儒家在道德观上虽有相似之处，却仍存在着本质上的不同②，但就其相似的伦理规范而言，便可缓解道士在出世与入世之间的两难。在这里，曹珩出世的前提即俗世家庭生活的安定。归根结底，出世度己与入世度人是理解曹珩乃至整个徽州道教的关键。张玉成在为曹珩《俞俞子内外篇》作序时，曾将之与葛洪《抱朴子内外篇》相提并论，正是准确地看出在二人身上，均体现出道教出世与入世的两种社会角色。

四 结语

总之，立足于晚明内丹修炼之状况，曹珩对"清静""宗门""彼家"三家学说的优劣得失，作出了自我的判断，并进一步提出了"三家参同"的内丹思想。而其寻师求道的经历，独特的"彼家"养生方法，以及对当时众多养生方术的记载，也为研究者探讨晚明道教养生的真实景象，提供了丰富的依据。同时，曹珩著书立说的行为、弘道传教的社会实践，以及对医药和俗世生活、人道根本的重视，则彰显着曹珩入世度人的道教信仰。以往学界在讨论明中后期徽州道教时，主要聚焦于齐云山的道教情况，而曹珩及其著作的存在，则提醒研究者尚需扩大考察视野，并从更加多元的视角来研究作为整体的徽州道教。

---

① （明）曹珩编著：《道元一炁》元集，第8—9页。
② 参见郭武《净明道的道德观及其哲学基础——兼谈道教"出世"与"入世"之圆融》，《四川大学学报》（哲学社会科学版）2005年第6期。

林希逸老学的诠释特点与思想价值

刘固盛

摘　要：林希逸《老子鬳斋口义》，不仅能够较为准确地阐发老子思想的内涵，而且注意《老子》书的论道方式与行文特色。对《老子》的言说方式与文法的重视，是林希逸注《老》的突出特点。林希逸指出，老子立言，有"借物以明道"的特色；《老子》文法高妙，表现为"奇""精"，行文特别重视结语。而作为理学家的林希逸同时注解《老》《庄》《列》，可见他对道家的充分认同和足够重视。

关键词：林希逸；老学；理学；南宋

作者简介：刘固盛，华中师范大学道家道教研究中心主任、教授（湖北武汉430070）。

林希逸（1193—1271），字肃翁，号竹溪，又号鬳斋，南宋福清人，理宗端平二年（1235）进士，历翰林权直兼崇政殿说书、礼部郎官兼国史院编修官、实录院检讨官等，官终中书舍人。其著作颇为丰富，现可考者有《考工记解》《春秋三传》《易义》《两朝实训》《三子口义》《鬳斋前集》《鬳斋续集》等。林希逸是南宋后期一位很有影响的理学家，他师从陈藻，是艾轩学派中的著名学者。据《南华真经口义·发题》："希逸少尝有闻于乐轩，因乐轩而闻艾轩之说，文字血脉，稍知梗概。"① 乐轩即陈藻，艾轩即林光朝。林光朝"专心圣贤践履之学"，乃南渡后"倡伊洛之学于东南者"。② 林希逸是林光朝的三传弟子，也是以二程洛学为宗的。林希逸对佛、老之学兼收并蓄，他的《三子口义》即《老子鬳斋口义》《庄子鬳斋口义》《列子鬳斋口义》很有特点，流传也颇广，在日本和东亚文化圈的影响尤为显著。《老子口义》即《道德真经口义》集中体现了他研究《老子》的学术成就。

一 借物以明道

林希逸解《老》，语言简要清晰，不仅能够较为准确地阐发老子思想的内涵，而且注意《老子》书的论道方式与行文特色。对《老子》的言说方式与文法的重视，是林希逸注《老》的突出特点。对此，林希逸在《道德真经口义·发题》中说："大抵老子之书，其言皆借物以明道，或因时世习尚就以谕之。而读者未得其所以言，故晦翁以为老子劳攘，西山谓其间有阴谋之言。盖此书为道家所宗，道家者流，过为崇尚其言，易至于诞，既不足以明其书；而吾儒又指以异端，幸其可非而非之，亦不复为之参究。前后注解虽多，往往皆病于此。"③ 老子立言，有"借物以明道"的特点，但历来注解者都没有注意到这一点，道家往往对《老子》过于推崇，以致言过其实，儒家又指其为异端之学，不得要领。如朱熹批评老子"劳攘"，朱熹门人蔡元定（号西山）甚至认为《老子》书中有阴谋之言，这都是没有注意老子论道方式上的特点而导致的误

---

① （宋）林希逸：《南华真经口义·发题》，陈红映校点，云南人民出版社 2002 年版，第 2 页。
② （清）黄宗羲著，（清）全祖望补修：《宋元学案》卷四十七《艾轩学案》，陈金生、梁运华点校，中华书局 1986 年版，第 1471 页。
③ （宋）林希逸：《道德真经口义》，载熊铁基、陈星红主编《老子集成》卷四，宗教文化出版社 2011 年版，第 496 页。

解。朱、蔡这样的一流学者对待《老子》尚且如此，遑论其他注解了。因此，林希逸指出，由于《老子》书中多借喻之语，故在把握老子思想的时候，不能被其表面上的言辞迷惑，而应着重领悟言辞后面的深刻含义，以及老子"借物以明道"的真正意图。如他在第六十九章注云：

> 用兵有言者，亦举当时之语以为喻也。用兵者，不敢为主而为客，重于进而易于退，以不行为行，以不攘为攘，以无求敌而引敌，以无执而为执，此皆兵家示怯示弱，以误敌之计。仍，引也，引敌致师也。如此用兵，方有能胜之道。若轻敌而自矜自眩，则必至于丧败。不争而胜宝也，轻敌以求胜则丧其宝矣。故两敌之国抗兵以相加，能自哀者常胜。哀者，戚然不以用兵为喜也。击鼓其镗，踊跃用兵，则非哀者矣。此章全是借战事以喻道，推此，则书中借喻处，其例甚明。[1]

一般认为，《老子》第六十九章是讲用兵之道，即如何将老子之道运用到军事上，但林希逸反言之，认为是借战争的例子及用兵的谋略来说明道的特点，因而是借喻，并且是全书的一种体例。

林希逸认为《老子》书中借喻的例子很多，如第六章之注：

> 此章乃修养一项功夫之所自出，老子之初意，却不专为修养也。精则实，神则虚。谷者，虚也。谷神者，虚中之神者也。言人之神自虚中而出，故常存而不死。玄，远而无极者也。牝，虚而不实者也。此二字只形容一个虚字。天地亦自此而出，故曰根。绵绵，不已不绝之意。若存者，若有若无也。用于虚无之中，故不劳而常存，即所谓"虚而不屈，动而愈出"是也。晦翁曰："至妙之理，有生生之意存焉。"此语亦

---

[1] （宋）林希逸：《道德真经口义》，载熊铁基、陈星红主编《老子集成》卷四，第522—523页。

好，但其意亦近于养生之论。此章虽可以为养生之用，而初意实不专主是也。①

《老子》于此章言"谷神不死"，朱熹十分称赞，认为其中蕴含着"至妙之理"。不过以河上注为代表的道教老学一般从养生的角度来解释，当然，从道的本体意义进行阐发的也很多。

林希逸指出，此章固然包含着修养之道，但老子的原意并非指修养而言，而主要是用"谷神""玄牝"来形容道的虚无性质，并以道作为万物之本根。林希逸的看法实际上对两种通行的传统解释进行了综合。又如第十章注：

> 营，魂也，神也。魄，精也，气也。此三字，老子之深意。载犹车载物也，安一载字在上，而置营魄二字于下，如谜语然。……此章之意大抵主于无为而为，自然而然。无为自然，则其心常虚，故以神载魄而不以魄载神，此圣人之事，以魄载神则著迹矣。《老子》一书，大抵只是能实而虚，能有而无，则为至道。纵说横说，不过此理。②

要弄清楚"载营魄"的确切含义不是一件容易的事，朱熹对此曾进行过详细的辨析。林希逸认为"载营魄"三字如谜语那样难解，但其中有深意。按照他的理解，这三个字，从实到虚，从有到无，即涵盖了老子之道的主要内容。他同时强调，对老子书中的比喻之辞，以及一些具体实在的东西，则不能过于拘泥，应从道的高度去体会。

关于"借喻以明道"的例子，第六十一章之注也很典型：

---

① （宋）林希逸：《道德真经口义》，载熊铁基、陈星红主编《老子集成》卷四，第499页。

② （宋）林希逸：《道德真经口义》，载熊铁基、陈星红主编《老子集成》卷四，第500—501页。

此章借大国小国之得所欲，以喻知道之人，宜谦宜静，非教人自下以取胜也。三代而下，世有取国之事，故因其所见以为喻尔。下流者，自处于卑下也。大国之人能自卑下，则可以合天下之交，譬如牝者以静而胜其牡也。自下者以静为道，故曰以静为下。以大取小曰以取，以小取大曰而取，此两句文字亦奇特。大国之意，不过欲兼畜天下之人，以为强盛，小国之意，不过欲镵刺求入于人。二者皆非自下不可，惟能自下，则两者皆得其欲。然则知道之大者，必以谦下为宜矣。此句乃一章之结语，其意但谓强者须能弱，有者须能无，始为知道。一书之主意，章章如此。解者多以其设喻处作真实说，故晦庵有老子劳攘之论，独黄茂材解云："此一章全是借物明道。"此语最的当。①

按照一般的理解，老子在本章阐述如何利用谦虚处下的原则处理大国与小国的关系。老子主张的谦下尚柔，不仅是人生的指导，同时也适用于政治实践。例如对于大国与小国之间的关系，小国为了生存，固然应该处下而依顺大国，但大国也不可以恃强凌弱，高高在上，欺压小国；大国应该放低姿态，具有宽大气象，这样才能天下归心，万国来附。林希逸则认为该章是借大国小国之所求以喻求道者宜谦宜静，而不是教人自居于下以取胜。历来解《老》者大都将老子之比喻当作真实，而不去追求设喻之后的深层含义，以至于难以明白老子的真正意思，就连对老子有深入研究的朱熹亦产生了误会，以为老子"劳攘"，只有黄茂材认为老子是借物明道，故林希逸对其加以了肯定。又如第五十三章注：

大道甚平，人之求道不知适正，好行斜径之路。譬如有国家者，治其朝廷则甚整。除，治也，为宫室台榭之类也。朝廷

---

① （宋）林希逸：《道德真经口义》，载熊铁基、陈星红主编《老子集成》卷四，第519—520页。

> 虽美，而田亩皆芜，仓廪皆虚，而且以文采为服，佩带利剑，厌足饮食，积其资财，务为富强，此如盗贼之人自夸其能，是岂可久也。譬喻语也，言人不知大道，而自矜聪明，自夸闻见，此好径之徒也，岂知至道，故曰非道哉。老子之文，如此等处可谓工绝。①

老子在本章中的思想，一般从政治哲学的角度分析，认为是对当时的统治者提出了尖锐的批评，将统治者比作强盗头子。但林希逸仍然认为该章是譬喻，而非实指，意谓失道者自作聪明，自夸其能，自夸闻见，这样的话，离道就更远了。

以譬喻为解的还有第三十九章注："曰贱、曰下即前章所谓少则得之意，皆虚而不自有也。贵贱高下两句，亦只是譬喻。无贱何以为贵，无下何以能高，下与贱乃贵高之基本也。侯王之称曰孤、曰寡人、曰不谷，皆是自卑之辞，又以此为虚而不自有之喻。"② 道所具有的虚而不自有的性质，在该章通过连续的比喻得到了充分的说明。第五十九章之注："治国者如此，养生者亦如此。养生而能啬，则可以深其根，固其柢，可以长生，可以久视。根柢，元气之母也。久视，精神全，可以久视而不瞬也。今之服气者或有此术，虽非老子之学，可以验老子之言。此章乃以治国喻养生也。"③ 老子在本章主要说明治国与修身的一个重要原则是啬俭。啬俭的主要意思是爱惜精气，积蓄力量。如果掌握了这个原则，就掌握了治国的根本，也掌握了修身的根本，所以老子把它称为深根固蒂，长生久视之道。林希逸亦认为此章是以治国喻养生，但他认为如果将老子的思想理解为一些具体的如服气之类的修炼方术，则不是老子的本意。

---

① （宋）林希逸：《道德真经口义》，载熊铁基、陈星红主编《老子集成》卷四，第516—517页。

② （宋）林希逸：《道德真经口义》，载熊铁基、陈星红主编《老子集成》卷四，第511—512页。

③ （宋）林希逸：《道德真经口义》，载熊铁基、陈星红主编《老子集成》卷四，第518页。

林希逸老学的诠释特点与思想价值

林希逸阐明老子以譬喻论道的立言方式，就必然要注意《老子》书的行文风格与文法特点，亦即注意《老子》的文学特色，这在众多的老学研究者中可谓独树一帜，也是林希逸研究《老子》的一个贡献。

首先，林希逸指出，《老子》文法高妙，最大特点是"奇""精"。如第五章注："子曰：予欲无言，天何言哉？四时行焉，万物生焉。亦此意也。但圣人之语，粹而易明，此书则鼓舞出入，使人难晓。或者以为戒人之多言，则与上意不贯矣。如此看得破，非惟一章之中首末贯串，语意明白，而其文简妙高古，亦岂易到哉？"① 第十一章注："毂，车中之容轴者也，辐，轮之股也。毂惟虚中，故可以行车。埏埴，陶者之器也，虚而员，故可以成器。户牖，室中之通明处也。此三者，皆是譬喻虚者之为用，故曰有之以为利，无之以为用。车、器、室皆实有之利也，而其所以为车、为室、为器皆虚中之用，以此形容一无字，可谓奇笔。"② 第四十章注："反者，复也，静也，静者动之所由生，即《易》所谓艮所以成终成始也。能弱而后能强，专于强则折矣。动以静为用，强以弱为用，故曰反者道之动，弱者强之用。如此造语，文法也。"③

其次，林希逸指出，老子行文特别重视结语，诸章结语多精绝。如《老子》第十二章的结句："是以圣人为腹不为目，故去彼取此。"林希逸评价说："目盲，谓能惑视也。耳聋，谓能惑听也。口爽，失正味也。心发狂，不定也。行妨，谓妨害德行也。此五者，皆务外而失内。腹内也，目外也，圣人务内不务外，故去彼而取此。彼，上五者也。此，道也。老子诸章，结语多精绝。务外亦

---

① （宋）林希逸：《道德真经口义》，载熊铁基、陈星红主编《老子集成》卷四，第499页。
② （宋）林希逸：《道德真经口义》，载熊铁基、陈星红主编《老子集成》卷四，第501页。
③ （宋）林希逸：《道德真经口义》，载熊铁基、陈星红主编《老子集成》卷四，第512页。

不特此五事，举其凡可以类推。"① 结语"去彼取此"，彼虽指"五色令人目盲"等五事，但可以以此类推，既有具体的针对性，也突出了道的普遍性。又如《老子》第二十一章结语："吾何以知众甫之然哉？以此。"林希逸解释："众甫，众美也。阅，历阅也。万善往来，皆出此道也。以此者，以道也。言众甫之所自出，吾何以知其然，盖以此道而已。此等结语，亦其文字之精处。"② 把道无所不在的本体意义揭示得很清楚。《老子》第二十九章结语："是以圣人去甚，去奢，去泰。"林希逸注："甚、奢、泰三者，皆过当之名，亦前章余食赘行之意。圣人去之者，无心无累，无为无求也。此章结得其文又奇。甚、奢、泰三字只是一意，但如此下语，非唯是其鼓舞之笔，亦申言其甚不可之意。其言玄妙，则曰玄之又玄，则曰大，曰逝，曰远，皆是一样文法。读者不悟其意，故不见他文字奇处，又多牵强之说。"③ 林希逸指出，"去甚、去奢、去泰"三词的含义一致，乃指圣人心无物累、无为自然的状态。一个意思，却用几个不同的词语来表达，这是老子特有的文法，非常精奇。然而，读者或研究者由于不懂老子文法，以致对老子思想的理解或者解释显得牵强附会。

最后，林希逸注意把语言文法的提示与思想阐释结合起来。如第二十五章注："域中有四大，王居其一，盖言人居天地之间，但知有王之为大，而不知王之上，其大者又有三焉。然而人则法地，地则法天，天则法道，道又法于自然，是自然又大于道与天地也。其意但谓道至于自然而极，如此发挥，可谓奇论。"④ "人法地，地法天，天法道，道法自然"是老子提出来的极重要的命题，林希逸

---

① （宋）林希逸：《道德真经口义》，载熊铁基、陈星红主编《老子集成》卷四，第501页。
② （宋）林希逸：《道德真经口义》，载熊铁基、陈星红主编《老子集成》卷四，第505页。
③ （宋）林希逸：《道德真经口义》，载熊铁基、陈星红主编《老子集成》卷四，第508页。
④ （宋）林希逸：《道德真经口义》，载熊铁基、陈星红主编《老子集成》卷四，第506页

解释说，从字面上看，似乎有人、地、天、道、自然五大了，但实际上不然，这种表达方式是老子特有的文法，自然是说明道的性质的，故还是人、地、天、道四大。《老子》就是这样，把奇特的语言与深邃的思想结合在一起，因此，注意《老子》的语言特点，确实有助于更好地理解其思想。如第四十二章注：

> 一，太极也。二，天地也。三，三才也。言皆自无而生。道者，无物之始，自然之理也。三极既立，而后万物生焉。万物之生，皆抱负阴阳之气，以冲虚之理行乎其间，所以为和也。①

对于老子道生万物的宇宙论，林希逸以三才之道进行解释，同时又注意到了道从无到有的本体特点，并以阴、阳和三气说明道如何生育万物，这一诠释很好地揭示了老子道论的内涵。第四十章讲的也是老子的宇宙论，林希逸注：

> 有天地然后有万物，故曰物生于有。然天地孰生之？天地之始生于太虚，是生于无也，因动静强弱而又推言有无之始也。老子之学，大抵主于虚，主于弱，主于卑，故以天地之间有无动静推广言之，亦非专言天地也。②

这是对"天下之物生于有，有生于无"的注解。从思想主旨看，老子在此章通过有无范畴揭示道生万物的过程；从文法上看，则要注意老子通过有无相生的宇宙论，传达出其学崇尚虚静卑弱的特点。又如第十三章注：

> 若，而也，宠辱不足惊，而人惊之。身为大患，而人贵

---

① （宋）林希逸：《道德真经口义》，载熊铁基、陈星红主编《老子集成》卷四，第513页。
② （宋）林希逸：《道德真经口义》，载熊铁基、陈星红主编《老子集成》卷四，第512页。

之。先提起两句,下面却解。何谓者,不足言也。宠辱一也,本不足言,而人以辱为下,自萌好恶之心,故得之失之皆能惊动其心,此即患得患失之意。身者,我之累也,无身则无累矣。而人反以为贵,是不知其真身之身也。知其真身之可贵,知其真身之可爱,虽得天下,不足以易之。人能如此,则可以寄托于天下之上矣。寄托二字,便有天下不与之意。此章两何谓,自有两意,乃古文之妙处。①

两"何谓"即"何谓宠辱""何谓贵大患若身",不合常理地发问,是为了突出有道者与世俗之人看待问题的差别。老子说的无身,并不是不要自己的身体或者轻身,而是不以自身为累,老子是贵身的,对身体的贵爱程度重于拥有天下。老子类似的行文之妙也见于第五十章,林希逸注云:

此章凡下两个夫何故,其意甚郑重,乃老子受用之妙处,所以如此申言之。昔有某寺,前一池,恶蛟处之,人皆不敢近。一僧自远来,初不之知,行至池边,遂解衣而浴。见者告之曰:此中有蛟甚恶,不可浴也。僧曰:我无害物之心,物无伤人之意。遂浴而出。老子之说似于虚言,以此而观,则其言亦不虚矣。②

《老子》此章的两个"夫何故",即"夫何故,以其生生之厚","夫何故,以其无死地",问得很巧妙。第一问回答为什么养生失败,那是因为养生过度了。第二问回答怎样才算正确的养生之道,答案是做到无心养生,物之所以不能伤我,是因为我能虚、能损、能无,而无所谓死地了。林希逸最后指出,一般认为老子崇尚虚

---

① (宋)林希逸:《道德真经口义》,载熊铁基、陈星红主编《老子集成》卷四,第501页。
② (宋)林希逸:《道德真经口义》,载熊铁基、陈星红主编《老子集成》卷四,第515页。

无，但从他在这一章阐述的养生之道来看，老子思想也有实在的一面。诚然，老子之道是有无一体的，绝非只是虚无而已。这一点，林希逸在首章的注解中就阐述了：

> 此章居一书之首，一书之大旨皆具于此。其意盖以为道本不容言，才涉有言皆是第二义。……此两欲字有深意，欲者，要也，要如此究竟也。有与无虽为两者，虽有异名，其实同出。能常无常有以观之，则皆谓之玄，玄者，造化之妙也。以此而观，则老子之学何尝专尚虚无。若专主于无，则不曰两者同出矣，不曰同谓之玄矣。玄之又玄、众妙之门，此即《庄子》所谓有始也者，有未始有始也者，有未始有夫未始有始也者。但赞言其妙而已，初无别义。若曰一层上又有一层，则非其本旨。众妙，即《易》所谓妙万物者也。门，言其所自出也。此章人多只就天地上说，不知老子之意正要就心上理会。如此兼看，方得此书之全意。①

道含有无，有无两者同出于玄。老子之道虽不可言，但以有无之玄论天地造化之妙，并不是只讲虚无之理。一般注解《老子》此章者，多注意阐发道为天地万物之本原，这当然没有错，但不够全面。老子在此章既讲本原、本体之道，又阐明了如何体道的方法。因此林希逸强调，要从心上去理会老子思想，两者兼顾，方可领会老子的全部宗旨。

二 儒道相通

宋元时期的学者注《老》，主张儒道释三教相融是普遍现象，如苏辙《老子解》等。不过，在老子和儒道释三教关系上，林希逸

---

① （宋）林希逸：《道德真经口义》，载熊铁基、陈星红主编《老子集成》卷四，第497页。

的看法有所不同。例如他对苏辙注也比较认可，但也有批评："独颖滨起而明之，可谓得其近似，而文义语脉未能尽通，其间窒碍亦不少。且谓其多与佛书合，此却不然。庄子宗老子者也，其言实异于老子。故其自序以生与死与为主，具见《天下篇》，所以多合于佛书。"[①] 他认为苏辙注虽好，但也有一些解释存在未通之处。重要的是，苏辙认为老子思想与佛书相合，所谓"天下固无二道"，林希逸则不同意，认为老子与佛学没有太多关系，而庄子与佛相合。基于这样的认识，林希逸《道德真经口义》主张儒道相通，他在《发题》中说：

> 若老子所谓无为而自化，不争而善胜，皆不畔于吾书，其所异者，特矫世愤俗之辞时有太过耳。伊川曰："老氏谷神一章最佳。"故文定曰："老氏五千言，如我无事，我好静，我有三宝，皆至论也。"朱文公亦曰："汉文帝曹参只得老子皮肤，王导、谢安何曾得老子妙处。"又曰："伯夷微似老子。"又曰："晋宋人多说庄老，未足尽庄老实处。"然则前辈诸儒亦未尝不与之，但以其借喻之语，皆为指实言之，所以未免有所贬议也。此从来一宗未了疑案，若研究推寻得其初意，真所谓千载而下知其解者，旦暮遇之也。[②]

林希逸认为，《老子》所论，在很多地方与儒家经典是一致的，其差别在于，老子过于愤世嫉俗，这一点如程颐、朱熹等惯于"辟佛老"的理学家也是认可的。不过，一些儒家学者在理解《老子》时存在一个问题，即把《老子》一书中的借喻之语，都"指实言之"，没有注意到老子的文法特点，因而抓不住老子的本意，故难免对老子产生许多误解。林希逸提出，他解《老》的目的就是

---

① （宋）林希逸：《道德真经口义》，载熊铁基、陈星红主编《老子集成》卷四，第496页。
② （宋）林希逸：《道德真经口义》，载熊铁基、陈星红主编《老子集成》卷四，第495页。

"研究推寻得其初意",与老子虽隔千载而"旦暮遇之"。

如《发题》所言,老子思想与孔孟儒学从根本上看并不矛盾,即使老子对儒学的一些批评也非其本意,这是林希逸注解《老子》的基调。如第十八章注:

> 大道行,则仁义在其中,仁义之名立,道渐漓矣,故曰大道废,有仁义。譬如智慧日出,而后天下之诈伪生。六亲不和,而后有孝慈之名。国家昏乱之时,而后有忠臣之名。此三句皆是譬喻,以发明上一句也。①

此章老子仍然是用譬喻说理。儒道思想针对的是不同社会状况,在有道的社会,人们过着淳朴自然的生活,不需要仁义孝慈等伦理道德去维护社会和人际关系。只有社会出了问题,人心出了问题,才需要这些道德规范。越到后世,社会问题越多,国家与国家、人与人之间的矛盾冲突也越多,儒家的伦理道德便是为了协调失序的社会和失衡的人际关系而建立的。由此可见,儒道思想确实是可以并存而互补的。即使如第十九章"绝圣弃智""绝仁弃义"等与儒学相悖的说法,林希逸也为老子作了辩解:

> 圣知、仁义、巧利三者,皆世道日趋于文,故有此名。以知道者观之是文也,反不足以治天下,不若属民而使之见素抱朴、少私寡欲,而天下自无事矣。令,使也。属,犹《周礼》属民读法之属也。此意盖谓文治愈胜,世道愈薄,不若还淳返朴,如上古之时也。此亦一时愤世之言。②

林希逸认为老子否定仁义圣智是一时愤激之言。而当社会不断出现

---

① (宋)林希逸:《道德真经口义》,载熊铁基、陈星红主编《老子集成》卷四,第503页。
② (宋)林希逸:《道德真经口义》,载熊铁基、陈星红主编《老子集成》卷四,第503页。

虚伪争斗，世风日下的时候，如能遵循道的原则对天下实施无为而治，使人回归淳朴自然，这何尝不是理想的选择。

除了为老子辩护，林希逸也直接用儒家的思想解《老》。他解《老子》第十四章中"道纪"一语说："纪，纲纪也。道纪犹曰人纪，犹曰王道之纲也。"① 一般认为，老子之"道纪"，乃指大道的规律和法则，它是老子思想中的一个重要概念。而林希逸将其释为"王道之纲"，这显然是从儒家的立场来理解《老子》。又如第四十九章之注：

> 无常心者，心无所主也。以百姓之心为心，则在我者无心矣。善不善在彼，而我常以善待之，初无分别之心，则善常在我，在我之善，我自得之，故曰得善矣。子曰："苟志于仁矣，无恶也。"与此意同。信不信者在彼，而我常以信待之，初无疑间之心，则信常在我，在我之信，我自得之，故曰得信矣。子曰："不亿不信。"亦此意也。其曰吾亦善之、亦信之者，非以其不善为善，非以其不信为信也，但应之以无心而已。②

此注是直接引用孔子的话以解释《老子》。"苟志于仁"句出自《论语·里仁》，"不亿不信"出自《论语·宪问》，通过林希逸的解释，孔老思想得以互相融合。

林希逸作为一个有影响的理学家，他自然把理学思想融入了《老子》的诠释之中。老子思想与理学也是可以沟通的，于是，他将一些理学观念直接援引过来以释《老子》。如注《老子》第二十五章"有物混成"一语："有物混成，道也，无极而太极也。"③"无极而太极"出自北宋理学家周敦颐的《太极图说》，这句话的

---

① （宋）林希逸：《道德真经口义》，载熊铁基、陈星红主编《老子集成》卷四，第502页。
② （宋）林希逸：《道德真经口义》，载熊铁基、陈星红主编《老子集成》卷四，第514—515页。
③ （宋）林希逸：《道德真经口义》，载熊铁基、陈星红主编《老子集成》卷四，第506页。

含义，自南宋以后，一直存在不同的理解，但普遍认为其与道家密切相关。蒙培元先生说："这里无极是精神性本体，是从道家《无极图》中拿来的；太极则是指阴阳未分之气，来自儒家《周易》。所谓无极而太极，并不是讲由无极生出太极，而是说，有无极，因此便有太极。太极之所以存在，是因为有无极为其本体。因此，在周敦颐《太极图说》中，最高范畴是无极而不是太极，无极是宇宙的本源、本体。周敦颐接受无极这一范畴，说明他受道家思想的影响。"①"无极而太极"的命题本出自道家，反过来用它来解释老子之道的本体意义，是合适的。

在对《老子》的注解中，林希逸还把张载思想中的重要概念"太虚"也援引了过来。他说：

> 有天地然后有万物，故曰物生于有。然天地孰生之？天地之始生于太虚，是生于无也。②
> 大方者，太虚也。太虚之间虽有东西南北，孰见其方隅哉？③

"太虚"的概念在《庄子·知北游》中就已出现了："是以不过乎昆仑，不游乎太虚。"然而将"太虚"上升为一个宇宙本体的范畴，则是张载的创建。在注文中，林希逸对"太虚"的理解与张载又有不同。张载认为"太虚即气"，是气一元论者，故他批评把气从属于太虚的观点，也不同意老子"有生于无"的思想，而林希逸则恰恰认为"天地之始生于太虚，是生于无也"，将"太虚"与"无"等同起来。

林希逸站在理学的立场上阐发老子，不仅有助于老学与理学之

---

① 蒙培元：《理学范畴系统》，人民出版社1989年版，第56页。
② （宋）林希逸：《道德真经口义》，载熊铁基、陈星红主编《老子集成》卷四，第512页。
③ （宋）林希逸：《道德真经口义》，载熊铁基、陈星红主编《老子集成》卷四，第512页。

间相互激扬，也有利于理学在社会上的进一步传播。

三 论庄、列与杨朱

除了《老子口义》，林希逸还有《庄子口义》和《列子口义》，结合三子《口义》，更能看出林希逸道家思想的整体特点，故在此对《庄子口义》和《列子口义》的相关内容进行分析。

《庄子口义》或《南华真经口义》在当时就已引起了很大反响，时人评价说："其条分而缕析，支断而节解，章无虚句，句无虚字，纵横捭阖，鼓舞变化，若无津涯，而字字句句，各有着落，恍然如醒得醒，如絷得释。……南华之书，斯世所不可无，竹溪之解，亦南华所不可无者也。"① 林希逸解《庄》时站在理学的立场上，而又融合了儒释道三家，因而符合时代的需要，能够为人们所认可；其解不拘于旧注，提出了一些比较贴切的新见解，这也是该解能广为流行并产生很大影响的直接原因。林希逸指出，《庄子》一书读起来有五难：

> 此书所言仁义性命之类，字义皆与吾书不同，一难也；其意欲与吾夫子争衡，故其言多过当，二难也；鄙略中下之人，如佛书所谓为最上乘者说，故其言每每过高，三难也；又其笔端鼓舞变化，皆不可以寻常文字蹊径求之，四难也；况语脉机锋，多如禅家顿宗，所谓剑刃上事，吾儒书中未尝有此，五难也。②

《庄子》不可不读，亦最难读。因为《庄子》既大有可取之处，但其字义语脉又与儒家经典差别很大，如何去把握，很令人为难，而且，书中所言往往"过当""过高""鼓舞变化"，更容易使人产生

---

① （宋）林希逸：《南华真经口义》，陈红映校点，第482—483页。
② （宋）林希逸：《南华真经口义·发题》，陈红映校点，第1—2页。

林希逸老学的诠释特点与思想价值

困惑和误解。那么，怎样才能领悟庄子大旨呢？林希逸指出，方法之一是把书中那些"鼓舞变化"、诞放空虚之辞加以区别对待，不能够全部视之为真。如《庄子·逍遥游》记载了尧"往见四子藐姑射之山"一事，四子所指为何，注家说法不一，或以为许由、啮缺、王倪、被衣四人，而成玄英疏云："四子者，四德也。一本，二迹，三非本非迹，四非非本迹也。言尧反照心源，洞见道境，超兹四句，故言往见四子也。"① 林希逸不同意成玄英疏，他说：

> 一本，二迹，三非本非迹，四非非本迹也。如此推寻，转见迂诞，不知此正庄子滑稽处，如今人所谓断头话，正要学者如此揣摸。前后解者正落其圈襆中，何足以读《庄子》？其实皆寓言也。大抵谓人各局于所见而不自知其迷著，必有大见识，方能自照破也。②

旧注把四子理解为许由等四个具体的人，已见拘泥；成玄英把四子解释成四德，以显"双遣双非"的重玄之道，更为迂诞。林希逸认为，四子不必指特定之人，亦不必如成玄英那样去推寻，视之为寓言即可。

林希逸提出，突破读《庄》难点的方法之二是把庄子与儒佛沟通。《南华真经口义·发题》言：

> 是必精于《语》《孟》《中庸》《大学》等书，见理素定，识文字血脉，知禅宗解数，具此眼目而后知其言意一一有所归着，未尝不跌荡，未尝不戏剧，而大纲领、大宗旨未尝与圣人异也。③

---

① （晋）郭象注，（唐）成玄英疏：《南华真经注疏》，黄础基、黄兰发点校，中华书局1998年版，第16页。
② （宋）林希逸：《南华真经口义》，陈红映校点，第12页。
③ （宋）林希逸：《南华真经口义·发题》，陈红映校点，第2页。

鉴于《庄子》这部书过于奇特，所以研读它时不仅要精于儒家经典，还要通晓佛禅之学，这样才能够有所分辨和取舍，也能更好地理解《庄子》。不过，林希逸指出，归根到底，《庄子》"大纲领、大宗旨未尝与圣人异也"，也就是说，庄子思想从根本上是与孔孟一致的，这一点在《天下》篇首段之注中阐述得十分清楚：

> 庄子于末篇序言古今之学问，亦犹《孟子》之篇末"闻知""见知"也。自天下之治方术者多矣至于道术将为天下裂，分明是一个冒头。既总序了，方随家数言之，以其书自列于家数之中，而邹鲁之学乃铺述于总序之内，则此老之心，亦以其所著之书皆矫激一偏之言，未尝不知圣门为正也。读其总序，便见他学问本来甚正，东坡云庄子未尝讥夫子，亦看得出。①

苏轼认为，庄子真正的意图是赞扬孔子的，只是表面上说了一些与孔子之道相反的话。林希逸继承了苏轼等人的观点，认为《庄子》书中那些与孔孟不合的言论，都是矫激之语，庄子是不反对孔子的。而且，林氏提出了一个很新的看法，即认为《天下》篇是《庄子》一书的总序，亦犹孟子终篇之意。而庄子将邹鲁儒家之学铺述于总序的开端，可见庄子之学实际上是以孔孟圣门为正的。显然，林希逸这样的认识与他理学家的身份相关。

林希逸自称"颇尝涉猎佛书"，虽然他认为老子与佛教关系不大，但庄子则"语脉机锋，多如禅家顿宗所谓剑刃上事"②。因此，阅读和注解《庄子》，就必须"知禅宗解数"③，方能有所得。因此，林希逸注解《庄子》时便将佛禅惯用的大量概念引进来。如《人间世》篇有"夫且不止，是之谓坐驰"句，林希逸注曰：

> 唯止则虚，唯虚则明，便是戒生定，定生慧之意。若我才

---

① （宋）林希逸：《南华真经口义》，陈红映校点，第463页。
② （宋）林希逸：《南华真经口义·发题》，陈红映校点，第2页。
③ （宋）林希逸：《南华真经口义·发题》，陈红映校点，第2页。

容心，而不能自止，则身虽坐于此，而心驰于外，又安能坐忘乎。此以坐驰二字，反说坐忘也。①

"坐忘"是庄子精神修养的重要方法，"坐驰"则与"坐忘"相反，是心驰于外，精神为物所累，不得解脱。基于这样的认识，林希逸在注解中引入了"戒生定，定生慧"的佛教修持方法来比附庄子。类似的例子还有很多，不一一细举，我们只要看一看林注中所涉及的其他佛学用语，如六根、世间法、出世间法、印证、修观、做话头、四缘假合、真空而后实有、主人公、法身、大休歇、回光自照、如饮醍醐、本来面目、本地风光、于法自在、渗漏心、第二念等，就可知道他在注《庄》的过程中对佛学术语的运用是何等纯熟。注中直接援引的禅宗灯录、公案，也是非常多的。

总之，在《庄子口义》中，儒、释、道三家辗转相证，这样的解释既体现了注者的个人风格，亦充分显示了宋元庄学的时代特色。②

《列子口义》也是林希逸的重要著作，在序文中，他认为《列子》书非出自一人之手，或者是因为该书曾散轶不完整了，经过重新整理而成，但"其间又有绝到之语，决非秦汉而下作者所可及"，"然其真伪之分，瞭如玉石，亦所不可乱也"。③ 林希逸注意到《列子》的真伪问题，但态度十分慎重，玉石的比喻，说明他对《列子》的真实性总体来说是肯定的。《列子》中有《杨朱篇》，这是研究先秦道家重要人物杨朱的珍贵文献。按照朱熹的观点，杨朱为老子弟子，杨朱思想"超然远举"，是很了不起的道家人物。④

---

① （宋）林希逸：《南华真经口义》，陈红映校点，第63页。
② 关于林希逸庄学的详细分析，参见熊铁基、刘固盛、刘韶军《中国庄学史》，湖南人民出版社2003年版，第401—422页。
③ （宋）林希逸：《列子鬳斋口义·列子序》，张京华点校，华东师范大学出版社2016年版，第4—5页。
④ 如朱熹言："杨朱之学出于老子，盖是杨朱曾就老子学来，故庄列之书皆说杨朱。"（宋）黎靖德编：《朱子语类》卷一百二十五，王星贤点校，中华书局1994年版，第2987页。"杨氏一向为我，超然远举，视营营于利禄者皆不足道，此其为说虽甚高，然人亦难学他，未必尽从。杨朱即老子弟子。"（宋）黎靖德编：《朱子语类》卷一百二十六，王星贤点校，第3007页。

同为理学家的林希逸，在《列子口义》中阐述了他对杨朱的认知和评价，他并没有像孟子或后世很多儒者一样视杨朱为异端，而是认为杨朱的很多思想是有道理的，值得称赞，并力图澄清世人对杨朱的一些误解。总体来说，林希逸对杨朱只是偶有批评，和朱熹一样，他对杨朱的评价以肯定为主。

林希逸首先肯定了杨朱的名实观。《列子·杨朱篇》的开端，杨朱就提出"实无名，名无实，名者伪而已矣"的观点，质疑那种只求虚名的行为。当然，杨朱并没有否定名的合理性，而是反对"守名累实"，这一点林希逸很认同。林希逸注解说：

> 于名虽不可去，不可舍矣，然守之太甚，将至于自累其养生之实，如此则有危亡不救之忧，岂暇分别苦乐乎？恤，忧也。此意盖谓世俗之人求名不已，必至自亡其身，是好快乐畏忧苦，而其弊将至于自杀也。[1]

杨朱之学屡遭诟病的一个原因，就是大家认为他宣传人的本性在于享乐，其实，从其"恶夫守名而累实"的主张来看，杨朱并不是简单地提倡放纵或享乐。在杨朱看来，如何追求人生的快乐，如何正确对待名，都是有原则和标准的，这就是"君臣皆安，物我兼利"（《列子·杨朱》）。

对于富贵名利的看法，林希逸也是认可杨朱的。杨朱认为每个人都受到寿、名、位、货的影响与制约，是被其控制还是能够获得自由，关键在于个人自身如何去应对，正确的方法就是顺从自然之性，不要在意那些身外之物。林希逸则注解云：

> 遁人者，遁天而背理之人也。如此之人则杀活皆制于他人，故曰制命在外。顺民者无所矜，无所羡，无所贪恋于世，独高于天下，故曰天下无对。其命在我而不制于人，故曰制

---

[1] （宋）林希逸：《列子鬳斋口义》，张京华点校，第178—179页。

命在内……子美曰:"无贵贱不悲,无富贫亦足。"此章之意似近于此。盖言人生只是习惯,若皆攻苦食淡,不知有人世荣乐之事,则人人无不足者。念头才息,则处处皆安,此语却有味。①

林希逸的注释与杨朱原意保持了一致。杨朱把违背自然天性的人称为遁民,把顺从自然天性的人称为顺民。顺民才是自由的,因为他们不会在意寿命、名声、权利、财富,所以能够支配自己的命运。林希逸用杜甫诗句"无贵贱不悲,无富贫亦足"②来说明杨朱的思想特点,在这里是很恰当的。人生的足与不足,全在于每个人的意念与追求。

林希逸也很认可杨朱的生死观。杨朱认为万物所异者生,所同者死,故提倡以"且趣当生,奚遑死后"的态度对待生死。林希逸解释说:

> 生虽异死则同,即杜子美所谓"孔圣盗跖同尘埃"。趣,向也。且了生前,何暇计身后,故曰"且趣当生,奚遑死后"。张翰曰"且尽生前一杯酒",乐天曰"莫思身外无穷事,且尽樽前有限杯",皆是此意。③

生命是有限性,故当珍惜,杨朱之所以贵生,肯定也认识到了这点。林希逸引用杜甫、白居易等诗人的诗句加以佐证,表明了他赞同的态度。且从社会历史发展的视角来审视生命的意义,其中既有时光飞逝、世事沧桑的慨叹,亦透露出几分云淡风轻的达观。这种对待人生的豁达,杨朱以后,从庄子到陶渊明、苏轼都有继承,成了道家精神的标志之一。

---

① (宋)林希逸:《列子鬳斋口义》,张京华点校,第175—176页。
② (唐)杜甫:《写怀二首》,载(清)彭定求等编《全唐诗》卷二百二十二,中华书局1960年版,第2355页。
③ (宋)林希逸:《列子鬳斋口义》,张京华点校,第161页。

虽然林希逸对杨朱多有肯定，但杨朱被儒家贬为异端也是历史事实。《杨朱篇》载，子产相郑，郑国大治，但其兄公孙朝、其弟公孙穆却恣肆于酒色，子产劝说没有效果，朝、穆兄弟反而振振有词地为自己的行为辩护，子产无言以对。对此，林希逸解释说，杨朱那些看上去显得过分的言论，带有警醒之意，类似于《庄子·盗跖》，看似有悖常情，实则自有道理，其中包含着愤世嫉俗之意以及对社会上非正常现象的批评。林希逸批评朝、穆兄弟纵情酒色是不对的，儒家孔孟之道才是修身的根本。①

四　余论

从林希逸的《三子口义》，不仅可以探究其诠释《老》《庄》《列》三部道家经典的特色，而且由于他肯定了《列子》书的真实性，澄清了后世关于杨朱的许多误会，由此可以看出他所梳理出来的一条先秦道家发展的思想线索，即老子—杨朱—列子—庄子，这一看法与朱熹一致。老子思想是如何发展到庄子那里的？如果把杨朱和列子考虑进来，老庄之间的思想演进就比较清楚了。因此，林希逸对老列庄道家思想的梳理是有价值、有启发的。

作为理学家的林希逸注解《老》《庄》《列》，可见他对道家的充分认同和足够重视。明代王阳明弟子、心学传人朱得之则撰《三子通义》，与林希逸一样，朱得之对《列子》书的真实性同样持肯定态度，对杨朱的思想也是肯定的。从林希逸《三子口义》到朱得之《三子通义》，反映出宋明理学对道家的理解与认同。而老庄学与理学的关系，还有待于进一步研究。②

---

① 较详细论述可参刘固盛、赵妍《宋明理学视野下的杨朱形象》，《华中师范大学学报》（人文社会科学版）2021年第2期。
② 参见刘固盛《宋元时期的老学与理学》，陕西人民出版社2002年版。该书对这一问题进行了初步研究。

杜光庭《易》《老》会通的宇宙论

李延仓

摘　要：《道德真经广圣义》（本文简称《广圣义》）是唐末五代著名道教学者杜光庭的义理学代表作。该著以《易》解《老》，在道论、天地之先论、天地合气论等宇宙论内容上大量援用、融摄了易学思想。《广圣义》的《易》《老》会通是在道教义理开展与《易》《道》会通的背景下进行的。杜氏借助易理详尽地论述形而下世界中人与万物的产生过程，不仅反映了宇宙论在道教的宗教信仰体系中占有极其重要的位置，而且有助于我们深入反思中国哲学中的某些重要问题。

关键词：杜光庭；《道德真经广圣义》；《易》《老》会通；宇宙论

作者简介：李延仓，山东大学易学与中国古代哲学研究中心暨哲学与社会发展学院教授、博士生导师（山东济南250199）。

杜光庭，唐末五代著名道教学者，少年业儒，后学道于天台山，师事道教上清派传人应夷节。杜氏著述宏富，并曾长期活动、

---

* 本文是教育部人文社会科学重点研究基地重大项目"道家、道教易学通论"（项目号：14JJD720010）的阶段性成果。

东方哲学与文化 · 第八辑

弘道于成都及青城山等地，对道教发展作出了重要贡献。《道德真经广圣义》是杜氏的解《老》之作，该著在唐玄宗《道德经》注、疏的基础上，对《道德经》作了进一步的义释。在义释中，杜氏常援用《周易》阐发道教义理。本文即对《广圣义》《易》《老》会通的宇宙论思想作一梳理。

一　道论

《广圣义》继承老子的思想，在宇宙论上主张道是万物的本原或本根，万物皆出于道。不过，为了描述道生万物的具体过程，杜光庭大量融摄了易学思想。

道家认为，道与万物的存在状态是不同的。杜光庭亦极力阐发道物之异，其释《老子》"其上不皦，其下不昧"云：

> 其为明也，必皦然在上，谓积阳也。其为暗也，必昧然在下，谓积阴也。阴阳有定分，明昧有定相，是则有形有质，皆有定方也。惟夫大道处于上，不皦然而明，道非阳也；处于下不昧然而暗，道非阴也。故曰非阴非阳，而能阴能阳，不可以定相睹，不可以定分求。天得道而能清，是能上也。地得道而能宁，是能下也。阳得道而能动，是能明也。阴得道而能静，是能昧也。故为天下之至赜。《易·系》曰：非天下之至赜，其孰能与于此乎？言至道功深如此，若非天下万事之至极精妙，谁能参与于此也？①

杜氏认为，道非明非暗、非阴非阳，无定相、无定分。一言以蔽之，道非一物，它不像物一样各有其区别于他物的本质属性或特定的规制性。故而，他以《易·系》所谓"天下之至赜"来描述道，

---

① 《道德真经广圣义》卷十四，载胡道静等编《道藏要籍选刊》，上海古籍出版社1989年版，第2册，第73页。

· 80 ·

杜光庭《易》《老》会通的宇宙论

以彰示其玄奥、微妙的超越性。尽管如此，万物却离不开道，杜氏曰："道以生育，动植成形，故能于无状之中成其形状，无物之中作其物象。谓其无也，则状象资生；谓其有也，则杳冥难睹。非无非有，为恍惚焉。恍惚者，非有非无之谓也。《易》乾卦象曰：云行雨施，品物流形。言品类之物，流布成形也。"① 亦即，道虽非物，却能生物化物。而为了形象地解说道的生物之功，杜氏则又引用了乾卦《象》辞的"云行雨施""品物流形"之论。

道家不仅认为道是生物之本，其与万物的存在状态不同，而且强调它"自本自根"，或者说"道之上无物"。对此，杜光庭言：

> 夫名物者以其体，字物者以其德。物生而名立，事之常也。未有无名之物矣。唯大道之用居乎物先，物象未彰，乾坤未辟，而道在其先也。运道之用，施道之功，而后有天地万物也。以此功深用广，无形无状，不可以氏族求，不可以名字得。老君取其通生万物之美，字之曰道。道者，通生之谓也。道之为通也，无所不通。《西升经》云：夫道也者，包裹天地，秋毫之细，道亦居之。庄子云：道在稊稗。道在众物，无不在也。故有形有生者，道皆居之。失道则死矣。②

这里，杜氏以道在物先之论来描述道的根源性及它的超言绝相性，并且援用《西升经》与《庄子》之言说明了道的遍在性。由于肯定道为处于万物之先的终极性存在，故杜氏义释《老子》"吾不知谁子，象帝之先"曰：

> 帝者，万化厥初，即有主宰，形象肇立，牧之以君，故言象帝。大道冲用，能生万化，故在象帝之先也。老君大圣，岂不知至道之宗本耶？设此疑似之词，用晓迷方之俗尔。亦如上

---

① 《道德真经广圣义》卷十四，载胡道静等编《道藏要籍选刊》，第2册，第74页。
② 《道德真经广圣义》卷二十一，载胡道静等编《道藏要籍选刊》，第2册，第108页。

> 大道不可正言义也。帝出乎震，《易·系辞》也。震，东方卦也，少阳之气，生化之源。今以太子居东宫少阳之位，御极为出震之期，盖取象天地生育万物之始也。兆见曰象者，无形曰气，兆形曰象，生物之首也。万物之首，象帝居先。大道复在象帝之先，言其高远也。然夫至道不终不始，孰知其先哉？亦强为之容尔。《易》曰：帝出乎震，万物生也。齐乎巽，万物洁齐也。相见乎离，圣人南面向明而理也。致役乎坤，万物致养也。说言乎兑，万物所悦也。战乎乾，阴阳相薄也。劳乎坎，万物所归也。成言乎艮，万物终始也。夫万物出乎震而终乎艮，终而复始，循化无穷。而象帝者在此出震之先，道复先于象帝，故能为生化之主，天地之元也。①

在他看来，万物之生乃从无出有，似乎有一真宰而为之，故老子称此"真宰"为"象帝"。值得注意的是，他却由此"象帝"之"帝"引向了《易·说卦传》中的"帝出乎震"云云一节。他引用《说卦传》这段文字是想阐明，世间芸芸万物"出生入死"，循环不已，这一物生物化之推动者要归功于"象帝"。然而，尽管"象帝"居于万物之先，而道在逻辑上却又先于"象帝"。用杜氏自己的话说，即"大道复在象帝之先""道复先于象帝"。换言之，如果说"象帝"是万物之真宰，那么大道则是"象帝"之真宰。正是在大道为万物究极之根的意义上，杜氏广玄宗之义曰："观天下之动用者，《易·系》曰圣人有以见天下之动者，言圣人有其微妙，以见天下万物动用，明天下万物生成，皆禀于淳一微妙之道。故云未始离于至无至一者也。"② 亦即，大道虽至无至虚，其动则又能通生万物，从无出有。就此究极根源言之，无疑可视万物都出于"淳一微妙""至无至一"之道。不过，为了解释道体的动而生物，其复又借《易》以明之。

---

① 《道德真经广圣义》卷八，载胡道静等编《道藏要籍选刊》，第2册，第50页。
② 《道德真经广圣义》卷十一，载胡道静等编《道藏要籍选刊》，第2册，第63页。

二　天地之先论

一般认为，天地、万物皆为大道所化生。天地虽与众物有异，不过是物之大者而已，从形而上、形而下的思辨言之，它们也属于形而下之物。正是在这个意义上，人们笼统地称之为"道生万物"。不过，由于天地毕竟不是一般的物或器，而是直接的万物之所从出者，故而道家对天地的产生或者说对天地产生之前的宇宙状态又多有所着墨。

对于天地之先的状态，杜光庭概括《老子》"太上下知"章大意曰：

> 太古上古无事无为，君任自然，人怀大朴。太古者，乃天地之初也。列子云：昔者圣人因阴阳以统天地，故有形生于无形。则天地之前有太易，未见气也；有太初，气之始也；有太始，形之始也；有太素，质之始也。通谓太极，故云五太者，即太古也。气形质具而未相离，故曰混沌，言万物相浑沌而未分判也。既而浑沌分判，轻清为天，重浊为地，而上下分焉，阴阳定焉。人禀天地阴阳冲和之气，居于天地之中，日月照之，气象成之，阴阳辅之，寒暑循之，与天地并号为三才。则上三皇、中三皇、下三皇迭理其化，司牧于人，此谓上古也。天职生覆，地职形载，圣职教化，物职所宜，而展转生化。初以道德，次则仁义，故亲誉畏侮，恩信不孚，须资复古之风，冀返淳和之化。①

不难看出，杜氏所言的"太古""上古"含二义：一是指人类德性的淳朴状态，一是指天地产生之初，二者是糅合在一起的。他对天地产生的描述虽言取自《列子》，而《列子》中提到的太易、太

---

① 《道德真经广圣义》卷十六，载胡道静等编《道藏要籍选刊》，第2册，第82页。

初、太始、太素之论又见于汉代的《易纬·乾凿度》，属于汉代易学宇宙论的重要内容。在他看来，"四太"可以用《周易》的"太极"来概括，而太极则是天地产生之前混沌未分的气质存在状态。这种混沌状态可以理解为无形的道体逼近有形的天地之间的中间环节，即它一方面预示着道机已动、道体已然蓄力发用；另一方面则意味着天地之"数"、天地之"象"乃至天地之"质"已然包孕于其中，只是"气形质具而未相离"即尚未分判外现而已。如果"太极"继续发动，则天地将分判而生，即"太极者，形质已具也。形质既具，遂分两仪，人生其中，乃为三才也"①。两仪分判，天地开辟，人类出现，形而下世界即开始了运转。

这个太极混沌，或许即杜氏所谓"一"。他义释《老子》"道生一，一生二，二生三"曰："道以无形无名，不无不有，自然妙化，而生乎一。一者，道之子也。天得以清，地得以宁，人得以长存，万物得以生。故此妙一，修道者守之、抱之、存之、得之，以为证道之根矣。所言一者，即前始气为天也。一生二者，即玄气为地也。二生三者，即元气为人也。所以冲和妙气，生化二仪，凝阴阳之华，成清浊之体。然后人伦毕备，品物无遗，四序调平，五行运象。若交感而顺，则物保其常。或否塞而逆，则物罹其患。"②杜氏提出，"一"为道之子，且它分化出始气、玄气、元气而生天、生地、生人（物），天地人物都离不开它。此"一"既在天地之先，故而其与"太极""混沌"或同属一物，或者说"异名同谓"而已。质言之，此"一"即天地创生之前的"混沌之气"。

需要指出的是，道作为万物之本原、本体，它"自本自根""独立而不改"，绝无对待，故而历代不少道家学者亦称道为"一"。那么，道之"一"与作为"道之子"的"一"，二者有什么区别呢？对此，杜氏义释《老子》"昔之得一者"有云：

---

① 《道德真经广圣义》卷六，载胡道静等编《道藏要籍选刊》，第2册，第37页。
② 《道德真经广圣义》卷三十三，载胡道静等编《道藏要籍选刊》，第2册，第173页。

杜光庭《易》《老》会通的宇宙论

> 道之生化，无终无始，借古昔久远之义，以为布化之源。所以谓道为一者，万物之生也，道气皆降之，气存则物生，气亡则物死。物之禀道，所禀不殊，在物皆一，古今虽移，一乃无变。故云不二，是谓之一。道非阴阳也，在阳则阳，在阴则阴，亦由在天则清，在地则宁，所在皆合，道无不在，非阴阳也而能阴能阳，非天地也而能天能地，非一也而能一。周旋反覆，无不能焉。……一阴一阳之谓道，《易·系》之辞也。一谓之无，无阴无阳，乃为之道。一得为无者，是虚无太空，不可分别，惟一而已，故一为无也。若其有境，彼此相形，有二有三，不得为一。故在阴之时而不见为阴之功，在阳之时而不见为阳之力，阴阳自然，无所营为，此则道之谓也。以一言之为数，以数言之谓一。以体言之谓无，而物得开通之道，微妙不测谓之神，变化应机谓之易。总而言之，皆无谓之道。故圣人以人事随其义理立其名号，不一而一故能常一，常一非一，亦非非一。而为一者，盖天地之始，万物之元，生化之本，有生之尊也。自一而能阴能阳，所以一生二也。[①]

杜氏指出，大道之所以可称为"一"，是因为道经由"气"而生物，万物皆禀"道气"，同一不二，无有差别，故可称其为"一"。然一旦称道为"一"，则使道有了规制性而使其落入物之窠臼。缘于此，杜氏把《系辞》中的"一阴一阳"解释为"无阴无阳"，以消解道的规制性。然值得指出的是，杜氏是一位接受重玄学洗礼的道教学者，他在引文中除了引用《系辞》外，还明显运用了重玄学"双遣双非"的思维来消解道的规制性。他对道的繁复解说，无非是说道"非阴非阳""一而非一"，对道的任何称谓都不过是权假的称谓或者"强名"，它在本质上是没有任何规

[①]《道德真经广圣义》卷三十一，载胡道静等编《道藏要籍选刊》，第2册，第157—158页。

定性的"无"。概言之,道之"一"是绝对超越的无规定的"一",而作为"道之子"的"一"虽混沌而尚未分判,但其毕竟已内在含蕴着天地之"数""象",在本质上已属于具有了内在规定性的形而下者。

三　天地合气论

如上所述,天与地是万物之所从出者,是直接的万物之根源,没有天地就不会有万物的产生。由此,杜光庭又对天与地合气生物之功能作了论述。

对于乾天、坤地,杜氏分别作了论述,其释《老子》"天得一以清"曰:

> 阳气浩大,乾体广远,又以元大始生万物。万象之物,皆资取乾元而得其生,故《易》曰大哉乾元,万物资始也。夫天积气也,故为气象之大,形如倚盖,故曰穹隆。是有穹天之说。言天穹隆高大而圆,包覆万物,天乃纯阳虚无之象,非有碍之质。然夫天也,非冲和道气所运,则不能清浮而不息矣。《易·系》曰:乾,天下之至健也。夫乾,确然示人易矣。《正义》云:此明天之得一,刚质确然,示人以和易。由其得一无为,物由以生,示人易也。若乾不确然,或有隤裂,是不能示其得一简易之道也。[①]

又释"地得一以宁"曰:

> 阴气浩大,坤体广厚,生长载物,合会无疆。地积形也,故为形质之大,柔顺安静,万物资生焉。然夫地也,非

---

① 《道德真经广圣义》卷三十一,载胡道静等编《道藏要籍选刊》,第2册,第158页。

冲和道气所运，则不能厚载而安宁矣。《易·系》曰：坤，天下之至顺也。夫坤，隤然示人简矣。《正义》曰：此明地之得一，以其得一，故坤隤然而柔，自然无为，以成万物，是以示人简矣。坤不隤然，或有确然，则不能示人以简，是乖其得一也。①

在这两段引文中，杜光庭援引了乾卦和坤卦的《象》辞以及《系辞》，以及孔颖达《周易正义》等易学材料。利用这些易学内容，他分别揭示了乾阳的广远、至健、确然、平易、万物资始，以及坤阴的广厚、至顺、隤然、简从、万物资生等特性。除了这种分论，杜氏更多是把乾天、坤地合在一起论述，如谓："列子云：天积气也，无处无气；地积块也，无处无块。积气为象，象虚也；积块为形，形实也。《易·系辞》曰：在天成象，在地成形，变化见矣。上象下形，故能变化，孳生万物也。"②又谓："万物之生也，道德禀之以气，乾坤禀之以形。气禀道德之功，形资天地之化，因寒暑之运，假阴阳之资，以生以成，以终以始。生成终始，斯谓势乎？乾知太始者，始，初也。乾是天，为阳气，万物初得天阳之气而生。坤作成物者，坤是地，为阴气，万物得地阴气而形。既分动植形位，然赖寒暑之气以成其功。"③这就是说，万物通过乾天坤地、一阴一阳的配合，从天地而禀得形性，于是纷繁的万有世界得以形成。而其中所引《系辞》的"乾知太始""坤作成物"与上文乾、坤《象》辞所言"乾元资始""坤元资生"云云同义，皆是说明乾天、坤地互相配合而生成万物。

杜氏还以《周易》的泰卦与否卦解释天地配合而生物的原理，其云：

---

① 《道德真经广圣义》卷三十一，载胡道静等编《道藏要籍选刊》，第2册，第158页。
② 《道德真经广圣义》卷九，载胡道静等编《道藏要籍选刊》，第2册，第53—54页。
③ 《道德真经广圣义》卷三十七，载胡道静等编《道藏要籍选刊》，第2册，第195页。

《周易》乾下坤上为泰，天地交而万物通也，上下交而其志同也。内阳而外阴，内健而外顺，内君子而外小人，君子道长，小人道消也。故阳气在上而下感于阴，坤为阴也，阴气在下而上感于阳，二气交感而生万物，是则孤阴孤阳不能生化。其或反此，则坤自居下，乾自居上，二气不交，天地隔塞，在《易》为否。天地不交而万物不通，上下不交而天下无邦，亦不能生化，故《疏》云阴阳交泰，冲气化醇。《易》曰天地絪缊，万物化醇也。①

这里援用泰、否二卦的《象》辞以及《系辞》之言指出，孤阴孤阳不能生化，只有天地合气交感方能生物。而天地交感之机，则在于达成天地之气升降流行的顺畅交通。简言之，天地之气交则生，为泰；天地之气不交则不生，为否。

综上，我们从道论、天地之先论、天地合气论三个层次阐述了杜光庭关于万物根源与化生的理论，而其无疑皆属于中国哲学所讲的宇宙论范畴。然尽管"天地之先"属于天地之前尚未分判的状态，却毕竟已经"气形质具"而内蕴天地之"数象"。故而，这个阶段与天地合气生物的阶段可以同视为"形而下"的阶段。对此，杜氏发挥《系辞》"形而上""形而下"之理言："形而上者谓之道，形而下者谓之器。道惟无，非是可见可博之质，乃是虚寂之妙本也。器涉有，乃是可知可称之用，非是质碍之常形也。"② 又言："形而上者道之本，清虚无为，故处乎上也。形而下者道之用，禀质流形，故处乎下也。显道之用，以形于物，物禀有质，故谓之器。器者，有形之类也。……凡万物从无而生，众形由道而立，先道而后形，道在形之上，形在道之下。故自形而上谓之道，自形而

---

① 《道德真经广圣义》卷三十三，载胡道静等编《道藏要籍选刊》，第 2 册，第 173 页。
② 《道德真经广圣义》卷二十四，载胡道静等编《道藏要籍选刊》，第 2 册，第 122 页。

下谓之器。形虽处道器两畔之际，形在器上不在道也。既有形质可为器用，故云形而下者谓之器。夫道者无也，形者有也，有故有极，无故长存。世人修道，当外固其形，以宝其有，内存其神，以宗其无，渐契妙无，然合于道，可以长生尔。"① 杜氏在这里利用《系辞》形而上下、道器二分之论，认为大道是无限、长存的，其他事物皆有限、有极。因此，修道者只有契合妙道才能长生不死。他尤其指出，"形虽处道器两畔之际，形在器上不在道也"②。据此，则处于"天地之先"的太极混沌（或混沌之气）状态归根结底亦属于形而下之物。然令人遗憾的是，由于历代道家事实上对其属性并未作出清晰的形而上、形而下的界定，而是依违于形而上的"炁"与形而下的"气"这两种解释，从而无法对"道"与"混沌"的关系作出圆满的解释，以致招来不少教外人士尤其是佛教学者的质疑和批判。

结　　语

如上所述，杜光庭在阐发其道教宇宙论时具有鲜明的援《易》意识。事实上，《广圣义》对易学的援用并不限于宇宙论，还包括修身论、理国论等不同的理论侧面。尽管其中不少《易》《老》互释的内容或许是受唐玄宗《道德经》注、疏的启发，是"广圣之义"，但其绝不是机械的"广圣"，而是多有创见和发展，成功地实现了易理与老学的沟通和融合。

平心而论，杜光庭以《易》解《老》并不是偶然的文化现象。汉魏以来，易道相通与《老》《庄》《易》"三玄"同理、一家的认识不仅广为学界所接受，而且表现在学者们兼综易道的治学实践中。由是，《易》《老》互释、易道会通便成为真实存在的文化现象。尽管《老子》在唐代进入"道举"，且由于官方的政治攀附而

---

① 《道德真经广圣义》卷十一，载胡道静等编《道藏要籍选刊》，第2册，第65页。
② 《道德真经广圣义》卷十一，载胡道静等编《道藏要辑选刊》，第2册，第65页。

高居于《周易》之上，如："敕曰：道德五千，实惟家教。理国则致乎平泰，修身则契乎长生。包万法以无伦，冠六经而首出。宜升《道德经》居九经之首，在《周易》之上。"① 但作为儒学的"五经之首"和"三玄"之一，《周易》的圣典地位早已形成且不可撼动，而道教义理的开展亦需要汲取和消化《周易》的营养。尤其是唐代道教外丹盛行，内丹勃兴，而丹道往往又与易道纠缠在一起，故杜光庭等道教学者研治《周易》乃至以《易》解《老》便在情理之中了。而其会通二者的努力，则使《易》《老》之义理各自获得了创新性、丰富性的发展。

从宇宙论的视角观之，杜氏借助易理详尽地论述形而下世界中人与万物的产生过程，则反映了道教宇宙论思想的发达。之所以如此，是因为宇宙论在道教的宗教信仰体系中占有极其重要的地位。以杜氏宇宙论中所涉及的"气"范畴为例，在神仙观上，道教有"一气化三清"之说；在生命观上，有"负阴抱阳""先天气""后天气"之论；在修炼观上，有"保气""养气""服气"之教；在内丹学上，有"炼精化气""炼气化神""五气朝元"之理，等等。值得一提的是，探讨杜氏的宇宙论还有助于我们深入反思中国哲学中的某些重要问题。比如，论及宋代理学的产生时，学界多着眼于佛教华严宗对理学的影响，尤其是华严宗"四法界"说对理学"理"本论的影响，而往往忽视了唐代道教理论对理学产生所具有的意义。事实上，理学的"理"本论是与其"气"论结合在一起的，我们甚至可以认为其"理气"论实则是对唐代道教宇宙论思想中"道气"论的直接移植或嫁接。之所以这么说，是因为尽管"在汉代气论、元气论思潮的浸润、影响下，中国佛教一度以'气'来说明佛教的本体论学说"，但"到了隋唐时代，气论思潮益趋降温，处于次要地位，代之而起的如来藏思潮和唯识思潮在佛教内部广为流行"。② 质言之，由于中国佛教主张缘起性空，认为

---

① 《道德真经广圣义》卷一，载胡道静等编《道藏要籍选刊》，第2册，第7页。
② 方立天：《中国佛教哲学要义》卷下，中国人民大学出版社2002年版，第754—755页。

万法虚幻不实,故其基本不讲"气生万物"这一环节。换句话说,按照中国本土思想的一贯理路,"气生万物"在逻辑上与万物实在是一致的,而与万法虚幻不实是互相抵牾的。如明此理,则我们就更应瞩目于包括杜光庭在内的唐代道门思想体系对理学的影响。①

---

① 学界周知,理学早期代表人物如周敦颐、邵雍思想中都有不少受道教影响的痕迹。诸如"形而后有气质之性,善返之,则天地之性存焉"之论甚至同时出现在北宋道门张伯端与理学家张载的作品中[(宋)张载:《张载集》,章锡琛点校,中华书局1978年版,第23页]。这提示我们应深入估量唐末五代至宋初道教思想对儒学的影响。

"老子化胡"思想与 7 世纪唐突关系

司家民　韩吉绍

摘　要："老子化胡说"具有十分复杂的思想形态，中古时期存在一种强调对外和睦、民族包容的"老子化胡"。这种观念最早见于南方道经，并随着部分奉道家族的北迁，在北方胡汉杂居的环境中传承，太原温氏是赓续这一观念的家族之一。温氏家族中的温大雅兄弟三人，伴随李唐王朝的崛兴进入国家权力的中心。在他们的引导之下，李世民尊崇道教并接受了"包容性化胡观念"。在 7 世纪唐与突厥的关系中，这种"化胡"思想起到了积极的作用。

关键词：老子化胡；道教；唐；突厥；温大雅

作者简介：司家民，山东大学历史文化学院博士研究生；韩吉绍，山东大学历史文化学院教授（山东济南 250199）。

胡汉关系是有唐一代的普遍性问题。李世民曾称："自古皆贵中华，贱夷、狄，朕独爱之如一，故其种落皆依朕如父母。"[1] 如其所言，"贵中华，贱夷狄"是中国传统上的主流观念，李世民

---

[1] （宋）司马光：《资治通鉴》卷一百九十八，中华书局 1956 年版，第 13 册，第 6247 页。

却喊出了"爱之如一"的口号,这不仅与血缘、集团等因素有关①,实亦有宗教理念作为依据,"老子化胡"思想便是其中之积极因素。

汉魏六朝时期,不同地域、不同派别的道教思想与实践存在较大的差异,甚至同一种观念也会演化出不同的实践方式。与一般的认识不同,"老子化胡"思想在民族问题上,存在一种强调胡汉包容、相互接纳的思想观念。司马虚(Michel Strickmann)即指出,"老子化胡的传说真切地表明,道士既热衷于将胡人神圣化,也热衷于将他们汉化"②。刘屹先生也认识到,"李唐皇室利用'化胡经说'的目的,却不是站在道教的立场上排斥佛教,而是有着远比处理佛道关系更宏大和更深邃的用意"③。

本文正是基于这样的角度,在辨析"老子化胡说"流行背景的基础上,关注它被李渊集团接受的历程,以及对唐突关系产生的影响,据此探察道教思想在唐初政治文化中的特殊地位。

一 中古道教的"化胡"理想

"老子化胡说"的产生,不仅附会了《史记》中的老子出关传说④,亦符合道教自身发展的逻辑,尤其牵涉原始道教对汉代社会秩序的回应。⑤

道教兴起于汉代,自原始道教时期,它的许多教义、宗旨就笼罩在汉朝的影响之下,如张鲁的"义舍"即源于汉朝传舍制度,道经中经常出现的"如律令"也与汉代的律令体制相关。石泰安(R. A. Stein)指出,"我们可以把道教的组织和教职制度解释为从

---

① 参见陈寅恪《唐代政治史述论稿》,上海古籍出版社1997年版,第1页。
② [美]司马虚:《道在瑶中:道教与华南的汉化》,巫能昌译,载刘永华主编《仪式文献研究》第3辑,社会科学文献出版社2016年版,第19页。
③ 刘屹:《经典与历史:敦煌道经研究论集》,人民出版社2011年版,第54页。
④ 参见王维诚《老子化胡说考证》,《国学季刊》1934年第2期。
⑤ 参见姜生《原始道教之兴起与两汉社会秩序》,《中国社会科学》2000年第6期。

精神角度对汉王朝所失去的天下秩序的重建"①。冯渝杰进一步认为,"五斗米道刻意汲取汉制的现象,不仅具体反映出五斗米道的宗教乌托邦追求,更从实证层面揭示'汉家神学'对原始道教的内在形塑作用,以及原始道教从精神角度保存'汉家'秩序的宏阔愿景"②。

作为中国土生土长的宗教,道教保留的"汉家"精神还体现在对待周边民族以及外来文化的态度上。汉武帝开通西域以来,中原王朝与周边各族的交流逐渐增多。史书记载,"康居西域,重译请朝,稽首来享"③;"大宛诸国发使随汉使来,观汉广大"④。各国在意识到汉朝的强大后,纷纷遣使通好,汉朝对周边国家亦持有较为包容的心态。甚至,西域国家的官吏会佩有汉朝印绶,"最凡国五十。自译长、城长、君、监、吏、大禄、百工、千长、都尉、且渠、当户、将、相至侯、王,皆佩汉印绶,凡三百七十六人"。至东汉时期,西域诸国内附汉朝者已不鲜见,《汉书·西域传》记载:"自建武以来,西域思汉威德,咸乐内属。"⑤

因此,在这样的社会环境之中,道教对当时西域传入的宗教——佛教也抱有兼收并蓄的心态。老子与佛陀并祀的现象是"化胡说"的早期表现形式,《后汉书》中记有汉明帝时期楚王刘英奉黄老浮屠事,谓"英少时好游侠,交通宾客,晚节更喜黄老,学为浮屠斋戒祭祀"⑥。无独有偶,汉桓帝时,出现了"宫中立黄老浮屠之祠"⑦,并且桓帝立祠的初衷也是"好神仙事",据《后汉书》记载:

---

① [法]索安(Anna Seidel):《国之重宝与道教秘宝:谶纬所见道教的渊源》,刘屹译,载《法国汉学》第四辑,中华书局1999年版,第43页。
② 冯渝杰:《论五斗米道的"官僚性"特质》,《四川大学学报》(哲学社会科学版)2016年第1期。
③ (汉)司马迁:《史记》卷一百一十七,中华书局1982年版,第9册,第3044页。
④ (汉)班固等:《汉书》卷六十一,中华书局1962年版,第9册,第2696页。
⑤ (汉)班固等:《汉书》卷九十六下,第12册,第3928、3930页。
⑥ (南朝宋)范晔等:《后汉书》卷四十二,中华书局1965年版,第5册,第1428页。
⑦ (南朝宋)范晔等:《后汉书》卷三十下,第4册,第1082页。

"老子化胡"思想与7世纪唐突关系

  桓帝即位十八年,好神仙事。延熹八年,初使中常侍之陈国苦县祠老子。九年,亲祠老子于濯龙。文罽为坛,饰淳金釦器,设华盖之坐,用郊天乐也。①

此外,《后汉书·桓帝纪》末尾论桓帝,说其"好音乐,善琴笙。饰芳林而考濯龙之宫,设华盖以祠浮屠、老子,斯将所谓'听于神'乎!"② 可见,祭祀浮屠(佛陀)与老子都属于"听于神"的范畴。刘英、桓帝虽然祭祀浮屠,但这只是作为黄老道家信仰的一部分,亦即在神仙信仰之中加入一位外来神祇③,胡神的引入体现了原始道教对外来文化的包容,这种包容恰是在"老子化胡"的语境下得以实现的。

至两晋时期,道教不满足于对王朝的"精神"进行保留与映射,而且加入了对王朝秩序的期许与隐喻。都筑晶子在研究东晋中后期兴起的新道教运动时就已指出,新道教之中包含了"一种针对人间王朝秩序的隐喻",仙界、鬼界的幻景"与王朝的秩序原理紧密结合在了一起",不仅如此,"应该说整个道教教义都深藏有这样的思想"。④

于是,"老子化胡"的故事转而成了一个美好国度示化周边国家的典型,这在《太清金液神丹经》(本文简称《神丹经》)卷下中便有反映。《神丹经》卷下是一部记述中古时期南海地理的道经,仅据此而言,这部道经与南方社会的渊源很深。该经署名为葛洪(283—363),但学界对该卷的作者及成书问题长期具有争议。最近笔者在整体考察三卷本《神丹经》内容的基础上进一步确定,卷下出自葛洪可信。⑤ 据《神丹经》卷下记载:

---

① (南朝宋)范晔等:《后汉书·志第八》,第11册,第3188页。
② (南朝宋)范晔等:《后汉书》卷七,第2册,第320页。
③ 参见温玉成《公元1至3世纪中国的仙佛模式》,《敦煌研究》1999年第1期。
④ [日]都筑晶子:《六朝时代的江南社会与道教》,李凭等译,载[日]谷川道雄主编《魏晋南北朝隋唐史学的基本问题》,中华书局2010年版,第276页。
⑤ 参见韩吉绍《葛洪南海游记:〈太清金液神丹经〉卷下新证》,《四川大学学报》(哲学社会科学版)2022年第4期。

> 大秦国，在古奴斯调西，可四万余里，地方三万里，最大国也。人士炜烨，角巾塞路，风俗如长安人。此国是大道之所出，谈虚说妙，厝理绝殊，非中国诸人辈，作一云妄语也。道士比肩，有上古之风，不畜奴婢，虽天王、王妇犹躬耕籍田，亲自拘桑织经。以道使人，人以义观，不用刑辟刀刃戮罚，人民温睦，皆多寿考，水土清凉，不寒不热。士庶推让，国无凶人，斯道气所陶，君子之奥丘，显罪福之科教，令万品奉其化也，始于大秦。国人宗道以示八遐矣，亦如老君入流沙化胡也。①

经文在叙述大秦国时，盛言大道对该国的影响，在道的陶冶下，"人以义观，不用刑辟刀刃戮罚，人民温睦，皆多寿考"，且"士庶推让，国无凶人"，更难能可贵的是，大秦国宗奉大道也给"八遐"之外的国家作出了示范，致令大道的影响惠及更多国家。作者最后对此示范作用作出总结，谓其"亦如老君入流沙化胡也"。如果我们将经文中的"化胡"类比进行还原，就可以看到，作者理所当然地认为，中国也受到了大道的陶然，并且能够为周边国家起到示范作用，老子入流沙化胡便是向外传播、示化的过程。这说明道教已经在"化胡说"中植入了王朝对外关系的隐喻，具体而言，受大道影响的中国，应当对周边国家起到引领的作用，帮助他们接受"道气所陶"，实现国家的安定祥和。

一般认为，中国古代的北方民族，受佛教的影响更为深刻。②实际上，在佛教作为"汉族与胡族的精神纽带"之前，道教就已经作出了类似的努力，并取得了一定的成效。我们在北朝的地方社会中，就能看到这种景象。

---

① 《太清金液神丹经》卷下，《道藏》，文物出版社、上海书店、天津古籍出版社1988年版，第18册，第760页。

② 关于北方民族与佛教诸问题，参见孙昌武《中国古代北方民族与佛教》，中华书局2020年版。

"老子化胡"思想与7世纪唐突关系

道教连接胡汉民族的"精神纽带"作用，集中体现在北魏太和二十年（496）的姚伯多碑中。该碑是反映中古道教思想的宝贵资料，长期受到学界重视，碑文显示了姚氏家族对老君的敬颂，也涉及"老子化胡"观念。碑文称：

> 其辞曰：芒芒太上，亹亹幽微，于矣皇老，诞精云湄，纯风渐鼓，品物沾晖，非至非咸，孰启冥机。洸洸尹生，妙契玄理，远其城都，晧变素起，微言既畅，万累都止。陈文五千，功不在己。冲虚缠邈，如昧俞（愈）深。不知其谁，像帝先人。化治西域，流波东秦，至感无其，崇之者因。①

老君"化治西域，流波东秦"的观念在北魏鲜卑族统治下流传，显然是弱化了传统"化胡说"贬损胡族、谤诬佛教的一面。关于姚氏家族的族属，根据现有材料无法得出定论。②但即便是将姚家作为汉族百姓，"姚伯多碑"中出现的胡姓女子——一般是将其看作姚氏兄弟的妻子，也可以说明，这种"化胡说"能为胡汉百姓所认可。

除此之外，在西魏大统十四年（548）的"辛延智造像碑"中，参与造像的既有汉族也有羌姓，其发愿文称："故能思慈下降托（讬）民生李氏……南化则滨□启误心，西涉则胡主启颡，北训夷狄体善，东据则现生季俗。"③可见，老子"化胡"乃至"化四夷"的观念已经成为胡汉百姓都能接受的理念。

仍需要指出的是，道教以"化胡说"为核心建构了一套协调民族关系的理论，它虽然突破了民族隔阂，令老子及道教俨然成为团结各族的精神纽带，但就其传播的广度而言，亦不应过分夸大，这种观念的流传受家族与地域因素制约较大。

---

① 陕西省耀县药王山博物馆等编：《北朝佛道造像碑精选》，天津古籍出版社1996年版，第125页。
② 参见刘屹《5、6世纪之交南北道教的交汇——以"姚伯多碑"为中心》，载《神格与地域：汉唐间道教信仰世界研究》，上海人民出版社2010年版，第288—290页。
③ 陕西省耀县药王山博物馆等编：《北朝佛道造像碑精选》，第138页。

二 唐突关系与李唐崇道的确立

武德八年（625），唐高祖李渊在国子学召集百官举办三教论衡，根据此前宣布的出场次序，是以道教为首，儒教次之，佛教最后。李渊此举，奠定了有唐一代崇道的基调，在唐朝近三百年的历史中，道教一直得到了皇室的扶持，道教教主老子更是被李唐皇室奉为远祖及护国神。比如，李世民曾提道："朕本系老聃，东周隐德，末叶承嗣，起自陇西。"① 高宗李治亦尝谓"粤若老君，朕之本系"②，"朕之绵系，兆自玄元"③。

按照经典论述，门阀观念是造成李唐崇道的因素之一。李渊自我标榜为老子后裔，是对名门望族的攀附，他欲借此抬高李氏的社会地位。④ 陈鼓应认为，"李唐王朝建立之后，为了掩饰自己原为鲜卑拓跋部后裔，抬高李氏宗族的门第，利用了老子的广泛社会影响，自称是'老君子孙'，使道教与皇权结合起来"⑤。"攀附先世"是中古时期的一种常见现象⑥，但陈寅恪先生指出，李唐先世曾伪托陇西李氏郡望。⑦ 既然如此，李渊复攀附老子为先祖，借此抬高李氏名望，则略为多余。

不能否认，攀附老子带来的社会地位提升，是李渊崇老的作用之一，但若将"攀附"作为认祖的原因，则稍显牵强。因此，要理解这一问题，需要梳理早期历史事件中的线索。

李唐皇室对老子的尊奉，起于隋末战争中对谶纬的利用。隋朝社会曾广泛流传"桃李子歌""李氏将兴"等政治谶言，以至于方

---

① （唐）彦琮：《唐护法沙门法琳别传》卷下，《大正藏》，第50册，第210页上。
② （宋）宋敏求编：《唐大诏令集》卷七十八，商务印书馆1959年版，第442页。
③ （宋）宋敏求编：《唐大诏令集》卷三，第15页。
④ 参见任继愈《中国道教史》，上海人民出版社1990年版，第269页。
⑤ 陈鼓应、白奚：《老子评传》，南京大学出版社2001年版，第317页。
⑥ 有关"攀附"问题的讨论，参见仇鹿鸣《"攀附先世"与"伪冒士籍"——以渤海高氏为中心的研究》，《历史研究》2008年第2期。
⑦ 参见陈寅恪《唐代政治史述论稿》，第1—13页。

"老子化胡"思想与7世纪唐突关系

士安伽陁向炀帝提议"尽诛海内凡李姓者"①。正因如此,当时反隋的几股势力都曾利用谣谶制造舆论,诸如李渊、李密、李浑,以及李规、李仲文、李孝常等集团都不同程度地将自身与"李氏将兴"之谶相联系。② 显然,李渊集团是对谶言利用最为成功的一支势力,尤为关键的是,李渊打出了老子后裔的名号。

不过,李渊并非一开始就笃定崇奉老子。隋大业十三年(617),李渊与隋将宋老生在霍邑陈兵相持,但天降霖雨不止,李渊有退兵的打算。此时,有一位白衣老者托名霍山之神来谒李渊,并告诉他:"八月雨止,路出霍邑东南,吾当济师。"有必要指出的是,在李渊计划退兵时,李世民曾极力劝谏,史书谓"太宗切谏乃止"③。不难想见,所谓霍山之神是李世民为安抚军心上演的一出戏剧。有意思的是,在这紧要关头,老子并未降显,而是霍山之神出面。直到后世,道教才将此事与老子附会。杜光庭在《历代崇道记》中记述该事时,叙述霍山之神是奉老君之命而来,告诉李渊"感霍山神称奉太上老君命告唐公,汝当来,必得天下"④云云。显然,"霍山之神"事件经过了层累制造,老君命告为后出之说,早期史料可以表明,在李渊起兵初期,老子并未受到独特的崇奉。

在对抗隋朝以及唐初削平群雄的战争中,老子化现成为"振奋军心而导演的一出大戏"⑤,于是,老子逐渐受到李渊集团尊奉,并确立为李氏远祖,时间大约在武德三年(620)。唐玄宗开元十七年(729)敕建的《龙角山纪圣铭碑》准确叙述了这段历程,据其记载:

---

① (宋)司马光:《资治通鉴》卷一百八十二,第5695页。
② 参见毛汉光《李渊崛起之分析——论隋末"李氏当王"与三李》,《中央研究院历史语言研究所集刊》第59本第4分,1990年;赵贞《李渊建唐中的"天命"塑造》,载叶炜主编《唐研究》第25卷,北京大学出版社2020年版,第505—529页。
③ (后晋)刘昫等:《旧唐书》卷一,中华书局1975年版,第3页。
④ (唐)杜光庭:《历代崇道记》,载罗争鸣辑校《杜光庭记传十种辑校》,中华书局2013年版,第361页。
⑤ 雷闻:《龙角仙都:一个唐代宗教圣地的塑造与转型》,《复旦学报》(社会科学版)2014年第6期。

> 肇我高祖之提剑起晋，太宗之杖钺入秦，鹏抟风云，麟斫日月，夏臣丑而已去，殷鼎轻而未徙。老君乃洗然华皓，白骥朱髦，见此龙角之山，示我龙兴之兆，语绛州大通堡人吉善行曰："吾，而唐帝之祖也，告吾子孙，长有天下。"……善行以武德三年二月初奉神教，恐无明征，未之敢泄。至四月，老君又见，曰："石龟出，吾言实。"于时太宗为秦王，讨宋金刚，总戎汾绛，晋州长史贺若孝义以其状上启，遽使亲信杜昂就山礼谒。俯仰之际，灵貌察焉。昂驰还曰："信矣！"乃遣昂、善行乘驲表上，比至长安，适会郐州献瑞石如龟，有文曰："天下安，千万日。"高祖征其二异，拜善行朝散大夫，命舍人柳宪往祠焉。①

可见，老君示下李唐的"龙兴之兆"，是在李渊起兵之后，当时"夏臣丑而已去，殷鼎轻而未徙"，说明隋朝已经风雨飘摇，但尚未灭亡。在此之前，老子与李氏的关系是非常模糊的，以至于到了玄宗朝，在《纪圣铭》这种专门宣示李唐与老君关系的官方文本中，都无法构建出来。此外，铭文显示，老君降示神话被李渊集团接受，是发生在武德初期剪灭群雄的过程中，以此来看，借助神灵鼓舞士气是李渊集团崇奉老君的主要因素。

此外，考察《大唐创业起居注》（本文简称《创业注》）中李渊与老子的初次接触，我们能发现一些更为隐晦的信息。温大雅曾跟随李渊"举义"，并撰《创业注》，该书记述了起兵时期的诸多细节，虽不乏讳饰笔法，但也透露了许多秘辛。其中，突厥柱国康鞘利拜老子事颇值得注意，为方便分析，我们将原文照录如下：

> 其平旦，有僧俗姓李氏，获白雀而献之。至日未时，又有白

---

① 刘泽民总主编：《三晋石刻大全·临汾市浮山县卷》，三晋出版社2012年版，第19页。

雀来止帝牙前树上，左右复捕获焉。明旦，有紫云见于天，当帝所坐处，移时不去。既而欲散，变为五色，皆若龙兽之象。如此三朝，百姓咸见，文武谒贺，帝皆抑而不受。丙申，突厥柱国康鞘利等并马而至，舍之于城东兴国玄坛。鞘利见老君尊容皆拜。道士贾昂见而谓同郡温彦将曰："突厥来诣唐公，而先谒老君，可谓不失尊卑之次。非天所遣，此辈宁知礼乎？"①

这段文字记述了大业十三年六月发生的一系列事件，有两点需要特别指出。

第一，李渊起兵之初，佛教人士也曾为其制造神异，俗姓李氏的僧人多次进献白雀，但李渊对此不感兴趣，"皆抑而不受"。不过，僧人的介入再次表明，道教以及老子此时尚未在李渊集团取得无可争议的"独尊"地位。

第二，老子引起李渊的兴趣，应当是在康鞘利拜老子之后。当时李渊与突厥结下盟约，共同对抗隋朝，始毕可汗令康鞘利率兵赴约。这段文字记载了李渊向康鞘利买马的经历，有学者认为，康鞘利拜老君是从政治上宣称对李渊的认同，也说明李渊附会老子已经获得成功。② 如前文所述，这一时期，老子在李渊集团中并没有显著的优势地位，康鞘利拜老子事之后，才让李渊意识到了老子在联结唐与突厥关系中的纽带作用。③ 故而，这件事情并非李渊崇奉老子带来的结果，更可能是其崇老的原因。

需要说明的是，李渊初起之时，实力尚弱，急欲结好突厥以为

---

① （唐）温大雅：《大唐创业起居注》，李季平、李锡厚点校，上海古籍出版社1983年版，第13页。

② 参见李刚《唐高祖创业与道教图谶》，《宗教学研究》1998年第3期。

③ 道教在突厥的传播与影响不容小觑，《旧唐书·突厥传》记载，唐玄宗时代，突厥毗伽可汗曾讨论他们是否需要造立寺观，最后因臣下谏称，"寺观之法，教人仁弱，本非用武争强之道"，遂作罢，但刘屹指出，这表明"突厥在与唐多年的交往中不仅接触了道教，并且道教对其上层人士也产生了一定的影响"。参见（后晋）刘昫等《旧唐书》卷一百九十四上，第5174页；刘屹《唐前期道教与周边国家、地区的关系》，载韩金科主编《98法门寺唐文化国际学术讨论会论文集》，陕西人民出版社2000年版，第782—783页。

援助，以至于史家素有"李渊称臣突厥"的议论。[1] 康鞘利拜老子，表明老子及道教可为李渊结交突厥提供一个新的支撑点，这恰是唐与突厥结盟的信仰桥梁。

当然，我们不能仅根据《大唐创业起居注》的记载，就断定这是李渊对道教的第一次利用。但这次事件，足以令李渊重新估计老子以及道教的价值。巴瑞特（T. H. Barrett）在叙述李渊崇道问题时，对道教在团结北方各族方面的价值也有类似判断，据其所论：唐朝崇道绝非偶然，选择道教对于唐朝这样一个源于北方的王朝而言，在意识形态（ideological）和文化问题方面都具有合理性。李渊与道教的第一次接触虽然有偶然性，但也很好地说明，在团结中国北方各族方面，道教这种中国本土宗教颇具潜力（potential）。[2]

三 温氏家族在"化胡说"中的发挥及其作用

贞观四年（630），唐朝消灭东突厥，颉利可汗被押送至长安，唐廷随之掀起了一场关于如何安置突厥问题的大讨论。这次讨论，温彦博、魏征、颜师古等一众朝臣都有参与。

在具体内容上，各派对于突厥安置区域，是否改变突厥风俗等问题存在分歧，但"化胡为汉"的基本主张是一致的。所谓"化胡为汉"，据《旧唐书·温彦博传》记载：

> 初，突厥之降也，诏议安边之术。朝士多言："突厥恃强，

---

[1] 如宋代范祖禹已经指出，李渊曾"称臣于突厥，倚以为助"[（宋）范祖禹：《唐鉴》卷一，上海古籍出版社1980年版，第1页]。陈寅恪研究温大雅《大唐创业起居注》时亦谓，"温氏用委婉之笔叙述唐高祖受突厥封号称臣拜伏之事，'始毕所送书信'即突厥敕封高祖为可汗之册书；'帝伪貌恭'即称臣拜伏之义"（陈寅恪：《论唐高祖称臣于突厥事》，载《寒柳堂集》，上海古籍出版社1980年版，第102页）。

[2] 参见 T. H. Barrett, *Taoism Under the T'ang: Religion and Empire During the Golden Age of Chinese History*, London: Wellsweep Press, 1996, pp. 21 – 22。中译本，[英] 巴瑞特：《唐代道教——中国历史上黄金时期的宗教与帝国》，曾维加译，齐鲁书社2012年版，第10页。

扰乱中国，为日久矣。今天实丧之，穷来归我，本非慕义之心也。因其归命，分其种落，俘之河南，散属州县，各使耕田，变其风俗。百万胡虏，可得化而为汉，则中国有加户之利，塞北常空矣。"①

在"化胡为汉"基础上，各派的不同观点在于，温彦博认为，突厥"怀我德惠，终无叛逆"，并且他们可以教化，只要"教以礼法，数年之后，尽为农民"②；魏征等人则强调夷夏之防，认为突厥不会顾及恩义，"难以德怀"③。最终，李世民接受了温彦博的意见。

此次处置突厥的讨论结果，代表了唐初处理胡汉关系问题的基本思路。相比传统的夷夏观念，"化胡为汉""教以礼法"等处理方针更接近李世民所谓的"爱之如一"思想。有学者认为，温彦博的方案能被李世民采纳并实施，"除了比较符合唐朝和突厥的实际情况之外，关键在于他的思想认识最符合唐太宗的口味，最接近唐太宗的真实想法"④。不难看出，温彦博、李世民思想的"口味"与道教所强调的民族团结观念暗合，而且，这种契合并非偶然。

温彦博（字大临）是唐初名相，与其兄温彦弘（字大雅）、弟温彦将（字大有）并称"三温"。温氏兄弟俱为"一时人物之选"，他们在李唐开国及唐初治理时期发挥了重要作用，李渊对温家的功劳给予过很高的评价，史载："武德元年，历迁黄门侍郎，弟彦博为中书侍郎，对居近密议者荣之。高祖从容谓曰：'我起义晋阳，为卿一门耳。'"⑤ 可见，在唐朝建立过程中，温氏一门发挥了举足轻重的作用。

值得注意的是，温氏家族中潜藏着深厚的道教信仰元素。以温氏兄弟而论，前文所述康鞘利拜老子事，其流传过程的关键环节即"道士贾昂见而谓同郡温彦将"，这件事经温彦将转达，才被李渊

---

① （后晋）刘昫等：《旧唐书》卷六十一，第2361页。
② （后晋）刘昫等：《旧唐书》卷一百九十四上，第5162、5163页。
③ （唐）吴兢：《贞观政要》卷九，上海古籍出版社1978年版，第275页。
④ 崔明德、马晓丽：《隋唐民族关系思想史》，人民出版社2010年版，第128页。
⑤ （后晋）刘昫等：《旧唐书》卷六十一，第2359页。

注意到。可以想见，道士贾昂与温彦将远非单纯的同郡关系，温家与道士过从甚密。不仅如此，"三温"中最年长的温大雅，其与道教的关系也十分值得关注。日本学者气贺泽保规分析了《创业注》中有关"白"的记载，得出了"《创业注》深受道教影响"这一重要结论。① 不过，气贺泽氏的论证思路略为曲折，他认为，《创业注》的成书离不开裴寂，同时，裴寂的思想与道教相关，这是强调裴寂在《创业注》与道教之间的中介作用。实际上，《创业注》中包含的道教因素，可以从作者温氏与道教的关系之中直接进行解读。

温氏一族的发展历程，是理解温大雅乃至"三温"道教思想的重要角度。太原温氏的始祖可追溯至西汉时期的温疥，其孙温何始居太原。太原温氏本是儒学家族，但其家族地位的提升与奉道密切相关。东晋初期，温峤南下，因参与平定王敦之乱，被封为建宁县开国公，后以功封始安郡公。正如田余庆先生所论，事功虽是家族地位提升的"充分条件"，由儒入玄则是一个"必要条件"。② 温峤南渡之后，所交游的江左家族多奉道教，温氏此时也有倾向道教的迹象，如温峤二子名放之、式之，按照陈寅恪所论，六朝人名中带"之"字，"是与宗教信仰有关"。③ 其实，若以名字而论，温峤表字太真，"太真"一词已经具有浓厚的道教色彩。温峤以后，温氏出色人物寥寥，史书中记载的事迹已不多见。不过，《新唐书·宰相世系表》对温峤之后的家族世系有简要记述。温峤侄子温楷在晋末"随桓谧奔于后魏"，这件事发生在刘裕灭后秦时，当时桓谧等人向北魏司徒长孙嵩请降。据《魏书·司马休之传》记载，"裕灭姚泓，休之与文思及德宗河间王子道赐，辅国将军温楷，竟陵内史

---

① 参见［日］气贺泽保规《〈大唐创业起居注〉的性格特点》，宋金文、马雷译，载刘俊文主编《日本中青年学者论中国史·六朝隋唐卷》，上海古籍出版社1995年版，第233页。

② 参见田余庆《东晋门阀政治》，北京大学出版社2005年版，第167页。

③ 陈寅恪：《天师道与滨海地域之关系》，载《金明馆丛稿初编》，生活·读书·新知三联书店2015年版，第9页。

鲁轨,荆州治中韩延之、殷约,平西参军桓谧、桓璲及桓温孙道度、道子,勃海刁雍,陈郡袁式等数百人,皆将妻子诣嵩降"①。温氏这一支北上之后,在北朝不断有仕宦经历,温楷兄长的孙子为温奇,曾任冯翊太守,"[奇]曾孙裕,太中大夫,生君攸"②,温君攸便是"三温"的父亲。温氏在晋末回到北方出仕,由于史料阙如,其家族在北朝时期的奉道情况如何,我们无从得知。

不过,温氏家族的经历,可与前文所引"姚伯多碑"中的姚氏家族相比较。学界对该碑的研究,揭示了晋末北上奉道家族中存在的若干现象,十分值得重视。刘屹曾对碑文反映的姚家世系进行细致解读,尤其是通过姚伯多先祖曾任"江夏太守"一职,断定姚氏曾在东晋为官③,据此,姚氏有可能属于北迁奉道世家。另如上文所述,"姚伯多碑"所反映的"化胡"思想,弱化了贬低夷胡的观念,并且,这种观念虽然在北朝社会流传,但能从更早的南方道经——《神丹经》卷下中看到端倪,这牵涉到南北方道教思想的交流与融合,与之相伴随的,是南方奉道家族的北迁。

根据以上分析,我们可以推测,姚氏家族迁居北地,将南方道教中的"化胡"思想元素带到了北方,这种强调华夷一体、同奉大道的"化胡"思想,在北方胡汉杂居的环境中,成为其家族站稳脚跟的有利因素。④ 恰如雷闻所言:"道教与家族的结合不仅是信仰的传承,更是一份利益的延续。"⑤ 正因这种道教观念为姚氏维持

---

① (北齐)魏收:《魏书》卷三十七,中华书局1974年版,第3册,第854页。

② (宋)欧阳修、宋祁:《新唐书·宰相世系表》,中华书局1975年版,第9册,第2661页。

③ 参见刘屹《5、6世纪之交南北道教的交汇——以"姚伯多碑"为中心》,载《神格与地域:汉唐间道教信仰世界研究》,第291—292页。

④ 刘屹曾强调"化胡说"的南北差异,他认为,"老子化胡说"在戎狄过半的关中,具有"安抚各族、同心奉道"的作用,在南方道教中,则用来"为道教吸收佛教教义制造合理前提"。因此,"包容性化胡思想"的北方传统,亦不容忽视,但目前的证据,更多指向了这种"化胡"观念的南方渊源。参见刘屹《寇谦之身后的北天师道》,《首都师范大学学报》(社会科学版)2003年第1期。

⑤ 雷闻:《碑志所见的麻姑山邓氏——一个唐代道教世家的初步考察》,载荣新江主编《唐研究》第17卷,北京大学出版社2011年版,第67页。

社会地位乃至增进家庭和睦提供了方便，他们有理由将此信仰传承下去，"姚伯多碑"的凿刻就说明，他们家族希望赓续这种信仰。

无独有偶，刘凝之家族的迁徙历程也与之类似。刘凝之本是南朝宋之起部郎，刘宋灭亡后，逃奔北魏，北魏皇帝为其赐姓，遂为员氏。因此，员氏也有从南朝出奔，并入仕北魏的家族背景。并且，刘凝之名中带"之"字，这或许暗示了其与道教的渊源。尤为值得注意的是，刘凝之十世孙为员半千（621—714），他一度受到武则天赏识，万岁通天元年（696），因僧惠澄上言乞毁《老子化胡经》，武则天敕令刘如璿、张思道、员半千等八学士，对《老子化胡经》真伪问题进行讨论。八人根据史籍记载，全部肯定《老子化胡经》的真实可靠，并强调二教洪通、不应有异。如刘如璿议状强调："李、释元同，未始有异，法身道体，应现无方，降迹诞灵，各行其志。"① 员半千的说法，记载简略，亦当与之类似。此外，员半千与北方楼观道关系匪浅，他曾为楼观道宗师尹文操撰写碑文，即《尹尊师碑》。② 众所周知，楼观道是坚持"化胡"观念的主要教派。

从地域迁徙、仕宦经历和宗教信仰来看，姚氏、刘（员）氏与温氏有着近似的家族史。因此，温氏家族所传承的道教观念，当与姚、刘（员）家族的信仰接近，其对"化胡说"作用的理解亦当相似。不难想见，有着更高地位、更复杂社会关系的温氏家族，对这种道教观念会有更广阔的发挥空间。若如是，我们就可以理解，为何在唐初的道教、老子、民族关系这些议题之中③，都会出现温氏兄弟的身影，并且他们往往在通往更为包容性的民族关系中，发挥着至为关键的作用。

---

① （唐）刘如璿：《不毁化胡经议》，载（清）董浩等编《全唐文》卷一百六十五，中华书局1983年版，第1681页。另参见（宋）谢守灏编《混元圣纪》卷八，《道藏》第17册，第859页上。

② 参见（唐）员半千《大唐宗圣观主银青光禄大夫天水尹尊师碑》，载（清）董浩等编《全唐文》卷一百六十五，第1684—1686页。

③ 行文至此，我们可以猜测，在前述康鞘利拜老君事件中，温彦将作为在场的关键人物，曾对整个事件有所推动。

"老子化胡"思想与7世纪唐突关系

另外需要说明的是，在温氏家族发挥"化胡"观念作用时，李世民对道教的态度，是决定性的因素。在唐朝建立的过程中，李氏集团汇集了许多道士及有道教背景之人。① 唐初二帝共同奠定了李唐崇道的方向，不过，以对道教的尊奉态度而言，两人亦当分而论之。如在前述"霍山之神"事件中，《创业注》记载："［七月］甲子，有白衣野老，自云霍太山遣来，诣帝请谒。帝弘达至理，不语神怪，逮乎佛道，亦以致疑，未之深信。"② 此外，前述老君在龙角山的几次化现，同样是经李世民之手，然后才有李渊"征其二异，授善行朝散大夫，命舍人柳宪往祠焉"③。宋人赵明诚曾有论曰："老子其生以清净无为为宗，岂身没数千岁而区区为人称述符命哉？盖唐太宗初起，托以自神，此陈胜所谓卜之鬼者也。史臣既载之于《实录》，明皇又文之于碑，遂以后来为真可欺罔，岂不可笑也哉！"④ 赵明诚将李渊集团崇奉老子的倡导者归于李世民，是很有道理的。

李世民对宗教神异有较强的信奉意愿，于道教尤甚，甚至他的治国理念都有意向老子靠拢。贞观十一年（637）二月，李世民下《道士女冠在僧尼之上诏》，其文略云："老君垂范，义在于清虚。释迦遗文，理存于因果。详其教也，汲引之迹殊途。求其宗也，驰益之风齐致。……朕夙夜寅畏，缅惟至道，思革前弊，纳诸轨物。况朕之本系，起自柱下，鼎祚克昌，既凭上德之庆；天下大定，亦赖无为之功。"⑤ 诏书中说，佛道二教殊途同归，都具有"兴邦致泰"的功用。老子作为李世民本系祖先，不但能保佑唐朝"鼎祚克

---

① 日本学者宫川尚志研究指出，李渊集团早就吸纳了一批在北齐朝廷不得志的道士。参见［日］宫川尚志《六朝史研究·宗教篇》，京都：平乐寺书店1964年版，第179页。
② （唐）温大雅：《大唐创业起居注》，李季平、李锡厚点校，第23页。
③ 武德初期，李渊对老子的态度颇值得玩味。据前引《纪圣铭》记述，武德三年（620），李渊仅仅"命舍人柳宪往祠焉"。但据道经《混元圣纪》记载，武德三年春，李渊至楼观拜谒老君时已宣称："朕之远祖，亲来降此，朕为社稷主，其可无兴建乎？"这段记载正史未见，对比之下，《混元圣纪》中李渊积极崇奉老子的态度较为可疑。不过，李渊尊崇老子的态度虽未如李世民积极，但也是主要的参与者。
④ （宋）赵明诚：《金石录校证》，金文明校证，上海书画出版社1985年版，第476页。
⑤ （宋）宋敏求编：《唐大诏令集》卷一百一十三，第587页。

昌",其"无为之功"对治理天下也有裨益。李世民在位时,曾出家为道的魏征多次为李世民出谋划策并得以采纳,其中许多方略含有老子清静无为等思想。① 因此,当李世民接触到温氏家族所传承的"老子化胡"思想,自然更容易服膺此说并付诸行动。②

综而论之,中古时期的人口流动对信仰变迁起到了重要的促进作用。③ 中古奉道世家的地域迁徙与地位沉浮,无不牵动着道教思想的传播度与影响力。温氏家族是中古奉道家族中具有能力且非常幸运的一支,其族人伴随着唐朝的崛兴进入了国家权力中枢,在温氏的熏染之下,道教"老子化胡说"为唐初二帝尤其是李世民所接受。

四 结语

自敦煌本《老子化胡经》重现,长期以来,学界对"老子化胡说"的研究,基本将其作为历史传说,抑或作为佛道斗争的焦点进行考察。如汤用彤在王维诚《老子化胡说考证》一文的审查书中,开篇便写道:"老子化胡乃妄人所伪造之故事。然其在中华佛教历史上,实有甚重大之关系。"④ 但是,以山田利明、刘屹为代表的学者提出了"化胡经系""化胡经类"的说法⑤,此指以老子

---

① 参见卿希泰《中国道教史》第2卷,四川人民出版社1996年版,第44—47页。
② 温氏家族尤其是温大雅深受李渊信任,温大雅《创业注》也主要站在宣传李渊的立场上,甚至有学者据此判断《创业注》的成书时间(参见[日]气贺泽保规《〈大唐创业起居注〉的性格特点》,宋金文、马雷译,载刘俊文主编《日本中青年学者论中国史·六朝隋唐卷》,第219—220页)。但是,李世民发动玄武门之变夺位,温氏却选择了加入,实际上是背叛了李渊。或许,李世民易受道教影响,是令奉道的温氏家族选择他的原因之一。
③ 参见韩吉绍《中古人口迁徙与买地券信仰》,载汪桂平主编《中国本土宗教研究》第5辑,社会科学文献出版社2022年版,第31—68页。
④ 汤用彤:《〈老子化胡说考证〉审查书》,《国学季刊》1934年第4卷第2号。
⑤ 参见[日]山田利明《老子化胡经类》,载《讲座敦煌》第4卷,东京:大东出版社1983年版,第97—118页;刘屹《敦煌十േ本〈老子化胡经〉残卷新探》,载荣新江主编《唐研究》第2卷,北京大学出版社1996年版,第101—120页;刘屹《神格与地域:汉唐间道教信仰世界研究》,第317页。

化胡为背景衍生出的系列道经。如同《老子化胡经》文本呈现出的复杂性一般,"老子化胡说"也具有十分复杂的思想形态,本文所揭示"包容性化胡思想",即其中一端。

要之,中古时期的"老子化胡说",处于宗教、族群、政治、家族、地域等广泛的关系网络之中。在唐朝建立过程中,强调民族包容的"化胡"观念,通过温氏家族的传递及引导,受到唐朝统治者接纳,并付诸实践,最终反映在了7世纪唐突关系及对外政策之中。

江西梦山多元融合的文化特征

欧阳镇

摘　要：本文重点论述梦山宗教文化多元融合的特征，并深入分析这一源于民间信仰的特色的形成与演变，以及逐步与传入的佛教、道教等交汇和融合，最终形成了宗教文化多元融合的格局。这不仅体现中国传统文化的包容性，而且也彰显宗教中国化的方向和道路。

关键词：梦山；宗教；民间信仰；佛教；道教

作者简介：欧阳镇，江西省社会科学院哲学研究所研究员（江西南昌330077）。

梦山，原名狮子峰，东晋时改名为罕王峰，后因"梦娘娘"托梦灵验而得名梦山。此山地处南昌市郊新建区梦山湖畔，距市区三十公里，至今已有一千余年的历史，在历史的演变中，梦山逐渐形成了自己独特的宗教文化。其宗教文化特色，不仅使自身成为民间信仰，而且与佛教、道教等都具有千丝万缕的联系，最终形成了宗教文化多元融合的格局。

一 民间信仰的起源与演变

该民间信仰的起源，与刘护及其母亲罗氏有关。炎兴元年（263），蜀汉为晋所灭，蜀主刘禅向魏国司马氏投降，刘禅的儿子刘谌不愿做亡国奴，愤而自杀，其妻罗氏携子刘护从四川逃亡到江西洪州（今江西省南昌市）的狮子山（今梦山），见山势险要，就依山结寨踞守，居住下来。罗氏见天下大势不可逆转，劝子归晋。后刘护被封为广惠王，母亲封协庆夫人。

太康元年（280），晋灭东吴，余党败逃梦山与山贼勾结，烧杀抢掠，民受其害。刘护率军进剿，在平灭藩沅寨草寇的决战中，亲率数百士卒冲向山下与敌激战，坐骑被乱箭射伤，人被劈于马下。敌首将也被射死。时当午，双方仍殊死拼搏，尸横遍野，寨寇被平灭，刘护也被割了头。之后乡民为祭祀为民除害而被割了头的刘护，便在刘护驻地上建立"泽头庙"，取恩泽头领和纪念他被割了头之意。庙房为两进砖木构筑，后面建有守庙道人住膳房。主房后进坐有刘护的塑像，塑像安上了铁头，常有三四道人守奉，乡人并定农历每年初二日为庙会日，届时四方民众汇聚于此，烧香祭祀，交易娱乐，热闹非常。

因刘护平叛有功，后被东晋司马政权追封为罕王，赐所驻山峰为罕王峰，后人建"罕王庙"。关于罕王庙的建造缘由，按剑南节推、华林胡晋侯所述《新吴吴汉二帝庙》云："蜀先主领荆州牧，吴有豫章，因同往来，而庙祀之。至王之父，以国并于晋，遂居奉祀，而王因为豫章西山人。怀、愍时，寇氛肆毒，义师失援，王之兄弟父子，率其将何塘等，一乃心，扬乃戈矛，以刘厥敌，佐晋中兴，有功于朝廷也甚大，而有惠于吾民也甚厚。元帝颁敕祀之，封王广惠、广顺，封子孚应、庆善、昭利三侯。里众追思其靖难之功，历春秋，无少长，祀之。以水旱祷者应，以疾祷者应，以祈嗣、进取祷者应，若卜蓍罔不是孚，是王之英灵丕著于建武间者。

至今炳炳烺烺，所谓以劳定国，有功于民，则祀之者非耶？"① 罕王庙建在梦山最高峰顶之上，庙内祀三王偶像，正中为罕王刘护，铜头铁面，金甲锦袍，头戴三山冠，手持七星剑。左为其舅英毅王罗铿，右为其弟广顺王。还有他三个儿子应孚、应善、应利的塑像。庙前下方五十米处有石刻把门将军何唐、李发二人石像。何、李均为罕王当时之神将，眼下却成了两位看门山神。对此，苏海琼、金春生在《给两位看门山神》中作了生动的描绘：

  披盔戴甲，握刀持枪，一个立在左，一个立在右，神态庄严，分兵扼守着通往石室和罕王殿的山门关卡。
  啊！看门山神，从古至今，你可真正镇守住了雄关险隘吗？放过去多少虔诚的香客？可也放过去狡黠的魅魑魍魉！
  你在陪守着一个不死的山魂——罕王！
  我们来了，我们向二位看门神致敬！②

  刘护的母亲罗氏因为以山果给士卒充饥，使士卒安眠入梦有功而被称为梦娘娘。从此，便有了"梦娘娘"信仰，这种民间信仰也开始在附近广泛流传开来。相传"梦娘娘"托梦十分灵验。朱轼曾作有：彼梦谁先觉，此山神最灵。南宋宝祐元年（1253），奉新县举子姚勉赴临安赶考，夜宿罕王庙，巧得好梦，得梦刘母授"片犬肉置于一兀之上"，实为"状元"二字，当年果然金榜题名高中了状元，就专程来梦山拜谢梦娘娘，并捐资造庙，供奉刘母罗氏，内置刘母罗氏塑像，遂取名"梦娘娘庙"（庙里原有一栋求梦的小屋，内备床榻，供求梦者睡眠之用）。此后不远千里前来求梦的人很多，声誉日盛，香火终年不断，"梦娘娘"信仰遂得以广为传播。对"梦娘娘"的赞誉之词也见诸文字，如："梦山娘娘——罕

---

  ① （清）杨周宪修，赵日冕等纂：《[康熙]新建县志》，载《中国方志丛书》，台北：成文出版社1989年版，第889—890页。
  ② 苏海琼、金春生：《给两位看门山神》，载《南国文丛·彩色的春天》，延边大学出版社1999年版，第80—81页。

王之母，多少朝啊多少代，你避开尘世，隐居深山，招徕着万千香客，络绎不绝，前来登山焚香顶礼膜拜……山巅上终年檀香四溢，绣金帷中甜梦沉沉……"① 还有熊术忠写的《七绝·游新建县梦山》有："择日爬梯上梦山，晴空万里树林间。翠峰望月亭楼阁，石庙娘娘应众攀。"②

由以上记叙可见，民间信仰的载体，由最初的"泽头庙"到"罕王庙"，最后演变到"梦娘娘庙"。载体的发展变化，说明这种民间信仰是一种多神信仰，而且这种多神信仰的主体也是不固定的。

二　民间信仰与佛教的融合

佛教自汉代传入中国后，就与当地的文化融合，尤其是佛教与民间信仰的融合较为典型。南北朝梁代天监初年，和尚李月鉴来梦山结庐，了解到这里的历史，认为罕王母子就是地方神，可以保佑当地的民众，遂报请江州都督王茂，要求当地官员为罕王母子建庙塑像，这既是梦山建造罕王庙和梦娘娘庙之滥觞，也是民间信仰与佛教具有融合性的具体表现。关于这一点，在今人的叙述中也可看出。在一篇梦山的游记中这样写道："'望月亭'向前，又上60级台阶，在路的两边各竖立了一块石碑，分别彩塑了刘、李两位将军像。刘将军，即罕王刘护，其两边的对联为：'剑劈蛮夷寇，永镇罕王峰。'李将军，其实是和尚李月鉴，他在南北朝梁武帝天监初年，来梦山结庐，曾报请江州都督王茂为刘护建庙塑像。他两边的对联为：'庙貌昭千古，威灵佑四方。'"③ 在这里，就将民间信仰的罕王刘护与佛教人物李月鉴并列摆放，他们和平相处，共同护持梦山。

民间信仰与佛教的融合也表现出两者之间具有共同的元素。明末清初新建人，曾被文学大家钱谦益称为"圣医"的医学家喻嘉

---

① 苏海琼、金春生：《山巅石室》，载《南国文丛·彩色的春天》，第80页。
② 熊术忠：《七绝·游新建县梦山》，《老友》2013年第10期。
③ 程宗锦：《青山吟——江西山川游》，百花洲文艺出版社2000年版，第206页。

言，既是清代著名医学家，又是佛教人士，有自儒而禅，自禅而医的经历，而且与梦山颇有渊源。喻嘉言曾来梦山朝庙，并一次连住三宿。在此期间，"一日，与友人游于本里梦山而卜之。翌日，卜者问曰：'先生昨夜何梦？'对曰：'右手扶筇，左手挽篮，长吁要饭乎！要饭乎，要满了荷叶与莲蓬，此属吉属凶，愿先生教我。'卜者曰：'荷与篮即是河南。莲者花也，蓬者果也。先生若赴河南，果满功圆，定展宏图。'嘉言莞尔一笑，全不介意"①。数载之后，果寓于开封。遇奇病，开奇方，显奇技。从这段记叙，可以肯定他对这里有一定的好感，同时也说明，他不仅与这里的常住人员（即推行民间信仰的信众）在信仰上具有某种共同的因素（即中国传统文化），而且能够认同民间信仰的理念和价值。所有这些，都表明民间信仰与佛教已有一定的融合。

民间信仰与佛教的融合也体现在诸多诗词和实物中。这种诗词很多，不妨列举两首：一首是清代欧阳愈的《梦山祈梦》：

> 年年祈梦梦相通，此日游时梦正同。
> 村落烟霞图画里，禅房松竹翠微中。
> 盘林老鹤随僧立，围寺幽花映袂红。
> 异日重来钟磬地，应将佳兆寄姚公。②

另一首是清代欧阳桂的《与门人萧翰，同恕、愈诸儿游梦山》：

> 当年异兆羡姚公，寺院沉沉曲径通。
> 茅屋人居红树里，柴门僧住白云中。
> 金钟不改前朝字，石室犹存晋代风。
> 啼鸟唤醒今古梦，题诗几见碧纱笼。③

---

① 徐美春：《临床医话》，新建县老年科学技术工作者协会卫生分会 2014 年版，第 184 页。
② 曾志毅主编：《新建景观诗选》，政协南昌市新建区委员会 2016 年版，第 155 页。
③ （清）欧阳桂：《西山志》卷一，清乾隆三十一年（1766）刊本，第 12 页。

这两首诗词都明显地表达出民间信仰梦文化与佛教是相当和谐的。

梦山现存的实物，也可说明民间信仰与佛教的融合。光绪七年（1881）秋月吉日，提督军门内河统领孙昌国修立"梦山古寺"匾，这就充分证明民间信仰与佛教在清代是并存的。1987年，梦山寺增建牌坊山门、登山石阶、风雨亭及罕王庙，明代石室改奉"梦娘娘"。在石室西侧又修建一座面积为60平方米的观音堂，内供观世音瓷像。这也肯定了民间信仰与佛教的融合已得到当代梦山深处的有识之士的认可。

三 民间信仰与道教的融合

民间信仰与道教的融合，从梦山出现的道教宫观，以及许多修道有成的道教人物就可洞察出来。

隋仁寿二年（602），梦山建有天宝观，洞门有石泉，状如玉帘。

唐宪宗时，进士"栖真子"施肩吾弃官不就，隐居梦山一带。他常爱登览罕王峰，发现罕王峰后有一天然石洞，经加工修建，仅可容一人蹲坐，常来坐读，便在此修道多年，因名"施肩吾石室"（亦称"梦山石室"）。施肩吾在梦山道成之日作诗曰："重重道气结成神，玉阙金堂逐日新。若数西山得道者，连予便是十三人。"[①]这是自称为西山（即梦山）得道的第十三人，此后他在哲学思想及修持方法上均有所造诣。清代欧阳澄有《过施公石室》：

施公山畔结茅庐，竹映前溪花映居。
石室身栖忧世浊，神仙曾读圣贤书。[②]

宋朝"华阳子"施肩吾在梦山修道，撰写了《西山群仙会真记》，

---

① （清）彭定求等编：《全唐诗》卷四百九十四，中华书局1960年版，第5591页。
② 张启予、余龙超选辑：《梅岭古诗文选》，南昌市梅岭风景区管理局，上册，第445页。

最终完成了对道教养生术的总结。此外，据旧志载，宋时曾遣使在梦山天宝洞投过金龙玉简，以及南宋理宗淳祐年间，在梦山兴建萧仙观（又名凤台观，道教宫观），题名"凤台仙府"。

元代，地理学家、道教徒朱思本晚年在梦山的修道成就，南昌新建县的新庵里摩崖石刻有较详细的记载。

明代，净明道中的朱真人宁王朱权曾在梦山大张旗鼓地弘扬道教文化。朱权自认是上天南极星座的一位神仙下凡，故自号"南极冲虚妙道真君"，又自称大明居士、涵虚子、丹丘先生、南极遐龄老人、臞仙。他对梦山情有独钟，在这里开展两项大工程：一是建造南极长生宫，二是完成了道家炼丹的著作《庚辛玉册》。

永乐元年（1403）二月，改封朱权于南昌后，隐逸修道，逍遥自在。同年十月，所建南极长生宫破土奠基。两年后，南极长生宫建成，胡俨所撰《敕赐南极长生宫碑记》对南极长生宫的整体规模记载如下：

> 前殿曰"南极"，后殿曰"长生"，左曰"泰元之殿""冲霄之楼"，右曰"璇玑之殿""凌汉之楼"。"长生"之后是为"寿星阁"。阁前置石函，以记修真之士六十年之期，遂于遐龄峰顶建"飞升台"，以俟辨举者。宫之前曰"遐龄洞天"，中门曰"寿域"，宫之门曰"敕赐南极长生宫"，宫门之外有"醉亭"，以为群真乐道燕享之所。阁之左有园室焉，以居云游修真之士。又筑神丘于宫之侧，萧仙坪之下。而宫之制，地位高明，规制宏敞，美哉轮奂，超出尘氛。近拱以层峦，遥挹乎飞翠，金芝瑶草，远迩苾芬，白鹤珍禽翱翔上下，灵光发舒，隐见莫测，诚所谓仙真之窟宅，灵秀之攸钟也。[1]

需要说明的是，南极长生宫内还供有南级（极）仙翁和老子、庄子及鹤鹿偶像。此后，朱权很少居王府，每年大部分时间来此宫中长

---

[1]（清）欧阳桂：《西山志》卷八，清乾隆三十一年（1766）刊本，第18—19页。

住。或纵情山水，或研习道经，或修炼气功，或鼓琴唱歌，或编导杂剧。目前，南极长生宫遗址上已经栽满橘子树和各种庄稼。只有石华表一对还在。华表高6.9米，每面宽0.26米。顶端有石狮，表柱六面均刻有道家符箓。北侧的一幢刻有"紫清降福天尊永劫宝符"十字，符下又有文云："此宫之作，因南极降灵。今建是宫，为生民祈寿。于是奉闻大廷，敕封南极长生宫，上祝圣寿万年、宗支悠久。"南侧的一幢，刻"青华文人护世长生真符"，符形下刻文曰："皇明天历正统岁在壬戌十二月十六日，南极冲虚妙道真君主永镇是宫，与天长存。"

朱权著作《庚辛玉册》从思想观念上全面阐述了道家和道教，具有很高的思想理论水平。其他著作还有数十种，其中关于音乐、戏曲者，有《琴阮启蒙》《神奇秘谱》《太和正音谱》等；有关杂剧者十二种，现存《大罗天》《私奔相如》两种。这些作品和论著都表现着深厚的道家思想。此外，朱权还将施肩吾石室进行加工修建，使其成为全用岩石抬梁仿木结构的建筑。后人雕朱权石像置于室中，以示纪念，故又有人称此为"朱权石室"。与此同时，还将罕王母亲罗氏，即所谓"梦娘娘"的塑像安放于内。

无独有偶，孔常桂也来梦山修道有成。孔常桂，号玄微，明末山东曲阜人，孔子六十七代裔孙。后闻江西西山天宝洞是当年许真君和吴真人精修至道之处，心驰神往，遂持杖来游。因爱天宝洞环境清幽，而终日兀坐松下，静悟玄机。孔常桂平日以种养灵芝自娱，或与徐守诚、周德锋等众弟子在天宝洞日夜讲读经典，研究净明忠孝之道、降真辟邪之说，同时参悟玄功。一日恍然省悟，飘然羽化。徐守诚赞玄微孔真人诗曰：

芝术仙翁，曲阜世宗。巍然在上，坐石倚松。
万派千流，孤月心同。南怀丹药，西遇道风。
龙沙应谶，复回楚中。汉阳丹熟，时御六龙。[①]

[①] 曾志毅主编：《新建县历史人物选》，江西教育出版社2012年版，第186—187页。

清顺治（1638—1661）时，有当地豪绅倡议，请求游仙乡上、下两保的人民群众，相率捐钱修理罕王庙。并于石室右侧，又创建前后两栋道观。

从上述可见，梦山的民间信仰，不但不排斥道教，相反却有助于道教人士的修道成就。这也充分说明民间信仰与道教完全可以融合。

前面所论民间信仰与佛教、道教可以融合，那么梦山的佛教与道教是否也可融合呢？答案是肯定的。宋代王十朋的《游萧峰》：

蜡屐穿云去，山深喜路通。
人家烟色里，古寺水声中。
金溅星犹在，丹成灶已空。
吹箫人不见，台下想仙风。①

在这里，就将佛教"古寺"和道教"丹灶"的和谐景致刻画了出来。明初宁王朱权，虽信道教，却常到梦山庙中与和尚唱和诗词；朱权死后，和尚还把罕王庙后的施肩吾石室进行重修，并立朱权石像于内，以示纪念。清代文廷式写出这样的诗句："有问直须弥勒答，此情唯许漆园知。"② 所有这些，都彰显出梦山的佛教与道教是十分融合的。

如今，梦山的香火很旺盛，每年农历九月初一，附近乡民纷纷前来朝拜和祭祀。他们不仅朝拜梦山寺中的灵应寺诸佛和菩萨，而且祭祀罕王、梦娘娘和朱权像等，"魁星阁"里面曾设了六个展厅，分为经堂、观音阁、梦娘娘殿、罕王殿、众仙境、潘源寨。这些都充分说明，民间信仰与佛教、道教在这里皆得以弘扬，展现了不同文化之间和谐共处的太平景象。

---

① （清）陈焯编：《宋元诗会》卷三十九，载《四库提要著录丛书》集部，北京出版社 2010 年版，第 322 册，第 389 页。

② （清）文廷式：《文廷式集》，中华书局 2018 年版，第 1835 页。

北属时期越南金石铭文中的道教信仰

宇汝松

摘　要：北属期间是道教传播越南的黄金时期。学界对此研究基本上都局限于传世文献。近年来，事关这一时期的道教考古资料时有新发现，如晋宋时期的陶璜碑与道教城隍信仰有关；《白鹤通圣观钟记·赵公记》、天威径新凿海派碑分别事关唐朝时道教与越南地方神灵的融合，以及道教法术在越南的传播；五代十国时期的日早古钟铭与越南民间道教组织生活有关等。对北属时期越南金石铭文中所涉道教信仰的研究，一方面可以为这一领域的研究不断开辟新的资源，另一方面亦必将促进这一领域的研究不断深化与升华。

关键词：越南；北属时期；田野；碑刻；道教

作者简介：宇汝松，山东大学历史文化学院副教授（山东济南250199）。

越南历史上的"北属时期"是指10世纪60年代以前，越南作为中国郡县，长期处于中国封建王朝的辖制之下。目前，学术界关于越南"北属"终结的时间点并不统一，主要有两种观点。一是以越南唐林人吴权自立称王的 939 年为准，如张秀民、黎文休及《越南汉喃铭文汇编》等。① 二是以 968 年，华闾洞丁部领平定宇内，建国"大瞿越"为准，如黎正甫、吕士朋及越南官修《大越史记全书》等。② 本文所言的"北属时期"以后者为准。

道教是荟萃中国传统文化而成的唯一本土宗教，最能体现中华文明的内在特质及广大民众的信仰需求。道教自汉顺帝（126—144 年在位）年间创立以后，即伴随着汉唐盛势，在周边的"汉字文化圈"不断传播。千余年的北属历史是道教在越南传播最为便利、影响尤为深广的黄金时期。

国内关于越南道教的研究，起步较晚，成果有限，研究的资料来源基本上都局限于单一的传世文献。近年来，随着越南北属时期的考古新发现，以及相关金石铭文的相继结集出版，越南道教研究有了全新的物化资料来源。目前，越南事关北属时期道教信仰的金石铭文主要有：3—4 世纪的清怀村陶璜碑、《白鹤通圣观钟记》所载 7 世纪中期的《赵公记》、9 世纪晚期的天威径新凿海派碑，以及 10 世纪中期的日早古钟铭等。

---

① 张秀民认为，"自汉元鼎六年（前111）至五代天福四年（939）"，为越南历史上的"北属时代"。（张秀民：《中越关系史论文集》，台北：文史哲出版社 1992 年版，第 2 页）黎文休认为，吴权大败南汉、拓土称王几乎可以视为越南国统的复续。（参见［越］吴士连著，陈荆和编校《大越史记全书》，东京：东京大学东洋文化研究所附属东洋学文献セこタ一刊行委员会 1984 年版，第 172 页）《越南汉喃铭文汇编》据此观点，将乾和六年（948）的日早古钟铭排除在"北属时期"之外。（参见［越］潘文阁、［法］苏尔梦主编《越南汉喃铭文汇编》第 1 集，巴黎：法国远东学院、河内：越南汉喃研究院 1998 年版，第 59 页）

② 黎正甫与吕士朋都提及后周太祖显德元年（954），吴权次子，南晋王昌文（中国史书称之为昌濬）遣使臣服于南汉，南汉中宗刘晟（920—958）、后主刘鋹（942—980）均封其为静海节度使。（参见黎正甫《郡县时代之安南》，商务印书馆 1945 年版，第 112 页；吕士朋《北属时期的越南》，台北：华世出版社印行 1977 年版，第 143 页）吴士连《大越史记全书》云，"甲寅四年（954），天策王（吴昌岌）薨。王（吴昌文）复位"，"遣使请命于南汉主刘鋹。鋹以王为静海军节度使兼都护"。（［越］吴士连著，陈荆和编校：《大越史记全书》，第 174 页）《大越史记全书》说此年的南汉主刘鋹应为刘晟，因为刘鋹即位是在刘晟去世后的 958 年。

一 陶璜庙碑与陶璜城隍神信仰

2013年年底，越南北宁省顺城县清姜社清怀村庙发现一通双面刻字的石碑，题名为"晋故使持节冠军将军交州牧陶列侯碑"。碑为圭首，高198厘米，最宽处为98厘米，厚15厘米。碑阳刻有"建兴二年九月"（"建兴"为晋愍帝年号，即314年）；碑阴刻有"元嘉二十七年"（"元嘉"为南朝宋文帝年号，即450年）。石碑风化严重，碑文总计27行，但文字大多残泐难识。碑主为吴晋时期交州刺史陶璜，碑文记述了他的生平与所立之功绩。[①]

关于陶璜的生平和事功，《晋书·陶璜传》说，陶璜，字世英，丹阳秣陵人。父基，吴交州刺史。建衡元年（269），时任苍梧太守的陶璜与监军虞汜、威南将军薛珝等吴方将士从建安海道进击交阯，与晋展开了交州争夺战。此后，吴因用璜为交州刺史。璜有谋策，周穷好施，颇得人心。吴主孙皓又以璜为使持节、都督交州诸军事、前将军、交州牧。孙皓降晋后，手书遣璜归顺。璜流涕数日，遣使送印绶诣洛阳。晋武帝诏复其本职，封宛陵侯，改为冠军将军。璜"在南三十年，威恩著于殊俗。及卒，举州号哭，如丧慈亲"。后来，其子陶威亦被州人迎为刺史；陶威弟陶淑、儿子陶绥也都相继任过此职。《陶璜传》说："自基至绥四世，为交州者五人。"[②]

陶璜碑文第三行刻有"苍梧太守封丹杨侯扶临……"等文字，表明陶璜在苍梧太守任上，因功还受封过丹杨（阳）侯，而《陶璜传》等史籍未载此事，故碑文有补正史阙载之功。

镇守交州的陶氏乃南朝著名道士陶弘景的先祖，亦为六朝时期声名显赫的奉道世家。《华阳隐居先生本起录》说，陶弘景"七世

---

① 参见［越］丁克顺、叶少飞《越南新发现"晋故使持节冠军将军交州牧陶列侯碑"初考》，载刘迎胜主编《元史及民族与边疆研究集刊》第30辑，上海古籍出版社2015年版，第3页。

② （唐）房玄龄等：《晋书》卷五十七，中华书局1974年版，第1558—1561页。

祖濬，交州刺史璜之弟，仕吴为镇南将军，封句容侯，食邑二千户，与孙皓俱降晋，拜议郎散骑常侍、尚书"①。陈寅恪认为，六朝期间的士大夫表面上儒道兼宗，而其世家"安身立命之秘，遗家训子之传"却是道教。陶氏世代乐守交州，恐与其世家内在的道教情怀有关，因为交州富产仙丹灵药，以及邻近滨海，宜为道教徒炼养和仙居。陈寅恪说：

> 东西晋南北朝时之士大夫，其行事遵周孔之名教，言论演老庄之自然。玄儒文史之学著于外表，传于后世者，亦未尝不使人想慕其高风盛况。然一详考其内容，则多数之世家其安身立命之秘，遗家训子之传，实为惑世诬民之鬼道，良可慨矣。
>
> 是陶氏一门与南部滨海之地关系至切。匪独陶氏如是，即鲍靓、葛洪，及孙泰、卢循诸人亦莫不然。岂交广二州之区域不但丹砂灵药可为修炼之资，且因邻近滨海，为道教徒众所居之地。以有信仰之环境，故其道术之吸收与传授，较易于距海辽远之地域欤？②

陶氏热衷交州的道教情结和世家奉道的虔诚信仰于此可窥一斑。陶璜因功勋卓著、深得民心，卒后即享受州人的建庙祭祀。碑阴所刻铭文即与此有关，主要包括两大事项。一是时任交州刺史建威将军兰陵萧使君（萧景宪）嘉颂陶璜的功德，对年久失修的陶璜庙颁发修缮庙宇、祭祀陶璜的官方政令，并委派办事员王法龄于元嘉二十七年（450）十月十一日前往宣读。二是该年十二月，负责陶璜庙监修事务的西曹书佐陶琎（应是陶璜的后裔）在陶璜庙修复完成之后，刻文铭记萧使君的明德。③

---

① 《道藏》，文物出版社、上海书店、天津古籍出版社1988年版，第22册，第730页。
② 陈寅恪：《天师道与滨海地域之关系》，载《金明馆丛稿初编》，生活·读书·新知三联书店2001年版，第44、36页。
③ 参见［越］丁克顺、叶少飞《越南新发现"晋故使持节冠军将军交州牧陶列侯碑"初考》，载刘迎胜主编《元史及民族与边疆研究集刊》第30辑，第8页。

北属时期越南金石铭文中的道教信仰

后来,世家奉道的陶璜,又被清姜社清怀村奉为城隍神。"城隍"本为防守城池的护城河,后来引申为保境安民的地方守护神。唐代时,道教把城隍神纳入其信仰体系之中,各地城隍庙皆归道教管辖,并多由道士住持。① 《太上老君说城隍感应消灾集福妙经》曾概括城隍的神职为:代天理物,剪恶除凶,护国安邦,普降甘泽,判定生死,赐人福寿。其属下有十八判官,分掌人之生死疾疫、福寿报应等事。② 在道教神系中,城隍"几乎成了代替元始天尊、玉皇大帝管理下界苍生的'特命全权大使'"③。

至迟在唐代,道教城隍信仰传入越南。唐穆宗(820—824年在位)时,安南都护李元嘉因当地百姓虔信苏沥江神苏百,而奏请朝廷封其为城隍神。唐末高骈坐镇安南时,又奏请封其为"都府城隍神君"。④ 唐代以前,城隍神主要为自然神;"唐以后,城隍神人格化,人鬼合二为一,大多是古代或不久前已故的人"⑤。越南独立以后,城隍信仰日益受到官方的重视和推崇,成为越南民间最为重要、普遍的信仰。阮鸿峰认为:城隍是对村民或国家有功之人,每个乡村都供奉一位城隍神。它符合人们饮水思源的朴素心理和有恩必感的淳朴情怀。"在乡民的信仰中,城隍是乡里的灵魂,是为乡民摆脱一切灾难,保佑乡民平安和繁荣的保护者。"⑥ 修建城隍庙亭,其走向要严格按照道教风水先生的指点。通过城隍,全村成为一个信仰共同体。彼此存在着有机联系,每一个人的祸福和兴旺,每一个人的命运,与共同体的其他人都休

---

① 参见卿希泰《中国道教》第3卷,知识出版社1994年版,第111页。
② 参见《道藏》,第34册,第747页。
③ 葛兆光:《道教与中国文化》,上海人民出版社1987年版,第334页。
④ 参见陈庆浩等《越南汉文小说丛刊》,台北:台湾学生书局1992年版,第2册,第28页。
⑤ 李远国等:《道教与民间信仰》,上海人民出版社2011年版,第279页。
⑥ [越]阮鸿峰:《越南村社》,梁红奋译,文庄校,云南省东南亚研究所1993年版,第92页。

戚相关。城隍庙亭的朝向和龙脉决定着乡村全体成员的命运。①

由此可以确定，陶璜是在唐朝以后被奉为城隍神的，也即成为官方代管一方的神灵、乡里的灵魂和乡民的保护神。陶璜神亦因此受到越南历代王朝的颁封和地方百姓的时祭。陶璜庙现存最早的封敕是阮朝绍治六年（1846）颁赠的：

敕陶节度大王尊神护国庇民稔著灵应，明命二十一年（1840）值我圣祖仁皇帝五旬大庆节，钦奉宝诏覃恩礼隆登秩，肆今丕膺敕命缅念神庥，可加赠俊良尊神，准超类县清淮社依旧奉事，其相佑保我黎民。钦哉。②

时下，越南北宁省顺城县祀奉陶璜城隍神的场所有两处：一为大慈村，祭祀时间为正月初八；二为清怀村，祭祀时间为正月初十。清怀村在陶璜庙进行祭祀时，还沿袭古老传统，由本村长者宣读旧时官方颁赠的祭文：

感明告于陶节度大王位前，曰今行礼望日，德大坤函明扶镇出，护国保民，戴天履物，节属冬天，礼陈望日，上仰降临，庶蒙灵弼佐迹之光，用康苂拂，兹乐兹民，咸灵百室，谨谷必至礼也。

持节度使、冠军将军交州牧列侯，威德显庆明圣灵应，阔达大度，宽仁肇谋，佐迹雄才伟略，加封赞化崇征延大，集庆神况，加赠延熙翼运，加赠俊良亮直端肃，加赠翼保中兴，加赠光意尊神。③

---

① 参见［越］阮鸿峰《越南村社》，梁红奋译，文庄校，第92—93页。
② ［越］丁克顺、叶少飞：《越南新发现"晋故使持节冠军将军交州牧陶列侯碑"初考》，载刘迎胜主编《元史及民族与边疆研究集刊》第30辑，第10页。
③ ［越］丁克顺、叶少飞：《越南新发现"晋故使持节冠军将军交州牧陶列侯碑"初考》，载刘迎胜主编《元史及民族与边疆研究集刊》第30辑，第9—10页。

陶璜庙碑是目前所见越南北属时期最早的古碑，陶氏因浓厚的世家信道情结、奉道精神，累世勤耕交州，而深得越人的敬仰与感戴。陶璜去世后即被乡民建庙祀奉，后又被视为护国佑民的城隍神，不断受到越南封建王朝封敕而享祀至今。陶璜庙碑成为中国道教扎根越南，并对越南社会持续发挥广泛而又深远影响的切实物证。

二　《赵公记》所载越南地方神的道教化

《赵公记》即《交州记》，由唐德宗时交州都护赵昌与僖宗时的节度使曾衮所撰。此书现已不存，幸赖《白鹤通圣观钟记》的载录。白鹤通圣观钟由来自中国的道士许宗道在陈明宗大庆八年（1321）所铸造，现存于永富省白鹤县白鹤社太清宫白鹤通圣观。钟高约95厘米，四面刻文，计56行，1069字。拓片藏于越南汉喃研究院，编号4997—5000。《赵公记》记述了北属时期道教与越南地方神趋于结合之事宜：

> 按《赵公记》云：唐永徽中，以阮常明为峰州都督，睹其土地千里，江山襟带。于白鹤处建通圣观，置三清像，以为奇伟。别开前后二廊，拟塑护观神像，未辨孰灵，焚香祝曰："此间神祇苟能显灵者，早现形状，吾知塑样。"夜梦两个异人，面貌层棱，并拥徒属，相呵相凌，趋常明，争居观前。常明问之："汝名字为谁？"一称土令，一称石乡。常明曰："请试，孰艺胜者前居。"石乡跳踯一步到那边江，忽然已见土令在那边江住。石乡再跳一步复这边江，已见土令先这边住。于是土令得焉，即今敕封"武辅忠翊威显王"是也。自唐至今千百余载，其地杰神灵，祈祷报应，古今一也。①

---

① 黄文楼、耿慧玲主编：《越南汉喃铭文汇编》第2集《陈朝》，台北：新文丰出版公司2002年版，上册，第151页。

阮常明即李常明。陈朝建国后，于建中八年（1232），夏六月，颁国讳、庙讳。因元祖讳李，诏改李朝为阮朝，李姓为阮姓，且绝民之望李氏也。①"白鹤处"指洮江与泸江交汇之处，位于今白鹤社。"置三清像"即为道观塑道教三位至尊神（玉清境元始天尊、上清境灵宝天尊、太清境道德天尊）之神像。"土令""石乡"为当地信奉的地方神。

据铭文可知，唐永徽年间（650—655），峰州都督李常明极力推动道教在越地的传播，在白鹤社建造了白鹤通圣观，观中置三清像。为了促进道教与本土信仰的融合，他还把白鹤社地方神灵"土令"纳入道教神系之中，请封其为"武辅忠翊威显王"，从而成为道观的护法神灵，促成道教与本土信仰的结合。《越南历史》对此亦曾指出：道教传入越南后，越南人传统信奉的山、河等神，都与道教信仰结合起来，成为民众崇拜的对象。例如，修建于7世纪中期、保存到14世纪的越南白鹤（越池）地区的道教通圣观，就供奉着当地的"福神"三江神。"这证明那个时期的道教和我们祖先供奉山、河等神的传统结合起来了。"②

三　天威径新凿海派碑中的道术信仰

晚唐时期，高骈奉命南征、平定交州时，运道不畅，粮饷军送受阻。咸通九年（868）四月五日，高骈重启了天威径海上通道的疏凿工程，并于当年九月十五日告成。因部下坚请，高骈立巨石勒功径上。碑文由静海节度掌书记、朝议郎、侍御史、内供奉赐绯鱼袋裴铏撰写，咸通十一年（870）正月十三日刊刻。

关于天威径的具体位置，中外史料记载不一。王承文认为"天威径"位于今广西防城港市江山半岛，紧邻北部湾，距离中越边界十多公里。唐代时，这里属于安南都护府管辖，扼守着中原内地经

---

① 参见［越］吴士连著，陈荆和编校《大越史记全书》，第326页。
② 越南社会科学委员会编著：《越南历史》，北京大学东语系越南语教研室译，北京人民出版社1977年版，第131页。

由海道通往安南的必经之地,地理位置十分重要。① 黄权才等《潭蓬运河——唐代天威径探析》亦持与此一致的观点,认为"天威径"在今广西防城港市江山半岛月亮湾附近的潭蓬村和潭西村之间,是中国唯一一条沟通防城港与珍珠港的海上运河。② 然而,《明一统志》《广舆记》《东西洋考》《越峤书》《大清一统志》《读史方舆纪要》等古史文献,则都将"天威径"作为中国疆域之外的安南国的山川形胜。《越南汉喃铭文汇编》根据"碑末附跋",亦认为:石碑可能立于天威径附近,今越南北方海防;所凿之海道是"沿海从廉州至白藤江口之路"。原刻文及其置于邕州廨署(今中国广西南宁)之宋绍圣五年(1098)正月二十一日重刻文现均已不存。③

黎崱(约1260—约1340)《安南志略》载录了《邕志》中的天威径新凿海派碑及1098年附写的跋文;明李文凤《越峤书》卷十七录有《天威泾厅鉴海碑记》,以及宋无名氏所撰《书天威泾厅鉴海派碑记后》;而《续修四库全书》中《钦定全唐文》卷八百五,只收有天威径新凿海派碑,未录跋文。天威径碑记是目前史籍所载越南最早的铭文。

《碑记》在交代天威径非人所能的险恶环境后,指出自东汉马援至唐代三都护,屡凿不遂,而无人再敢问津的悲壮历程:

> 今天威径者,自东汉马伏波欲剪二征,将图交趾,煎熬馈运,间阔沧溟,乃凿石穿山,远避海路。及施功用,死役者不啻万辈,竟不遂其志。多为霆震山之巨石,自巅而咽之。伏波无术不能禁,乃甘其息。自唐皇有三都护,聆旧迹,俱扼腕忿禁,尽欲继其事,遂命叠燎沃醯。力殚物耗,踵前功而不就。

---

① 参见王承文《唐代环南海开发与地域社会变迁研究》,中华书局2018年版,第344—345页。
② 参见黄权才、徐变云《潭蓬运河——唐代天威径探析》,《广西师范学院学报》(哲学社会科学版)2008年第4期。
③ 参见[越]潘文阁、[法]苏尔梦主编《越南汉喃铭文汇编》第1集,第31页。

又各殒数千夫,积骸于径之畔。迩者无有敢议其事者。①

从其分析的失败原因来看,一方面是由于人力微芊,无术难禁而甘息;另一方面是由于持法不坚、博约营私而徒劳。碑文继言,渤海公高骈则不然,他有济君安民的公道之心,以及天助神扶的精湛法术。于是,高骈命摄长史林讽、湖南军都将余存古等,部领本将兵士并水手等一千余人,于咸通九年四月五日,疏凿天威径。工程难度可想而知,正当众役灰心丧志、难以为继之时,奇迹发生了:

> 至五月二十六日当昼,忽狂云兴,怒风作,窥林若暝,视掌如瞽。俄有轰雷磷电,自励石之所,大震数百里。役者皆股慄胆动,掩聪蔽视。移时而视四境方廓,众奔验视,其艰难之石,倏而碎矣!或有磊磊者,落落者,约人而不能举者,皆为雷之攫拿,掷于两峰。又其西坚确之石,至六月十一日,复大震如初。霆雷之赫怒迅烈,复愈于东之所震者。众复验之,是日以磨泯,若有所失,旁之盘陀者亦碎裂数十丈。又其西复值巨石,亦不可措手。工人息攻,皆仰恃穹昊,意有所待。复兴云,雷又大震。叠石乃堕裂,有泉迸出,味如甘醴。②

中越史籍对此旷世工程的完结,均有记载。《旧唐书·高骈传》曰:"又以广州馈运艰涩,骈视其水路,自交至广,多有巨石梗途,乃购募工徒,作法去之。由是舟楫无滞,安南储备不乏,至今赖之。"③《大越史记全书·外纪》卷五所载,与碑文大同小异。史学家吴士连为释众疑还附以史评曰:

---

① 碑文参考了《越南汉南铭文汇编》第1集、《安南志略》卷九、《越峤书》卷十七、《全唐文》卷八百五(第8463页)等文献,综合而成。下引碑文同此注说。
② 碑文参考了《越南汉南铭文汇编》第1集、《安南志略》卷九、《越峤书》卷十七、《全唐文》卷八百五(8464页)等文献,综合而成。
③ (后晋)刘昫等:《旧唐书》卷一百八十二,中华书局1975年版,第4703页。

> 高骈凿港之役，何其异耶？盖所[行]合理，故得天之助也。天者理也。地道有险夷，理之常也。人力有济险，亦理之常也。苟险而不能济，天何假于人哉。……天所助者顺也。《易》曰："覆信思乎顺，自天佑之，吉无不利。"雷震巨石以助之，何足为怪也！①

由此看来，高骈与以往前贤的主要不同在于，高骈会"作法"，能"得天之助"，在"召术征谋"的神人合力下，工程最终成功。

高骈之所以能"自天佑之，吉无不利"，这与他长期崇信道教关系密切。《旧唐书·高骈传》说他："日以神仙为事。吕用之又存暨工诸葛殷、张守一有长年之术，骈并署为牙将。于府第别建道院，院有迎仙楼、延和阁……日与用之、殷、守一三人授道家法箓，谈论于其间，宾佐罕见其面。"② 孙亦平教授亦指出："高骈曾日夕斋醮，拜神弄鬼，炼金烧丹，费用以巨万计，实践道教法术。"③ 关于高骈在越南传播道教大致可以归列为如下几个层面。

首先是道教风水方面。如根据风水修筑大罗城于泸江之西④，堪测出多处帝王风水宝地，以及破除一些可能制造乱局的风水。⑤ 由于高骈在越地大兴风水之术，使其在越南风水方面长期具有巨大的威信和影响，以致越南有关阴阳、风水地理等书籍，都托名高骈所作，如《高骈地稿集》《高骈奏书地稿》《地理遍览·高骈集》《高骈安南地稿记》《高王真传地理图真龙穴》等。越南历史学家

---

① [越]吴士连著，陈荆和编校：《大越史记全书》，第168页。
② （后晋）刘昫等：《旧唐书》卷一百八十二，第4711页。
③ 孙亦平：《论道教在越南的传播方式》，载郑筱筠主编《东南亚宗教与社会发展研究》，中国社会科学出版社2013年版，第187页。
④ 参见戴可来、杨保筠校点《岭南摭怪等史料三种》，中州古籍出版社1991年版，第34页。
⑤ 参见牛军凯《试论风水文化在越南的传播与风水术的越南化》，《东南亚南亚研究》2011年第1期。

陶维英对此亦曾评价说:"唐朝让很多道士、巫师(其中以节度使高骈为首)到我国来,特别是为了魇除'龙脉',派来了风水先生。"①

其次,利用道教符咒法术压胜安南王气龙脉及山精地灵。如造八万塔以压八万山,作石柱以压览山②;对苏沥江龙肚之精,地灵之长,以及伞圆山精等,施行道教压胜法术。③

再次,奏请敕封城隍神,如奏封苏历江神为都府城隍神君。④

最后,是开凿天威径所用的魔法道术。越南史学家明峥说:"高骈曾用魔术爆破海中潜石。"⑤ 许永璋认为:"似乎劈开巨石,是高骈施展法术呼唤天雷所致。"⑥ 这一法术应该就是宋以后道教盛行的雷法。

雷法又称五雷正法。道法体系之一,是内丹修炼与法术行持相结合的产物。其要旨有四个方面。一是对雷部正神的信仰,相信雷霆为天之号令。二是强调以自身内丹修炼为本。雷霆起于五行,人能聚五行之气为五雷,雷法乃先天之道,雷神乃在我之神。三是雷法意在内炼浩然之气,通达、号令雷神,即以我之真炁,合天地之造化,从而嘘为云雨,嘻为雷霆。四是雷法有自己的经、咒、符、诀,其符图多云雷闪电及雷神之象。雷法所召役、控制的雷霆,原指自然界的雷电现象,后被道教作为道气的化身,具有大道的神秘功用。⑦《道法会元》卷六十六《雷霆纲目说》指出:"夫雷霆者,实大道之功用也……雷霆一曰无极无量梵气,二曰清虚真皇清气,

---

① 越南社会科学委员会编著:《越南历史》,北京大学东语系越南语教研室译,北京人民出版社1977年版,第131页。
② 参见阮朝国史馆编《大南一统志·北宁省》,法国巴黎亚洲学会藏本,西南师范大学出版社2015年版,第10册,第14—15页。
③ 参见戴可来、杨保筠校点《岭南摭怪等史料三种》,第34—35页。
④ 参见[越]阮志坚《越南的传统文化与民俗》,郑晓云编,云南人民出版社2011年版,第198页。
⑤ [越]明峥:《越南史略》,范宏科、吕谷译,生活·读书·新知三联书店1958年版,第33页。
⑥ 许永璋:《论道教在越南的传播和影响》,《史学月刊》2002年第7期。
⑦ 参见胡孚琛主编《中华道教大辞典》,中国社会科学出版社1995年版,第584页。

三曰虚混玄一景气,则雷霆为造化之枢机也。"《冲虚通妙侍宸王先生家语》说:"雷霆者,天之号令,非紧切事万不可妄举……雷者,有自然之机,霆者,有截然之法。"雷属阳,霆为阴,故又称阴雷。倘若自己一炁冲盈,符咒诀步娴熟,便可以自己体内一炁与天地阴阳之炁相感通,把握雷霆之机,运雷霆于掌上,以之号令鬼神,呼唤风雨,轰击邪魅,多有效验。①

由此可知,雷法是道教役使天神的法术之一。雷霆是无所不能之大道的气化和功用,是天之号令。有道之人通过内炼自身元气,可以感召雷霆,号令鬼神,获得天助。值得一提的是,碑文撰写者裴铏原是一位道士,《云笈七签》卷八十八《仙籍旨诀》收录了他所撰述的一部道经《道生旨》。②该经文篇首叙述了裴铏成为高骈幕僚之前,曾在洪州西山(江西南昌新建西)修道。裴铏不仅知晓高骈精于雷法,还在碑文中对高骈所行雷法进行了详细的记述:

> 此乃乾坤拯助,造化扶持。回换艰难,一瞬夷坦。皆渤海公心无私契,精贯上元,使列缺之与丰隆,矜神功而夸妙用。灵祇阴相,风云接助,增益勋庸。感应如斯,古无俦匹。③

这里"精贯上元"说的就是行持法术、内炼元气而贯通雷霆天神;"灵祇阴相"指的是雷霆,又称阴雷;"感应如斯"是指有道之人内炼元气而产生的天人感应现象;"风云接助"是指号令鬼神的效果;"乾坤拯助,造化扶持"就是天人感应、号令鬼神后的天助之功。王承文对碑文中的雷法记述有进一步的说明。所谓"使列缺之与丰隆,矜神功而夸妙用",是指高骈用法术请来"雷公雷母"而竞相施展神力。"丰隆"或称"丰崇",古代之雷师或称雷公、雷神;"列缺"则指闪电之神。碑文详细地描述了在工程最艰难时,

---

① 参见胡孚琛《中华道教大辞典》,中国社会科学出版社1995年版,第584—585页。
② 参见张君房《云笈七签》卷八十八,李永晟点校,中华书局2003年版,第1958页。
③ 碑文参考了《越南汉南铭文汇编》第1集、《安南志略》卷九、《越峤书》卷十七、《全唐文》卷八百五(第8464页)等文献,综合而成。

高骈祈请雷电之神三次轰开巨石的经过。总之,碑文极力强调"天威径"最终开凿成功的主要原因,在于高骈得到了天神雷电之神的帮助。①

就高骈在越地弘道的经历而言,雷法其实是高骈善用的法术,《岭南摭怪》似乎亦记载了一则高骈欲压胜立于水上的异人,招引雷神作法的神异事件。《岭南摭怪·苏沥江传》曰:

> 又一日方早,骈出,立于罗城之东泸江畔。见大风自起,波涛汹涌,云雾昏暗。有异人立于水上,高二丈余,身着黄衣,头戴紫冠,手执金筒,空中光彩,升降飞扬。日上三竿,云气未散。
>
> 骈尤惊异,欲压之。……明日设坛转咒,以金铜铁符为压。
>
> 是夜,雷轰奋迅,风雨大作,天地昏暗,神将咆哮,惊天动地。②

其实,碑文中有一条记述亦是值得注意的,即高骈在开凿天威径的同时,还修建了"神室雷祠,道堂僧署"等与供奉雷神有关的信仰设施,从中不难窥觅其雷神信仰之一斑。高骈崇信道教、精于道术,行雷法得天佑而凿成天威径之事,已为许多古代史籍所认可。但在科学昌明的今天,学者多有疑之。何成轩说:"多种中越史籍记载高骈曾施用法术呼唤雷电劈开江中巨石以疏通航道,所谓法术可能是使用炸药爆破的技术,可惜其术无传。"③ 王承文亦指出"高骈在开凿'天威径'的工程中曾经使用过一种完全不同于前人的'异术'。根据我们的研究,高骈极可能使用了道教已经发现的火药进行爆破"④。

---

① 参见王承文《唐代环南海开发与地域社会变迁研究》,第394—395页。
② 戴可来、杨保筠校点:《岭南摭怪等史料三种》,第34页。
③ 何成轩:《儒学南传史》,北京大学出版社2000年版,第153页。
④ 王承文:《唐代环南海开发与地域社会变迁研究》,第407页。

遗憾的是，目前尚无直接充分的证据证明高骈在开凿天威径海道的工程上使用了火药爆破技术。王兆春认为：道教炼丹家发明的火药，在唐末至宋初的史籍中并未见记载。直到北宋天圣元年（1023）在开封设置火药作坊时，火药一词才随之问世。① 言下之意，宋代以前，火药用于盛大工程几乎是不可能的。但"天威径"这一谜团使得道教因高骈在越地得到了广泛的传播，却是一个不争的史实。许永璋说："这些具有神话色彩的记载，反映出当时道教的确很盛行。"② 越南史学家明峥认为，高骈之事确实存在迷信色彩，但对道教在越地的传播却起到了重要的推动作用，"道教传播到我国来已失去它的精粹的哲理，而是传播了它的迷信的行为，特别是在9世纪高骈为安南节度使时，披着迷信外衣的道教更加广泛地传布开来"③。

四 日早古钟铭中的道教民间信仰共同体

1987年，汉喃研究院在河内慈廉县东鄂社日早村陈圣庙内发现一口铜钟，名之为"日早古钟"。钟全高32厘米，钟钮部分高7厘米，下口径17厘米，重量为5.4公斤。钟四面阴刻楷书铭文211字。

根据钟铭，此钟铸于948年6月9日。铭文记述了交趾县下慈廉村甲辰年（944）一次道教会"社"活动。"社"原与农业社会的土神崇拜有关。《说文·示部》说："社，地主也。从示、土。"早期社之规模为：聚居一处的二十五家立为一社。④ 村社是越南乡民居处最基层的社会组织，或因同宗族的血缘关系，或因世代劳作的协同关系而结成。无论哪一种形式，都使得越南每个村社成为一个有机的精神共同体，而宗教信仰往往成为这个共同体力量凝聚的

---

① 参见王兆春《中国古代军事工程技术史·宋元明清卷》，山西教育出版社2007年版，第65页。
② 许永璋：《论道教在越南的传播和影响》，《史学月刊》2002年第7期。
③ ［越］明峥：《越南史略》，范宏科、吕谷译，第33页。
④ 参见李启谦、徐志祥《孔子》，中华书局1985年版，第24页。

重要载体。① 也就是说，古代的越南村社既是一个村民聚居单位，也是一个宗教信仰组织。日早古钟铭反映的就是该地以道教为主的这一信仰共同体的情况。《越南汉喃铭文汇编·前言》称不明此"社"之名，但从铭文开头部分提及"元法门都社主"，"法门"是指修行入道之门户，此社或许可以称为"元法门社"。

这是目前所见越南道教有组织性质活动的最早金石史料，文献所载越南带有道团性质的最早活动是在东晋时期。义熙七年（411），卢循进攻交州龙编（今河内东）时，李脱等率领当地道教信众给予积极响应。《资治通鉴》卷一百一十六《晋纪》三十八曰：

> 循袭破合浦，径向交州；慧度帅州府文武拒循于石碕，破之。循余众犹三千人，李逊余党李脱等结集俚獠五千余人以应循。②

王卡先生认为：李脱之所以率众响应卢循进攻龙编，是因为"李脱可能也是民间道教的信徒。魏晋南北朝时期，中国各地有崇奉仙人'李八百'的民间道团（即李家道）活动，其首领常化名李脱或李弘（或作李洪），诳惑信徒和蛮族民众反抗朝廷，被称为'左道'或'妖贼'。……上述交州的李脱可能也是民间道教的一位首领，因其信仰与五斗米道相近，因此才结集当地蛮族应接卢循"③。另外，李脱这一越南早期道团组织，与道教初创期的太平道等道团一样，都带有准军事性，企图"假借宗教，通过暴力去实现其人间理想"④。

首先，钟铭记述了该社具有完备的组织结构：都社主1名；社副1名；社判官1名；社务1名；都监1名；录事2名；高功2名；

---

① 参见［越］阮鸿峰《越南村社》，梁红奋译，文庄校，第100页。
② （宋）司马光：《资治通鉴》卷一百一十六，中华书局1956年版，第3645页。
③ 王卡：《越南访道研究报告》，《中国道教》1998年第2期。
④ 宇汝松：《六朝道教上清派研究》，山东文艺出版社2009年版，第16页。

押衙2名；大德9位。

都社主、社副是该社团组织的正、副负责人。社判官是依教进行善恶裁判者。社务是负责社内常规事务人员。都监是监督、督办人员。录事是活动记录人员。高功是道教斋醮执事的名称，同都讲、监斋合称为"三法师"，主持斋坛醮仪。大约在唐末五代时，"高功"之称才得到了普遍使用。其职当能步罡踏斗，沟通神人，代神宣教，超度人鬼，在众执事中居于首位。一般都以德高望重、精于斋仪者充任。① 押衙是处理村社杂务人员。大德是儒、释、道三教都用的词语，特指教中德养深厚、资历服众的模范。

从所列弟子成员来看，他们各司其职，应该都是主要代表性社员。他们的姓名取法中原，表明他们已经完全接受汉化的习俗。其中李氏7位，占1/3以上；陈氏5位，占1/4；杜氏3位；虞氏2位；金、冯、费姓各一位。李姓在村社中占有绝对多数，而"李"又是道祖老子之姓，因此，该村社的道教属性似乎又多了一份自然合理性。该村社或由宗族聚居演变而来，由于同姓不婚的古代礼制，方有杂姓汇入其中。从字辈谱系来看，具有鲜明道教色彩的"仙"（5次）、"玄"（3次）、"法"（3次）、"道"等字眼，频繁出现。

其次，铭文记述了"元法门社"的活动内容，即绘太上三尊像，造宝幡，设斋醮科仪，以及捐钱购铜造钟等道事活动。

"三尊"是指道教三位至上的尊神，南北朝时统称为"三清"。"宝幡"又称灵幡，是道教斋醮中使用的法器名称。道教建斋之始，近斋坛空隙地，立长竿，预期扬幡，启闻穹厚，普告万灵，使得显幽共睹，鬼神遥瞻。"斋醮"是道教仪式的总称。斋、醮原本各有所旨：斋以洁净禁戒为主，醮以祭神为义。《无上黄箓大斋立成仪》卷十六说："烧香行道，忏罪谢愆则谓之斋；诞真降圣，乞恩请福则谓之醮。"约晋末起，斋醮并称或连用。唐代以前，斋法较为盛行；宋代以后则醮法日益隆盛，渐成道教仪式的主流。"铜

---

① 参见胡孚琛《中华道教大辞典》，第502页。

钟"是道教宫观和斋醮坛场的法器。钟原是古代乐器，铜质，中空，悬之以木石击之，有声，能远传。《洞玄灵宝三洞奉道科戒营私》称："凡钟者，四众所会，六时急务，此器若阙，则法集乖轨。经曰：长斋会玄都，鸣玉扣琼钟，又法鼓会群仙，灵唱靡不同是也。"道教宫观和科仪中都有钟鸣要求。《要修科仪戒律钞》卷八引《太真科》云："斋堂之前，经台之上，皆悬金钟玉磬，依时鸣行。道上讲悉先叩击，非唯警戒人众，亦乃感动群灵。神人相闻，同时集会，弘道济物，盛德交归。"①

综上可知，"元法门社"是道教深入越南村社的典型代表，越南学者亦对此十分认可。《越南汉喃铭文汇编》说："日早古钟铭"明确记载了当时存在带有道教色彩的宗教会"社"之活动。② 汉喃研究院丁克顺亦指出：

> 日早古钟虽未列为国宝，但该钟有它独特的意义与价值。钟铭记载道教信徒绘造太上三尊、造六首宝幡、买一口宝钟、斋庆、斋功，为表报答恩惠与希望长久之意。
>
> 从铜钟和铭文可见吴权时期道教的发展，并解释为什么虽然丁、黎、李、陈的国教是佛教，但在古都华吕和各地方有很多道教的宫、馆可见道教对越南人民精神生活的深远影响。③

最后，铭文也透露出"元法门社"不是一个纯粹的道教信仰组织，对儒教与佛教亦持兼容并包的开放态度。

从成员结构来看，20位社员中不唯道教信仰者，也兼有其他，如铭文明确指出诸位"大德"，出于"玄、儒二门"。玄门乃玄妙法门，当指道教。9位大德中的费匡仁似是儒门人士。社主杜法瑶等"敬修《洪范》，上报四恩，三友普蒙利益"，则是带有明显儒

---

① 胡孚琛：《中华道教大辞典》，第1446、545、506、549页。
② 参见［越］潘文阁、［法］苏尔梦主编《越南汉喃铭文汇编》第1集，第45页。
③ ［越］丁克顺：《十世纪前越南汉文碑铭：新发现、文本意义和价值》，《中正汉学研究》2017年第1期。

教色彩的信仰内容。《洪范》是儒教经典《尚书》的名篇，是事关治国理民的"天地大法"。"四恩"则是儒家所持重的天地、君主、父母、师长之恩。① "三友普蒙利益"与《论语·季氏》篇中孔子所说的"益者三友"有关联，即"友直，友谅，友多闻，益矣"。

铭文中所出现的"法门""大德"亦多用于佛教术语，如"法门：指佛教为了便于宣讲教法，而对教法分门别类，意为入圣之门。有时也用指达到成佛的修行途径"。"大德：梵文的意译，指有大德行的僧人。可以作为对长老、佛、菩萨的敬称，也用在对高僧的称呼。隋唐时曾作为统领僧人的僧官职称，现今则泛用于俗家的敬称。"② 由此看来，铭文出现的9位大德，可能亦有佛教信仰者。从铭文最后对会众的祈福祈愿来看，"六根""三业"等内容，都体现了较为浓郁的佛教信仰。"六根：指眼、耳、鼻、舌、身、意根，具有能取相应的六境（色、声、香、味、触、法）而产生六识（眼识、耳识、鼻识、舌识、身识、意识）的六种功能。其中前五根具备能个别了别相应之五境产生个别之识的功能，意根则具了别所有境识的功能。""三业：业为梵文意译，音译羯磨。作为、造作之意，包含所有的身心活动。通常分为三业：身业（行为）、口业、意业（思业）。其中又以意业贯穿三业，因为动机主导一切。业是因果中的主体标准，造业即为因，称为业因，得果即为业果（业报）。"③ 此外，"愆尤""善缘""弥释"等，亦都是佛教常用词语。

由此可知，"元法门社"是以道教为主而兼容儒、佛的一个村社信仰共同体。这与越南民间往往只注重信仰的功能和功效，不太关注宗教义理的辨析和区分的习俗十分契合。越南学者阮维馨曾指

---

① 道教亦重"上报四恩"。道教的教义以道德为主，以报恩为重，为了体现道的美德，主张以四恩应报。四恩是指：天地恩，君主恩，父母恩，师长恩。凡此四者皆应回报。（参见刘烨主编《论道：道教入门600讲》，中国妇女出版社2011年版，第70页）

② 萧振士：《中国佛教文化简明辞典》，世界图书出版公司2014年版，第261、326页。

③ 萧振士：《中国佛教文化简明辞典》，第194、169页。

出:"罗汉属佛教,关公属道教,但他们都是神。无论何种宗教,都是神,无需用渊深的理论来加以区别——这就是越南人的宗教观念。"① 因此,在越南人的信仰世界里,包容三教是极其常见的现象。越南学者明峥就曾指出:"尽管佛、儒、道是三个不同的教,但是当它们传到我国时,三教的思想就融合为一,很难划清它们的界线。"② 越南民族文化的开放性和包容性由此可窥一斑。

结　　语

热带多雨的自然环境,使得越南古代的纸质文献很难长期保存,金石铭文则有效弥补了早期史料欠缺的遗憾。到目前为止,越南北属时期的金石材料共发现七通:吴晋时期的清怀村陶璜碑、隋仁寿年间的禅众寺舍利塔铭文、大业年间的大隋九真郡宝安道场之碑文、唐永徽年间的《赵公记》、贞元年间的青梅社钟铭、咸通年间的天威径新凿海派碑,以及五代十国时期南汉乾和年间的日早古钟铭等。其中禅众寺舍利塔铭文纯属佛教信仰,与道教无关。青梅社钟铭、大隋九真郡宝安道场之碑文亦被认为是佛教信仰的材料,但青梅社钟铭在记述"赍材施主"时,提到"洞玄弟子郑齐幹、妻杜金娘、女妭(《越南汉喃铭文汇编》写作'妖')娘"等带有明显道教特征的信徒,可以看出安南地区民众在宗教信仰上的开放态度,以及释道合流的倾向③;而大隋九真郡宝安道场之碑文从其内在蕴意及立碑的背景来看,佛教定性尚有商榷的余地。

其余诸金石文献都与道教信仰关系密切:陶璜碑是目前所发现的越南北属时期的最早金石史料。陶氏世家善结道缘,四代五人长期坐镇交州,尤其是陶璜任职交州三十年,恪尽职守、亲民善政,卒后即为州人建庙祀奉,后又被奉为福佑一方的城隍神,纳入官方

---

① [越]阮维馨:《越南人与道教》,越南社会科学出版社2003年版,第633页。
② [越]明峥:《越南史略》,范宏科、吕谷译,第44页。
③ 参见梁允华《越南出土之唐代贞元时期钟铭——青梅社钟》,《中原文物》2014年第6期。

祭祀的神系之中，享受历代王朝的颁赠封敕和地方乡民的四时祭拜。《赵公记》反映了入越道教在与越南地方信仰交流互动过程中，至7世纪中期，已为一些民间信仰所接受，一些重要的地方神灵开始有意融入道教信仰之中。这对道教越南化发展以及深根于越南社会，无疑具有重要的意义。天威径新凿海派碑记反映了唐朝末期，崇信道教的高骈借助道术雷法，开凿了天威径海道，不仅实现了"重开皇风、聚兵安人"的政治意图，而且对道教法术在越南的传播，起到了巨大的推动作用。相对玄奥的义理，道术更容易激发民众的信仰兴趣和热情，南传越南的道教亦正是在9世纪的高骈时期达到了鼎盛。越南史学家明峥曾明确指出："高骈时期，迷信符咒的道教，传播到我国各州。"[①] 日早古钟铭则反映了入越道教在10世纪时，已经深入民间，并在某些村社结成信仰共同体，形成了较为完备的信仰体系和组织结构。至此，道教已经完全融入越南社会，成为本土信仰习俗的一部分。

金石文献在为传世文献提供相互参证的同时，还能弥补一些正史资料的缺漏。就北属时期的金石文献而言，绝大多数都与道教有关，其补正史阙载之功尤为突出。这些金石文献不仅为道教南传越南的研究提供了全新的史料，而且为这一领域的研究提供了一些新的视角和方法。北属时期越南道教的研究必将因此而产生新的局面。

---

① ［越］明峥：《越南史略》，范宏科、吕谷译，第44页。

诗中寻迹：丽江迎仙楼与木氏土司吕祖信仰[*]

王 娜

摘 要： 丽江迎仙楼是明代纳西族木氏土司崇奉道教的重要证据之一，也是道教在纳西族地区传播和发展的重要表现。然而囿于方志记载简略，学界一直未能展开研究。幸运的是，在木氏土司及时人诗文作品中有大量关于迎仙楼及其相关信息的记载，为研究迎仙楼及木氏土司的道教信仰提供了宝贵资料。通过梳理可知，迎仙楼既是木公在玉龙书院内修建的吕祖道场，也是木氏土司修建的第一所具有家族性质的崇道场所。受其影响，吕祖信仰得以在木氏土司家族内部传播，并以迎仙楼为中心逐渐向外发展，盛极一时。

关键词： 明代；迎仙楼；木氏土司；吕祖信仰

作者简介： 王娜，烟台大学马克思主义学院讲师（山东烟台，264005）。

---

[*] 本文是烟台大学引进人才博士科研基金（社科）项目"道教与纳西文化研究"（项目号：MY22B016）；烟台大学教学改革研究项目"内地高校民族学生民族团结进步教育融入爱国主义教学研究"（项目号：JYXM2021036）的阶段性研究成果。

诗中寻迹：丽江迎仙楼与木氏土司吕祖信仰

迎仙楼，位于"白沙里"①，今丽江市白沙镇，明代纳西族土司木公于嘉靖年间（1522—1566）修建，历经木公、木高、木东、木旺、木青、木增六代土司，至明末清初仍矗立于雪山南麓。迎仙楼是木公修道迎仙、交友会客之地，在其信仰世界与精神生活中占有极为重要的地位。其后数代土司的精心维护，既反映了他们对先祖的崇敬，又集中体现了木氏土司家族对道教的尊崇，且呈现出家族信道、世代承袭的特点。

迎仙楼既是研究木氏土司与道教关系的重要突破口，也是很多纳西学者判定道教传入丽江纳西族地区的重要佐证。② 然而，方志对于迎仙楼的记载极为简略，未能引起学界重视，相关研究亦未能展开。幸运的是，在木氏土司及时人诗文作品中有大量关于迎仙楼的记载，木公土司诗文集《仙楼琼华》更以迎仙楼命名③，这些都是认识迎仙楼与木氏土司宗教信仰的重要资料。本文通过对木氏土司及时人诗文作品的挖掘与研究，试图在诗文中探寻迎仙楼的历史痕迹，进而讨论木氏土司家族的信仰世界与精神生活。

一 迎仙楼之所在

明代以前，丽江纳西族鲜有崇佛信道者。入明以后，受国家政治、军事、文化、教育诸因素的影响，道教开始在木氏土司家族传播和发展。④ 据现存文献来看，受道教影响最深者为木公（1494—

---

① （清）管学宣、万咸燕纂修：《丽江府志略》卷下《礼俗略·寺观》，丽江纳西族自治县县志编纂委员会办公室1991年翻印，第204页。

② 杨福泉在《道教文化发展史论》中认为道教最迟在明代中叶传入丽江，迎仙楼的修建即其依据之一，参见杨福泉《纳西文化史论》，云南大学出版社2006年版，第226页。

③ 明人杨慎在《仙楼琼华集序》中言："世守雪山使君，丙午岁诗什，题以《迎仙楼稿》，本其地名也。"［（清）管学宣、万咸燕纂修：《丽江府志略》卷下《艺文略》，第273页］明人冯时可亦言："[木公]又尝作迎仙栖，翩翩有凌云飧霞意，著有《琼华篇》。"［（明）冯时可：《明丽江知府木氏雪山、端峰、文岩、玉龙、松鹤、生白六公传》，载木光编著《木府风云录》，云南民族出版社2006年版，第38页］

④ 参见王娜《木氏土司与道教——明清道教对丽江纳西族的影响管窥》，博士学位论文，云南大学，2021年，第29—44页。

1553），纳西名阿秋阿公，字恕卿，号雪山，又号万松，嘉靖六年（1527）任丽江军民府知府。木公是木氏土司文化成就最高者，与张含（号禺山）、左文臣（号黄山）并称"三山"。他尊道崇德，奉道至诚，精研道教修炼之术，沉迷道教神仙世界，留下了大量与道教相关的诗词；于宅前建园隐居，在迎仙楼开怀畅饮，蓄养鹤雁猿鹿等仙灵，生活旨趣中蕴含着浓厚的道教意境。在道教神仙信仰的影响下，木公于隐居修行之地修建迎仙楼以备神仙降临，并以迎仙楼为中心形成了具有家族性质的道教信仰空间。

相较于清晰的佛教信仰空间①，木氏土司家族的道教信仰空间至今仍是模糊的，甚至有学者质疑木氏土司家族是否存在道教信仰。因此，探寻和确定迎仙楼的具体位置，对于认识和了解木公乃至木氏土司家族的道教信仰空间至关重要。虽然，方志记载极为简略，但是木氏土司及明人诗文中有关于迎仙楼方位与周边环境的记载。杨慎《雪山歌》开篇即言："君不见雪山玉立天西头，使君新起迎仙楼。"②木公《次中溪韵》云，"高楼漫倚三危峰"③，三危指玉龙雪山。《丽江府志略》"古迹·三危"条载，杨慎认为"三危必在丽江地，以玉龙山当之"④。清人孙似茗《雪山赋》亦有"亘三危兮络绎"⑤之语。木公《雪楼》云："百丈楼层云母耀，三危咫尺水晶莹。"文末注："三危，乃玉龙山也，《南皋子集》详矣。"⑥迎仙楼背倚玉龙雪山，位于白沙里，而白沙里在雪山南麓，

---

① 木氏土司修建的佛教寺庙多有留存于今者，如以白沙琉璃殿、大宝积宫、大定阁、金刚殿等形成的佛教建筑群，丽江皈依堂（现为小学）等；或留有遗址，如芝山福国寺、大理鸡足山悉檀寺；或留下具体而明确的史料记载，如诸本《鸡足山志》对于木氏土司修建之佛寺建筑的记载。这些建筑与文献记载为学界研究木氏土司的佛教信仰空间提供了宝贵的资料。

② 秦栋编注：《杨慎戍滇诗集》，云南民族出版社 2012 年版，第 57 页。

③ （明）木公：《仙楼琼华》，载多洛肯、王铭璇辑校《明代纳西族木氏土司文学家族诗集》，社会科学文献出版社 2020 年版，第 162 页。

④ （清）管学宣、万咸燕纂修：《丽江府志略》卷上《山川略》，第 86 页。

⑤ （清）管学宣、万咸燕纂修：《丽江府志略》卷下《艺文略》，第 296 页。

⑥ （明）木公：《万松吟卷》，载多洛肯、王铭璇辑校《明代纳西族木氏土司文学家族诗集》，第 114 页。

诗中寻迹：丽江迎仙楼与木氏土司吕祖信仰

因而迎仙楼建于玉龙雪山南麓。

玉龙雪山，"群峰插天，经年积雪，数百里外，望之俨如削玉"[1]，南诏异牟寻僭封为北岳，是纳西族战神、保护神——三多神的化身，纳西族圣山。在中国传统文化中，仙人多居名山洞府，玉龙雪山作为"南滇第一峰"[2]，同样是"仙灵应会"[3]之地。木公《望雪山》云，"雪山高高不可攀，登此高楼望雪山。一望雪山在天上，寒光动荡非人间"[4]，《望岳光》又言，"北瞻岳面悬新霁，雪气氤氲霭浩苍。闻说金仙曾此化，月中常现白毫光"[5]。高耸入云、仙气萦绕的玉龙雪山是迎仙楼最佳的选址之地，木公不禁发出"蕚辉远远隔尘寰，醉倚云间白玉山。不是洞天真福地，仙楼岂肯壮人间"[6]的感叹。他在《短述》中又言："蕊珠楼近玉嵌嵌，雪色云容竞秀岩。鸡犬不鸣幽阒甚，万松清景隔仙凡。"[7]借助玉龙雪山以及山下郁郁葱葱的松林，木公以迎仙楼为中心构建了他在人间的仙境，从而超脱于世俗之外。

迎仙楼周边环境，木公在《登迎仙楼》其二中言，"楼外苍松绕万株"[8]，于楼中作《对松》云，"危标直劲蔼青葱，万树重围屋后峰"[9]。迎仙楼四周皆松，此与万松堂"植茂袤远，多不可知，

---

[1] （清）管学宣、万咸燕纂修：《丽江府志略》卷上《山川略·山川》，第62页。
[2] （明）木公：《题雪山》，载多洛肯、王铭璇辑校《明代纳西族木氏土司文学家族诗集》，第79页。
[3] （清）管学宣、万咸燕纂修：《丽江府志略》卷下《雪山》，第303页。
[4] （明）木公：《仙楼琼华》，载多洛肯、王铭璇辑校《明代纳西族木氏土司文学家族诗集》，第167页。
[5] （明）木公：《仙楼琼华》，载多洛肯、王铭璇辑校《明代纳西族木氏土司文学家族诗集》，第171页。
[6] （明）木公：《再题三绝》其一，载多洛肯、王铭璇辑校《明代纳西族木氏土司文学家族诗集》，第174页。
[7] （明）木公：《仙楼琼华》，载多洛肯、王铭璇辑校《明代纳西族木氏土司文学家族诗集》，第164页。
[8] （明）木公：《雪山庚子稿》，载多洛肯、王铭璇辑校《明代纳西族木氏土司文学家族诗集》，第69页。
[9] （明）木公：《对松》，载多洛肯、王铭璇辑校《明代纳西族木氏土司文学家族诗集》，第165页。

故举盈数焉"① 的环境相似,且万松堂亦位于玉龙雪山南麓。那么,二者是否同处一地呢?木公诗文中虽未对二者的关系进行直接描绘,但有关于二者方位的零散描述。比如《书院晚坐》云,"仙居村落远,逼近白云峰。双鹤唳孤月,一琴鸣万松。高楼对寒雪,绘障摇清风。晚坐重檐下,幽怀谁与同"②。此诗收入《万松吟卷》。何为万松吟?木公在《万松吟卷跋》中言:"万松乃予之重号也,予居玉山环堂皆松也,且读书之暇,或容与、或盘桓而吟咏其间,但所得之句,命曰:万松吟。"③ 文中"环堂皆松"之堂名万松堂,木公曾作《乐松堂》《万松堂》《题玉山松堂》等诗赞咏之。诗题目为《书院晚坐》,文中又有万松,是于万松间吟咏之作品,这表明书院亦居万松之间,与万松堂关系密切。

描绘雪天松林之《雪林》,其文"素萼飘零竹自香"小注"古诗竹雪有香之句,后人非之,予在玉龙书屋遇雪之际,竹真有香也"④,而《雪山庚子稿》《万松吟卷》两部文集常以书院简称玉龙书院。因此,《书院晚坐》中的书院指玉龙书院,又称雪山书院、玉山书院,还有雪山院、雪院、玉山院、玉院之简称,如《雪山书院》《雪山院中自寿》《雪院醉中诗示琮弟》《春居玉山院》《玉院小酌》等。而仙居、万松、高楼等表达地点与环境的词汇,又不免让人联想到迎仙楼。木公《书院醉题》言:"笛阁春时暖,松楼月夜凉。"《再题书院》云:"青楼绘阁层层映,琢槛雕栏曲曲通。"⑤ 这三处对于楼的不同描绘,很难让人确定其所指是否为同一座楼,更难以确定是否为迎仙楼。

---

① (明)张含:《万松堂记》,载(清)管学宣、万咸燕纂修《丽江府志略》卷下《艺文略》,第237页。
② (明)木公:《万松吟卷》,载多洛肯、王铭璇辑校《明代纳西族木氏土司文学家族诗集》,第126—127页。
③ (明)木公:《万松吟卷》,载多洛肯、王铭璇辑校《明代纳西族木氏土司文学家族诗集》,第137页。
④ (明)木公:《万松吟卷》,载多洛肯、王铭璇辑校《明代纳西族木氏土司文学家族诗集》,第113页。
⑤ (明)木公:《万松吟卷》,载多洛肯、王铭璇辑校《明代纳西族木氏土司文学家族诗集》,第115页。

诗中寻迹：丽江迎仙楼与木氏土司吕祖信仰

值得注意的是，对玉龙书院、万松堂、迎仙楼三者的关系，木增诗文中有十分清晰且确切的描述。《玉山书院乐松堂韵物即景》四十首，其中有两首《松楼》，其一言，"枕簟迎仙楼，遥岚爽气秋"①。由题目与诗文可知，万松堂是玉龙书院中的建筑物，而迎仙楼亦为玉龙书院内景观，有松楼、青楼、高楼等别称，且距离万松堂当不远，是万松堂内可见之景观。

未袭职之前，木公在五亩园隐居。他在《隐园春兴》序文中描述道："野人旧居玉龙山南之十里，宅前有五亩园。"② 万松堂与五亩园关系密切，明人冯时可有记：

> ［木公］初未莅政，隐于五亩园，居玉龙山南十里，植桃百株，种竹万竿，一称丹霞坞，一称翠竹亭，凿池构屋其上，为一镜堂；日惟焚檀沦茗，听鸟浇花，梵呗渔歌，咸借为适。已而更号万松，环堂皆植以松，日哦其间，所得佳句录成一帙，命曰《万松吟》。③

万松堂是五亩园内景观，因之玉龙书院、迎仙楼亦建在五亩园内。嘉靖元年（1522）成集的《隐园春兴》未提到玉龙书院，而《雪山始音》中有《雪山书院》三首。据张志淳《雪山始音序》写作时间嘉靖二年（1523），可知此时玉龙书院已经初具规模。随着玉龙书院规模的不断扩展，万松堂、迎仙楼及其附属建筑陆续营建和扩建。

玉龙书院的具体位置，木公在《玉湖游录序》中言："莋国有山曰玉龙，有水曰玉湖，玉湖即玉龙之水潆合而成之也。湖西一里许，

---

① （明）木增：《木生白啸月堂诗空翠居集》，载多洛肯、王铭璇辑校《明代纳西族木氏土司文学家族诗集》，第269页。
② （明）木公：《隐园春兴序》，载多洛肯、王铭璇辑校《明代纳西族木氏土司文学家族诗集》，第45页。
③ （明）冯时可：《明丽江知府木氏雪山、端峰、文岩、玉龙、松鹤、生白六公传》，载木光编著《木府风云录》，第38页。

楼阁隐映于万松间，乃玉龙书院也。"① 五亩园外之景，木公序文亦提道："镜湖有月则渔歌欸乃，龙村有市则人语嚣喧。"② 镜湖，方志记载为岳镜湖，"潴玉龙山下水"③。玉湖、镜湖皆在木公隐居之地附近，木公又常以镜来喻指玉湖水之澄澈，如《雪湖》言，"麓南一镜映龙峦，淼淼光浮百顷宽"④，《对湖》又云，"镜光渺渺行舟小，岸影迢迢落雁低"⑤。因此，镜湖当为玉湖之别称。玉龙书院在玉湖西一里许，明代一里为三百六十步，约五百三十米。迎仙楼在玉龙书院内，二者今皆不存，而玉湖在今丽江市玉龙纳西族自治县白沙镇玉湖村，中华人民共和国成立前名雪嵩村。据此可知，迎仙楼、万松堂以及玉龙书院在今玉湖村内，具体位置当在玉湖西岸不远的区域。迎仙楼在玉龙书院的具体方位，因文献记载不详，还有待考古挖掘再作进一步考证。

二　迎仙楼的兴衰

迎仙楼的修建，缘于木公对道教神仙的尊崇与信仰。他在《登迎仙楼》其一中写道："海上闻有长生药，人间因构迎仙楼。王母驾鸾迥可降，吕翁骑鹤遥能游。缥缈日边玉盖拥，褊褼云外天衣浮。有时携我出尘去，羽翰一举乘苍虬。"⑥《书迎仙楼》亦云："百尺元龙凭玉岳，仙人与我好楼居。霓旌袅袅迎鸾驭，翠葆垂垂引鹿车。霞衬羽衣骞碧落，风随天乐下瑶虚。山图园客时为侣，黄

---

① （明）木公：《玉湖游录》，载多洛肯、王铭璇辑校《明代纳西族木氏土司文学家族诗集》，第156页。
② （明）木公：《隐园春兴序》，载多洛肯、王铭璇辑校《明代纳西族木氏土司文学家族诗集》，第45页。
③ 《（光绪）丽江府志稿》卷二《建置·水利》，光绪年间手抄本。又见《（民国）丽江县志书》，载《中国地方志集成·云南府县志辑》，凤凰出版社、上海书店、巴蜀书社2009年版，第41册，第483页。
④ （明）木公：《万松吟卷》，载多洛肯、王铭璇辑校《明代纳西族木氏土司文学家族诗集》，第113页。
⑤ （明）木公：《仙楼琼华》，载多洛肯、王铭璇辑校《明代纳西族木氏土司文学家族诗集》，第166页。
⑥ （明）木公：《雪山庚子稿》，载多洛肯、王铭璇辑校《明代纳西族木氏土司文学家族诗集》，第69页。

诗中寻迹：丽江迎仙楼与木氏土司吕祖信仰

鹤玄猿日共娱。"① 两首诗表达了木公追求得道成仙、与仙人为伴的志趣。为达成这一愿望，木公在人间修建了迎仙楼，其核心旨趣在于遇仙、迎仙，通过仙人的接引，前往十洲三岛仙境，获得长生药物，登达仙途。如《游仙侗》其一云："麻姑今夜访我来，共酌玉醴紫霞杯。约我明朝跨双凤，并谒蓬壶去复来。"② "去复来"，去往蓬壶，返回人间，来往于仙界、人间，其最终归宿是人间，而非仙人居住的十洲三岛。因此，他想要的仙界生活是建立在丽江这片土地之上能够连接仙界与人间的理想之域。

迎仙楼的修建时间，木公在诗文中未有明确提及，需借助相关园林建筑及诗文记载进行推断。迎仙楼是玉龙书院内的建筑，而玉龙书院又是在五亩园内发展、扩建的，从而形成了具有一定规模的园林建筑。据木公《隐园春兴》其一"十稔隐玄林"③，其九十八"手种十年林"④，《招隐》"十年招隐客"⑤ 等文，可知至嘉靖元年木公在五亩园隐居已长达十年之久。由此推算，其隐居生活当始于正德八年（1513），时年二十岁（虚岁），其对五亩园的经营亦当始于此时。至嘉靖初年，五亩园内已有丹霞坞、翠雪亭、一镜堂、玉龙书院、遁痴堂等建筑，未见迎仙楼的记载。嘉靖六年（1527），木公袭职，治世理政，至"黎庶熙和"，"九夷归化"，边境安宁，春则"游于花柳之间"，夏则"宇于玉龙书院"，秋则"居于黄山之阳"，冬则"寓于莋国世基"⑥，迎仙楼的修建当在此

---

① （明）木公：《仙楼琼华》，载多洛肯、王铭璇辑校《明代纳西族木氏土司文学家族诗集》，第161页。
② （明）木公：《仙楼琼华》，载多洛肯、王铭璇辑校《明代纳西族木氏土司文学家族诗集》，第168页。
③ （明）木公：《隐园春兴》，载多洛肯、王铭璇辑校《明代纳西族木氏土司文学家族诗集》，第45页。
④ （明）木公：《隐园春兴》，载多洛肯、王铭璇辑校《明代纳西族木氏土司文学家族诗集》，第63页。
⑤ （明）木公：《雪山始音》卷下，载多洛肯、王铭璇辑校《明代纳西族木氏土司文学家族诗集》，第34页。
⑥ （明）木高：《木公恕墓碑》，载多洛肯、王铭璇辑校《明代纳西族木氏土司文学家族诗集》，第283页。

时。具体时间，文中没有明确说明。但是，前文有"躬遇圣明之君，坐享太平之世"①之句，嘉靖十五年（1536）明世宗恩赐"辑宁边境"四字嘉奖木公，制诰中有"永享太平之福"②之文，据此推测时间应在嘉靖十五年以后。

木公对于迎仙楼的描述，最早见于《雪山庚子稿》。《雪山庚子稿》收录的作品绝大多数是嘉靖十九年（1540）撰写的，同时抄录了之前未收入文集的作品，如《西园述事》③，因此年为庚子年，故称庚子稿。文集按照七言律、五言律、七言绝句、五言绝句等不同体裁分为四大类，每个类别下的诗文又按照春夏秋冬四季顺序进行排列，多为记述当年事情，同一主题还有采用不同体裁叙述的情况，如木公寿辰日曾作七言律《寿日醉中拜和吕仙翁韵》、五言律《雪山院中自寿》。与此类诗文稍显不同的是，位于诸类篇首的诗文如七言律《拜和巽隐大中丞望雪山诗》、《登迎仙楼》三首，五言律《题雪山》，七言绝句《嘉靖恩赐"辑宁边境"四字》，五言绝句《自述》诸文既没有明确的时间描述，又与木公春游主题不甚相关，可能与《西园述事》同属之前所作诗文。《登迎仙楼》三首是木公诗文中最早描述迎仙楼的作品，其三"缋檐启帨巍廋翠"④之"启帨"为开幕之意，可知三首诗文当为迎仙楼建成后木公首次登临之作品。即使三篇为庚子年作品，按照诗文排列规律当属年初作品，表明至嘉靖十九年时迎仙楼已经建成。因此，迎仙楼的修建时间当在嘉靖十五年至嘉靖十九年。

建成后的迎仙楼成为玉龙书院最高的建筑物，极其雄伟壮观，遂又有高楼、危楼、飞阁、雄阁之称。对于迎仙楼的高度，木公诗

---

① （明）木高：《木公恕墓碑》，载多洛肯、王铭璇辑校《明代纳西族木氏土司文学家族诗集》，第282—283页。
② 《皇明恩纶录》，载木光编著《木府风云录》，第58页。
③ 《西园述事》见于木氏土司白沙崖脚院西园崖壁，落款为"大明嘉靖十五年龙集丙申孟春十有五孝孙十七代木公薰沐谨述"，这是目前已知《雪山庚子稿》中收录的写作时间最早的作品。
④ （明）木公：《登迎仙楼》，载多洛肯、王铭璇辑校《明代纳西族木氏土司文学家族诗集》，第69页。

文多有描绘，如《偶成》言，"数叠楼台万叠峰，苍烟时淡复时浓"①；《杂兴》其三云，"橑桷连空拔，跻攀近日边"，其四云，"鸟飞平地上，人语半空中"②。其具体高度，《远景》开篇言："五寻高结架，绘彩动辰参。"③ 寻为古代的长度单位，八尺为一寻，明代营造尺约32厘米，八尺约256厘米，即一寻的长度，五寻为四十尺，约12.8米。如若此记载符实，迎仙楼大约高12.8米。天朗气清之际，视野开阔，登临楼头，"榆国点苍登处见，鹤川石宝坐中看"④。遇到阴雨天气，云雾缭绕，"天际霓阴寒欲堕，金柯玉叶满仙楼"⑤，"寒风细雨松楼瞑，人在云间看舞姬"⑥。

受玉龙雪山寒气影响，楼头较为严寒，《重登迎仙楼》云，"爽籁清霜浑不断，倚空重屋四时寒"⑦，《登迎仙楼》其二言，"光映千重高莫及，寒侵三伏暑浑无"⑧，《夏日喜登》又云，"北向井干陵碧汉，迎仙五月结寒冰"⑨。正是这种清冷、缥缈的氛围，造就了楼头宛若仙境般的景色，《登迎仙楼》其二言，"楼外苍松绕

---

① （明）木公：《仙楼琼华》，载多洛肯、王铭璇辑校《明代纳西族木氏土司文学家族诗集》，第166页。
② （明）木公：《仙楼琼华》，载多洛肯、王铭璇辑校《明代纳西族木氏土司文学家族诗集》，第175页。
③ 《远景》有"飞宇天相近，端枅月自临"之语，能有此景者莫过于迎仙楼，此诗又收入《仙楼琼华》，据此可知《远景》是诗人于楼外远处观望迎仙楼所作，参见（明）木公《仙楼琼华》，载多洛肯、王铭璇辑校《明代纳西族木氏土司文学家族诗集》，第172页。
④ （明）木公：《重登迎仙楼》，载多洛肯、王铭璇辑校《明代纳西族木氏土司文学家族诗集》，第78页。
⑤ （明）木公：《对云》，载多洛肯、王铭璇辑校《明代纳西族木氏土司文学家族诗集》，第165页。
⑥ （明）木公：《夏饮》，载多洛肯、王铭璇辑校《明代纳西族木氏土司文学家族诗集》，第169页。
⑦ （明）木公：《雪山庚子稿》，载多洛肯、王铭璇辑校《明代纳西族木氏土司文学家族诗集》，第78页。
⑧ （明）木公：《雪山庚子稿》，载多洛肯、王铭璇辑校《明代纳西族木氏土司文学家族诗集》，第69页。
⑨ （明）木公：《仙楼琼华》，载多洛肯、王铭璇辑校《明代纳西族木氏土司文学家族诗集》，第169页。

万株，楼头风景似蓬壶"①，其三云，"日上棂轩东海东，蓬莱佳气郁葱葱"②，杨慎《雪山歌》亦言，"君不见雪山玉立天西头，使君新起迎仙楼。粉霞亚翠天尺五，恍如方壶与瀛洲"③，能够"日引蓬东鹤，时乘岛上鸾"④，是迎仙的绝佳之处。

迎仙楼采用了斗拱结构，重檐屋顶，为典型的汉式楼阁建筑。《雪楼》言，"重架欂栌陵北顾"⑤，《夏日喜登》云，"欂栌高耸倦来登"⑥，欂栌为斗拱的别称。木公还对一些具体结构进行了描述，如"飞栱接仙岑"⑦，栱是斗拱结构的重要组成部分；"橑桷连空拔"⑧，"文槐曲曲时堪憩"⑨，"飞㭼北傍龙峰影"⑩，"端枅月自临"⑪ 等，橑、桷、槐、㭼、枅皆为屋顶结构名称。楼檐有绘画，《登迎仙楼》其三云，"缋檐启幁麗廔翠"⑫，缋有绘画、色彩鲜明之意。檐端悬铃，《赓雨山韵》云，"风度危檐响镭铃"，《初秋》

---

① （明）木公：《雪山庚子稿》，载多洛肯、王铭璇辑校《明代纳西族木氏土司文学家族诗集》，第69页。
② （明）木公：《雪山庚子稿》，载多洛肯、王铭璇辑校《明代纳西族木氏土司文学家族诗集》，第70页。
③ 秦栋编注：《杨慎戍滇诗集》，第57页。
④ （明）木公：《即景》，载多洛肯、王铭璇辑校《明代纳西族木氏土司文学家族诗集》，第176页。
⑤ （明）木公：《万松吟卷》，载多洛肯、王铭璇辑校《明代纳西族木氏土司文学家族诗集》，第114页。
⑥ （明）木公：《仙楼琼华》，载多洛肯、王铭璇辑校《明代纳西族木氏土司文学家族诗集》，第169页。
⑦ （明）木公：《秋兴》，载多洛肯、王铭璇辑校《明代纳西族木氏土司文学家族诗集》，第175页。
⑧ （明）木公：《杂兴》其三，载多洛肯、王铭璇辑校《明代纳西族木氏土司文学家族诗集》，第175页。
⑨ （明）木公：《夏日喜登》，载多洛肯、王铭璇辑校《明代纳西族木氏土司文学家族诗集》，第169页。
⑩ （明）木公：《晚眺》，载多洛肯、王铭璇辑校《明代纳西族木氏土司文学家族诗集》，第170页。
⑪ （明）木公：《远景》，载多洛肯、王铭璇辑校《明代纳西族木氏土司文学家族诗集》，第172页。
⑫ （明）木公：《登迎仙楼》，载多洛肯、王铭璇辑校《明代纳西族木氏土司文学家族诗集》，第69页。

诗中寻迹：丽江迎仙楼与木氏土司吕祖信仰

亦有"金风鸣宝铎"之语。① 窗户采用了稀疏的窗棂设计，饰有花纹，诗文中多有描述，如"月透疏棂影自斜"②，"晚霁来登眺，风棂面面开"③，"龐廔翠"，"花牖向崴嵬"④ 等，"龐廔"意为雕饰美丽而明亮的窗户，"翠"字则表明窗户以绿色为主色，花牖亦指华美的窗户。楼层四周装设了红色的栏杆，《夏日喜登》云，"朱槛重重日自凭"⑤，栏杆上有雕花彩饰，《登迎仙楼》其二言，"雕阑玦槛周遭护"⑥，《再题书院》云，"青楼绘阁层层映，琢槛雕栏曲曲通"⑦，《次中溪韵》言，"云影半垂玉阑槛，夕阳返照金芙蓉"⑧，《杂兴》其四云，"云湿雕阑滑"⑨，极言栏杆之精美。通过对诗文中零散描绘的整合，可知迎仙楼的设计极为精巧，木公曾用"飞翚栋宇接重梯"⑩ 形容其壮丽景观。

迎仙楼的内部陈设亦十分精致。就目前来看，楼内大致有三个区域：卧室、书房和宴会厅。卧室内有一张用象牙装饰的床，屋内悬挂珠帘，摆放着绣花屏风，由"怯寒珠箔护，畏冷绣屏遮。象榻

---

① （明）木公：《仙楼琼华》，载多洛肯、王铭璇辑校《明代纳西族木氏土司文学家族诗集》，第169—170页。
② （明）木公：《饮中使滇者回得升老草诗四幅以韵和之》，载多洛肯、王铭璇辑校《明代纳西族木氏土司文学家族诗集》，第162页。
③ （明）木公：《晚霁》，载多洛肯、王铭璇辑校《明代纳西族木氏土司文学家族诗集》，第172页。
④ （明）木公：《望楼》，载多洛肯、王铭璇辑校《明代纳西族木氏土司文学家族诗集》，第173页。
⑤ （明）木公：《夏日喜登》，载多洛肯、王铭璇辑校《明代纳西族木氏土司文学家族诗集》，第169页。
⑥ （明）木公：《雪山庚子稿》，载多洛肯、王铭璇辑校《明代纳西族木氏土司文学家族诗集》，第69页。
⑦ （明）木公：《再题书院》，载多洛肯、王铭璇辑校《明代纳西族木氏土司文学家族诗集》，第115页。
⑧ （明）木公：《仙楼琼华》，载多洛肯、王铭璇辑校《明代纳西族木氏土司文学家族诗集》，第162页。
⑨ （明）木公：《杂兴》，载多洛肯、王铭璇辑校《明代纳西族木氏土司文学家族诗集》，第175页。
⑩ （明）木公：《晓登》，载多洛肯、王铭璇辑校《明代纳西族木氏土司文学家族诗集》，第174页。

依灵圈，虹窗对梵家"①的诗文可证。《独寝感怀》又云，"雕床横菊枕，金幌桂香浮"②，床上有菊枕，床边是华丽的帷幔。书房名为云端书屋，有《云端书屋》诗为证。木公精通琴艺，《木公恕墓碑》云，"所游者，琴棋书画"，又言，"善于琴"③，因而书屋内有琴，木公还曾作《对琴》吟咏弹琴之乐。书房内还有铁笛，木公时常吹奏，《雪宇夜坐》有"迎仙楼上笛，吹出月明来"④之语，《是日重和禺山遣寄寿诗韵》亦云，"雪叟喜将吹铁笛"⑤，雪叟为木公自称。书屋还收藏有张含、杨慎等人的诗作、名人字画，如《洞宾卖墨图》是魏贞庵寄来的，《仙山紫府图》及楷寿大字，都是杨慎所赠。木公喜好在楼壁题诗，《晓登》言，"匪是厉风吹我急，壁间还有好诗题"⑥，目前已知壁间诗文有《醉题楼壁》《题醉》《再题三绝》等，多是赞誉迎仙楼之句，以及描述楼中生活之文。

迎仙楼旁建有茶厨，东边建有草堂，楼下凿有小池塘。每建一物，木公皆以诗赋之，如《楼傍建茶厨一檏遂赋一律》《楼东别构草堂》《楼下新凿小池喜而赋之》。木公还在迎仙楼附近驯养了很多白鹤，有《咏鹤》《对鹤》等诗，其他诗文亦有对鹤的描写，如《晓起》云，"开枕且放睡云鹤"⑦，《楼东别构草堂》云，"罢琴长训鹤"⑧

---

① （明）木公：《秋眠早起》，载多洛肯、王铭璇辑校《明代纳西族木氏土司文学家族诗集》，第 172 页。
② （明）木公：《仙楼琼华》，载多洛肯、王铭璇辑校《明代纳西族木氏土司文学家族诗集》，第 175 页。
③ （明）木高：《木公恕墓碑》，载多洛肯、王铭璇辑校《明代纳西族木氏土司文学家族诗集》，第 283 页。
④ （明）木公：《雪山庚子稿》，载多洛肯、王铭璇辑校《明代纳西族木氏土司文学家族诗集》，第 104 页。
⑤ （明）木公：《仙楼琼华》，载多洛肯、王铭璇辑校《明代纳西族木氏土司文学家族诗集》，第 173 页。
⑥ （明）木公：《仙楼琼华》，载多洛肯、王铭璇辑校《明代纳西族木氏土司文学家族诗集》，第 174 页。
⑦ （明）木公：《仙楼琼华》，载多洛肯、王铭璇辑校《明代纳西族木氏土司文学家族诗集》，第 162 页。
⑧ （明）木公：《仙楼琼华》，载多洛肯、王铭璇辑校《明代纳西族木氏土司文学家族诗集》，第 171 页。

诗中寻迹：丽江迎仙楼与木氏土司吕祖信仰

等。迎仙楼及其附属园林建筑的修建，加上楼边白鹤翱翔，木氏土司的道教信仰空间逐渐形成。

嘉靖三十二年（1553）九月，木公去世。此后，关于迎仙楼的记载较少。明朝末年，木增曾作《玉山书院乐松堂韵物即景》之《松楼》（二首）、《迎仙楼登眺有感》等诗，其中《迎仙楼登眺有感》云，"眼空六合外，身在九霄边。侧问帝君诀，吾心自有天"[1]，抒发了他亲登迎仙楼眺望穹苍时的所思所感。这表明从木公至木增这段时间，迎仙楼得到历任土司的精心维护，至明末清初仍矗立于雪山南麓。

明王朝灭亡后，木增抑郁而终，木氏土司家族逐渐走向衰落。木增的继承人木懿支持藏传佛教噶玛噶举派在丽江核心区域传教，道教在木氏土司家族的地位逐渐下降。加之，清初丽江地区时局动荡，木氏土司式微，已没有足够的经济实力去维系先祖们留下来的园林建筑与宗教场所，尤其是雍正元年（1723）丽江实行改土归流，木氏土司降为土通判，家产被查抄，生存已难以为继。至乾隆八年（1743），迎仙楼逐渐倾圮[2]，此后无重建之举。

三 迎仙楼与吕祖信仰

木公修建迎仙楼的初衷是候神迎仙，而候神迎仙的主要目的是获得长生药、长生秘诀，他在《登迎仙楼》其一开篇即言："海上闻有长生药，人间因构迎仙楼。"[3] 海上是指以十洲三岛为代表的海上仙境，仙人居所，长满了可以让人长生不死的仙草。如何获取仙草、仙人的长生秘诀呢？木公在人间修建了迎仙楼，以之连接仙界与人间，仙人可以降临，"王母驾鸾迥可降，吕翁骑鹤遥能游"[4]，赐仙

---

[1] （明）木增：《芝山云薖集》卷二，明末刻本。
[2] 参见（清）管学宣、万咸燕纂修《丽江府志略》卷下《礼俗略》，第204页。
[3] （明）木公：《雪山庚子稿》，载多洛肯、王铭璇辑校《明代纳西族木氏土司文学家族诗集》，第69页。
[4] （明）木公：《雪山庚子稿》，载多洛肯、王铭璇辑校《明代纳西族木氏土司文学家族诗集》，第69页。

药或传授长生秘诀；他也可以凭借迎仙楼或仙人的接引前往仙境，"有时携我出尘去，羽翰一举乘苍虬"①，获得仙药。在这两种途径中，修习内丹获得长生秘诀是木公达成延年益寿、长生不死目的的主要方式，内丹之祖吕洞宾遂成为木公尊崇的对象，这是吕祖信仰在木氏土司家族得以传播、延续的根源。

木公接触内丹修炼、修习神仙方术，一则有赖于家族对道教炼养文化的吸收，如木公的叔叔石松于玉龙雪山隐居，修建道斋，招揽炼养之士。二则得益于全真道士在丽江地区的修行、传道活动，如蓟羽士、周月泉、玉窟、杨竹屿等人，松在《赠蓟羽士》中云，"凌晨白发梳千下，未午黄庭写数章。饭煮胡麻延道侣，汤融枸杞注仙方"②。描绘道士玉窟的诗文言，"醉余自说延生计，绝口无论世俗情"③。赠周月泉的诗文亦言，"醉饮说尽延生诀，袖拂苍髯不肯留"④。三则受当时士大夫修习内丹风气的影响，如《次春园诗》其八云，"儒翁尚有仙翁术，煮玉熬金卯酉飧"⑤，儒翁指永昌名士张含。最根本的原因在于，木公早年曾患重疾，需借助道教炼养之术进行治疗以缓解病情，治愈身体，进而达到延年益寿的目的。

木公袭职前常居五亩园，除了他有隐居之志向外，其中最重要的原因是养病。他在《题遁痴堂》其三中就言："林居养病躯。"⑥《隐园春兴》其十五又云："病来惟遁世。"⑦木公经常在诗文中谈

---

① （明）木公：《雪山庚子稿》，载多洛肯、王铭璇辑校《明代纳西族木氏土司文学家族诗集》，第69页。
② （明）木公：《雪山始音》卷上，载多洛肯、王铭璇辑校《明代纳西族木氏土司文学家族诗集》，第9页。
③ （明）木公：《秋日同羽士玉窟饮于水亭有小姬侍饮清童渝鼎醉于喜书》，载多洛肯、王铭璇辑校《明代纳西族木氏土司文学家族诗集》，第126页。
④ （明）木公：《炼师周月泉来访醉饮速归以诗送之》，载多洛肯、王铭璇辑校《明代纳西族木氏土司文学家族诗集》，第164页。
⑤ （明）木公：《雪山始音》卷上，载多洛肯、王铭璇辑校《明代纳西族木氏土司文学家族诗集》，第7页。
⑥ （明）木公：《雪山始音》卷上，载多洛肯、王铭璇辑校《明代纳西族木氏土司文学家族诗集》，第18页。
⑦ （明）木公：《隐园春兴》，载多洛肯、王铭璇辑校《明代纳西族木氏土司文学家族诗集》，第48页。

及自己的身体状况,《次春园诗》其十言,"病服术苓长足饱,绝无烟火爨尘飧"①,其十一云,"病后支离懒剧园,藤条竹笋渐侵门"②。所患何病,他在《复寄滇友邹本愚》中向友人述说道:"苦遭病肺唯高枕,泥杀愁心懒读书。"③《题遁痴堂》其四言,"病肺言须减,愁心梦亦多"④,《玉龙山草堂逸兴》其二又云,"近来增病肺,养气莫多言"⑤。病情严重到"筋力难扶老病身,双童肘腋下庭楯"⑥,"卧多行立少,食减病疴深"⑦。

在忍受肺病折磨的同时,木公的膝盖、眼耳亦多发疾病,《遁痴堂寄题愈光》其二言,"衰年膝痛知阴雨,晚岁眸昏近夕晖"⑧,《隐园春兴》其十七云,"病骨寒仍痛"⑨,《草亭释闷》其三云,"一年眼多患,半百耳苦聋"⑩,《书秋》其三言,"病眸昏涩看书难"⑪,《村居》其二记,"懒语时多睡,病眸昏少开"⑫,《隐园春

---

① (明)木公:《雪山始音》卷上,载多洛肯、王铭璇辑校《明代纳西族木氏土司文学家族诗集》,第7页。
② (明)木公:《雪山始音》卷上,载多洛肯、王铭璇辑校《明代纳西族木氏土司文学家族诗集》,第7页。
③ (明)木公:《雪山始音》卷上,载多洛肯、王铭璇辑校《明代纳西族木氏土司文学家族诗集》,第10页。
④ (明)木公:《雪山始音》卷上,载多洛肯、王铭璇辑校《明代纳西族木氏土司文学家族诗集》,第18页。
⑤ (明)木公:《雪山始音》卷上,载多洛肯、王铭璇辑校《明代纳西族木氏土司文学家族诗集》,第22页。
⑥ (明)木公:《病后感题》,载多洛肯、王铭璇辑校《明代纳西族木氏土司文学家族诗集》,第27页。
⑦ (明)木公:《隐园春兴》其七十二,载多洛肯、王铭璇辑校《明代纳西族木氏土司文学家族诗集》,第58页。
⑧ (明)木公:《雪山始音》卷上,载多洛肯、王铭璇辑校《明代纳西族木氏土司文学家族诗集》,第15页。
⑨ (明)木公:《隐园春兴》,载多洛肯、王铭璇辑校《明代纳西族木氏土司文学家族诗集》,第48页。
⑩ (明)木公:《雪山始音》卷上,载多洛肯、王铭璇辑校《明代纳西族木氏土司文学家族诗集》,第23页。
⑪ (明)木公:《雪山始音》卷下,载多洛肯、王铭璇辑校《明代纳西族木氏土司文学家族诗集》,第26页。
⑫ (明)木公:《雪山始音》卷下,载多洛肯、王铭璇辑校《明代纳西族木氏土司文学家族诗集》,第35页。

兴》其八十又言,"目痛新题拙,发零乌帽深"①。木公还白发早生,身体羸弱,他在《登楼》中描述道:"岁月经过白发侵。"②《遁痴堂寄题愈光》其一又言,"长簪乱绾白头发"③,《早起》云,"老来慵早起,冷泪不禁流。白发随梳落,衰颜对镜愁"④。木公早年的作品给人一种老态龙钟、忧愁苦闷之感,与老年悠游闲适、超凡出尘,"住世不妨乌兔转,雪山长黑少年头"⑤,"平生行乐惯,病起即看花"⑥的心境迥然不同。究其原因,发妻的早逝、年幼的子女,让本就病患缠身的木公更加心力交瘁、孤苦愁闷、郁结难消⑦,以致病情日益加重。

为了调养身体,木公在五亩园内种植草药,搭建炼丹炉,炼制丹药,《隐园春兴》其十九记,"种药圃依林,烧丹屋背岑"⑧,《次春园诗》其十三记,"养生药物防鸡犬"⑨;修习道教内丹炼养之

---

① (明)木公:《隐园春兴》,载多洛肯、王铭璇辑校《明代纳西族木氏土司文学家族诗集》,第59页。
② (明)木公:《雪山始音》卷上,载多洛肯、王铭璇辑校《明代纳西族木氏土司文学家族诗集》,第9页。
③ (明)木公:《雪山始音》卷上,载多洛肯、王铭璇辑校《明代纳西族木氏土司文学家族诗集》,第15页。
④ (明)木公:《雪山始音》卷下,载多洛肯、王铭璇辑校《明代纳西族木氏土司文学家族诗集》,第35页。
⑤ (明)木公:《寿日醉中拜和吕仙翁韵》,载多洛肯、王铭璇辑校《明代纳西族木氏土司文学家族诗集》,第78页。
⑥ (明)木公:《病起》,载多洛肯、王铭璇辑校《明代纳西族木氏土司文学家族诗集》,第136页。
⑦ 正德十四年(1519),木公的发妻凤氏睦去世,时子木高只有五岁(虚岁)。为杜绝庶子谋嫡事件的重演,木公决定不娶异姓,鳏居长达九年之久。他在多首诗文中都谈到了鳏居的愁苦生活,其中《忆妻》云:"独倚绮疏心事忧,终宵不寐对青簟。山花泣雨连三月,垅树悲风越五秋。儿女可怜衣百结,老夫无奈镇孤愁。庭除阒寂无人问,苦忆同衾虱满头。"[(明)木公:《雪山始音》卷上,载多洛肯、王铭璇辑校《明代纳西族木氏土司文学家族诗集》,第14页]
⑧ (明)木公:《隐园春兴》,载多洛肯、王铭璇辑校《明代纳西族木氏土司文学家族诗集》,第49页。
⑨ (明)木公:《雪山始音》卷上,载多洛肯、王铭璇辑校《明代纳西族木氏土司文学家族诗集》,第7页。

诗中寻迹：丽江迎仙楼与木氏土司吕祖信仰

术，《隐园春兴》其十一云，"梦引陈抟睡"①，陈抟睡指睡功，道教内丹修炼术。得益于道教内丹炼养之法，木公的身体状况有所好转，渐趋康健，对道教内丹修炼之术愈加推崇。

木公对道教内丹炼养之术的精研与修习，是吕祖信仰在木氏土司家族得以传播的基础。早期诗文虽涉及道教内丹修炼，但未谈及吕祖信仰问题，随着迎仙楼的建成及其诗文的问世，木氏土司家族的吕祖信仰逐渐显现。《登迎仙楼》其一云，"吕翁骑鹤遥能游"②，迎仙楼的修建就是为了恭候吕洞宾的降临，这表明木公对吕洞宾的尊崇是修建迎仙楼的前提，也就是说，迎仙楼的修建缘于木公的吕祖信仰。吕洞宾何时成为木公推崇与信仰的对象，就现有文献而言，当萌芽于正德末年，源于内丹炼养之术在木氏土司家族的传播。

值得注意的是，张含诗文在木氏土司家族的流布是吕祖信仰传入丽江的重要途径。张含（1479—1565），字愈光，又字禺山，号月坞山人、板松山人等，曾至丽江与木公同游玉湖。他的诗文是木公的必读之物，《遁痴堂寄题愈光》其三言，"登临每读南园卷，起坐频吟月坞诗"③，月坞诗指的就是张含的诗文作品，其对木公的诗文创作与精神世界产生了重要影响。如《次春园诗》十四首就是木公在诵读张含《春园诗》四十首的基础上依照诗作原韵而作的，通过对张含隐居之地春园及其隐居生活的描述，表达了自己对隐居生活的所感所悟。

正德五年（1510），张含进京赶考途中曾游武昌黄鹤楼，作《黄鹤楼晚坐》云，"忽见吕翁夸鹤来，惊飞误到观音阁。回头畏我捶碎楼，赠我金光新炼药"④。据《历世真仙体道通鉴》记载，

---

① （明）木公：《隐园春兴》，载多洛肯、王铭璇辑校《明代纳西族木氏土司文学家族诗集》，第47页。
② （明）木公：《雪山庚子稿》，载多洛肯、王铭璇辑校《明代纳西族木氏土司文学家族诗集》，第69页。
③ （明）木公：《雪山始音》卷上，载多洛肯、王铭璇辑校《明代纳西族木氏土司文学家族诗集》，第15页。
④ （明）张含：《张愈光诗文选》，殷守刚、徐秋雅点校，云南教育出版社2019年版，第12页。

"［吕洞宾］登黄鹤楼，以五月二十日午刻升天而去"①，黄鹤楼遂成为吕祖修行、传道、教化之地。在张含的诗文中，黄鹤是吕洞宾的坐骑，黄鹤楼是吕洞宾的道场，吕洞宾有仙药。在木公的诗文中，吕洞宾、仙药、黄鹤和迎仙楼的关系同样如此。由此可见，张含的思想、吕祖信仰及其诗文对于木氏土司家族吕祖信仰形成的影响。

迎仙楼是吕洞宾在丽江的道场。若《登迎仙楼》言："王母驾鸾迥可降，吕翁骑鹤遥能游"②，旨在"游"，《迎仙楼中忆吕翁》云，"一声长笛倚斜晖，遥忆回翁杳莫归。黄鹤不来空望眼，白云常傍雪楼飞"③，则旨在"归"，遂有"忆"，返回曰归，思念为忆。在木公的观念中，迎仙楼就是吕洞宾在人间驻留、传道、教化之所，所以他在迎仙楼中思念吕洞宾，盼望黄鹤降临。后来，他又在迎仙楼中作《忆吕翁》云，"纯阳剑客何时来，遣尔还丹使者催。催若不来云水远，新篇重寄到蓬莱"④，以诗为信，向吕洞宾传达仰慕之情，祈盼吕洞宾能够降临指点修行。

木公在迎仙楼周边驯养了很多白鹤，视它们为仙禽、吕洞宾坐骑。除上文所提之外，木公还作《咏鹤》言，"仙禽何自异，丹顶灿玄睛。昆阆遥翩翩，蓬壶迥唳声。唼萍秋水洁，浴藻晚飔清。驾我瑶池去，同君唼八琼"⑤。鹤能够往返于仙岛与人间。《对鹤》云："一双仙骥蓄檐楹，竟日优驯喜不惊。向月交鸣形影瘦，临风对舞羽毛轻。吕翁骑去随沧海，雪野招来自赤城。昨夜与君相引处，五云缭绕是蓬瀛。"⑥

---

① （元）赵道一：《历世真仙体道通鉴》卷四十五，《道藏》，文物出版社、上海书店、天津古籍出版社1988年版，第5册，第358页。
② （明）木公：《雪山庚子稿》，载多洛肯、王铭璇辑校《明代纳西族木氏土司文学家族诗集》，第69页。
③ （明）木公：《雪山庚子稿》，载多洛肯、王铭璇辑校《明代纳西族木氏土司文学家族诗集》，第88页。
④ （明）木公：《仙楼琼华》，载多洛肯、王铭璇辑校《明代纳西族木氏土司文学家族诗集》，第166页。
⑤ （明）木公：《玉湖游录》，载多洛肯、王铭璇辑校《明代纳西族木氏土司文学家族诗集》，第151页。
⑥ （明）木公：《仙楼琼华》，载多洛肯、王铭璇辑校《明代纳西族木氏土司文学家族诗集》，第166页。

诗中寻迹：丽江迎仙楼与木氏土司吕祖信仰

在木公的诗文中，吕洞宾居住于海上仙境，而鹤可以跨越仙界与人间，加上它是吕洞宾的仙骥，遂成为木公向吕洞宾表达敬仰之情、传递信件与修仙之志的重要使者。

木公还熟读吕洞宾诗文，熟知其传道事迹。他曾作《寿日醉中拜和吕仙翁韵》云，"餐霞引瀣学仙流，岂念人间万户侯。出入烟尘随所欲，翱翔海岛任于由。笑擎云液千年酒，宴赴蟠桃七月秋。往世不妨鸟兔转，雪山长黑少年头"①。所和诗文为吕洞宾的《罗浮山道士》，借此表达其学仙之志。木公还收藏、悬挂吕洞宾的画像，并在画上题诗。《题洞宾卖墨图》云："吕翁卖墨卖与谁，笑而不答将欲之。提篮满街没人买，卖与雪松留写诗。"②《洞宾卖墨图》源自吕洞宾卖墨的故事，木公熟知吕洞宾卖墨典故，借诗传志，表达了天下人不识吕洞宾卖墨真谛，而他知晓，愿吕洞宾降临，将墨卖与自己，并传授修仙之道。

木公对于吕洞宾的信仰与尊崇深深影响了子孙后代。木公之子木高，张含在《雪山大夫墓表》中言，"〔木高〕上克肖父，绍述济美"③，取道号中海仙翁，于中海营建仙都，修邯郸寺，可能源于吕洞宾在邯郸点化卢生的典故。木高对于子女、孙子、孙女亦"躬自抚育，教爱成人"④，张含有记："大夫顾尝见端峰君之有孙而稚，与端峰君趋庭闻诗礼之教久矣。"⑤ 受父影响，木东道号郁华仙子，以吕洞宾为师，建师吕阁，供奉吕洞宾。《木东碑》载，他常"于师吕阁焚香静坐，契道会玄，而于道藏释典有益身心，得天君之贞固，不为物欲之所牵引，实严君履信思顺之道也"⑥，冯

---

① （明）木公：《雪山庚子稿》，载多洛肯、王铭璇辑校《明代纳西族木氏土司文学家族诗集》，第78页。
② （明）木公：《仙楼琼华》，载多洛肯、王铭璇辑校《明代纳西族木氏土司文学家族诗集》，第168页。
③ （明）张含：《张愈光诗文选》，殷守刚、徐秋雅点校，第215页。
④ （明）木东：《木高碑》，载多洛肯、王铭璇辑校《明代纳西族木氏土司文学家族诗集》，第290页。
⑤ （明）张含：《张愈光诗文选》，殷守刚、徐秋雅点校，第215页。
⑥ （明）木旺：《木东碑》，载多洛肯、王铭璇辑校《明代纳西族木氏土司文学家族诗集》，第291页。

时可亦记:"建师吕阁,时憩其中,观白存黄,翩翩有天际真人致。"① 其后两代流传至今的诗文作品不多,但是综合木东之子木旺所撰《木东碑》、木旺之了木青诗文《泛玉湖》、迎仙楼的存世情况、吕洞宾画像的收藏情况等诸因素,可知吕祖信仰对木氏土司家族的影响一直存在。

木青之子木增,有生白道人、雪山道人、滇西华马水月道人、丽水解脱道人等多个道号。他精心维护迎仙楼,并于楼中修行,如《松楼》其一言,"念定神无累,心澄梦已休"②,其二云,"欲知真适性,趺坐自如如"③。他还作《迎仙楼登眺有感》云:"侧问帝君诀,吾心自有天。"④ 至大年间(1308—1311),元武宗封吕洞宾为"纯阳演正警化孚佑帝君",迎仙楼为吕祖道场,此帝君当指吕洞宾。"诀"之一字在他的诗文中时常出现,如《壶中别天》云,"仙翁授我长生诀,一醉从教陵谷迁"⑤,《逸趣篇》言,"语我惟心诀,解脱生死梏"⑥,《散诞居诸》云,"醉余别有长生诀"⑦,《送友归山》其二语,"鼎按乾坤归姹人,砂镕铅永炼长生。大还神术生平契,何日堪将秘诀倾"⑧,意指长生秘诀。前面已提到,修习道教内丹之术以求延年益寿、长生成仙是吕祖信仰在木氏土司家族传播与发展的基础,而木增一生都在追寻摆脱生死之秘诀,"侧问帝君诀"即在向吕洞宾表达他的求仙之志,希望其传授秘诀。

---

① (明)冯时可:《明丽江知府木氏雪山、端峰、文岩、玉龙、松鹤、生白六公传》,载木光编著《木府风云录》,第39页。
② (明)木增:《木生白啸月堂诗空翠居集》,载多洛肯、王铭璇辑校《明代纳西族木氏土司文学家族诗集》,第269页。
③ (明)木增:《木生白啸月堂诗空翠居集》,载多洛肯、王铭璇辑校《明代纳西族木氏土司文学家族诗集》,第269页。
④ (明)木增:《芝山云薖集》卷二,明末刻本。
⑤ (明)木增:《壶中别天》,载木光编著《木府风云录》,第125页。
⑥ (明)木增:《山中逸趣》,载多洛肯、王铭璇辑校《明代纳西族木氏土司文学家族诗集》,第224页。
⑦ (明)木增:《山中逸趣》,载多洛肯、王铭璇辑校《明代纳西族木氏土司文学家族诗集》,第255页。
⑧ (明)木增:《木生白啸月堂诗空翠居集》,载多洛肯、王铭璇辑校《明代纳西族木氏土司文学家族诗集》,第275页。

诗中寻迹：丽江迎仙楼与木氏土司吕祖信仰

木增还重建了已经成为废墟的中海仙都，使昔日盛景得以重现，《壶中别天》即中海八景之一。木增《芝山云薖集》有对中海、玉湖、迎仙楼的大量描述，但仅留数篇，绝大部分已经失传。关于中海仅存的几篇诗文，可论证木增对道教的尊崇，却难以获取与吕祖信仰相关的信息。目前唯一的线索是，方志中记载的邯郸寺之名以及今人将其归于道观之属的分类，而此也仅限于推测。

木氏土司家族还收藏有吕洞宾画像，木增曾为画像题诗，有《题吕仙轴》《次题吕仙轴韵》两首诗文。《次题吕仙轴韵》云，"幽亭夏雨洒潇潇，图画看来兴欲飚。黄服蓝巾光雅淡，仙风道骨自飘飘。风箫口吹鸣人籁，龙剑随身蹴海潮。闻说子荆曾睹面，吾今亦得睹遗标"[1]。诗文对吕洞宾的样貌、衣着、形态进行了细致的描述，表达了作者对吕洞宾的崇敬之情。

木增还时常引用黄粱一梦的典故来抒发自己或描绘友人求真求仙之志向。他对于"梦"有很多阐述，如《逸趣篇》云，"贪爱利名者，奔忙忧蹙蹙。笑指白云窝，唤回大梦局"[2]，《松楼》其一言，"心澄梦已休"[3]，世间的功名利禄、荣华富贵，如梦一般短促而虚幻，莫要执着。他还引用黄粱一梦来表述梦境与现实，《松声》其二语，"恍君天地外，浑绝市尘营。惊觉黄粱枕，犹疑泛斗声"[4]，清风乍起，松涛拍浪，声如韶濩，身临其中，恍如身处仙界，远离世俗，似梦似真，难以辨别。在《送友归山》中，他则以吕洞宾黄粱传道之真谛送友人进山修行，"黄粱幻梦已成炊，灵药三三煮熟诗"[5]，祝愿友人早日练就长生之术，登达仙途。木增对

---

[1] （明）木增：《芝山云薖集》卷二，明末刻本。
[2] （明）木增：《山中逸趣》，载多洛肯、王铭璇辑校《明代纳西族木氏土司文学家族诗集》，第224页。
[3] （明）木增：《木生白啸月堂诗空翠居集》，载多洛肯、王铭璇辑校《明代纳西族木氏土司文学家族诗集》，第269页。
[4] （明）木增：《木生白啸月堂诗空翠居集》，载多洛肯、王铭璇辑校《明代纳西族木氏土司文学家族诗集》，第269页。
[5] （明）木增：《木生白啸月堂诗空翠居集》，载多洛肯、王铭璇辑校《明代纳西族木氏土司文学家族诗集》，第275页。

于吕洞宾的推崇，使吕祖信仰在木氏土司家族的发展达到了另一个高峰，也是最后一个高峰。而后随着时局的变化，吕祖信仰渐趋式微，乃至退出了木氏土司家族的信仰体系。

四 余论

　　道教能够在丽江纳西族木氏土司家族传播得益于明王朝在边疆少数民族地区推行的各项教化政策。不同于前代的羁縻政策，明王朝在推行土司制度的同时，注重加强土司阶层的文化教育，以促进文化实边，增强土司的政治认同、文化认同，强化土司的大一统意识。国家各项政策、制度，如"以儒为主，佛道为辅"的政策、移民实边政策、朝贡制度、朝天宫习仪以及地方宫观寺庙习仪制度、地方祭祀制度在边疆少数民族地区的推行；地方机构如卫所、布政司分司、按察司分司、道纪司等的设立，流官增多、儒学发展、道教兴盛、文化交流频繁，尤其是真武大帝为明皇室"护国家神"地位的确立以及针对土司阶层开展的儒学教育政策，为道教在土司阶层的传播与发展创造了新的契机。

　　在诸因素的影响下，道教成为土司接受国家教化、愿为明朝忠臣的重要表达方式，也是其与地方流官、士大夫阶层建立良好关系的重要手段。起初，道教在丽江木氏土司家族的传播即遵循了这一政治原则，木氏土司则成为道教在丽江纳西族地区传播的中坚力量。在后续的发展中，道教逐渐内化为木氏土司家族的信仰，而迎仙楼正是道教内化的产物，集中体现了木氏土司家族对道教的尊崇与信仰。因此，迎仙楼是学界了解木氏土司家族道教信仰的关键，而有关迎仙楼的资料多隐藏于木氏土司的诗文著作中，所以梳理相关诗文著作并加以研究是目前破解迎仙楼与木氏土司道教信仰的唯一途径。

　　通过梳理与研究，迎仙楼的位置、修建缘起、修建时间、建筑形制、周边环境等信息逐渐清晰，但是因诗文记载有限，仍需新的材料以待进一步考证。就目前所知而言，迎仙楼是木氏土司修建的第一所具有家族性质的崇道场所，缘于木公对于吕洞宾的推崇与信仰。自此，木氏土司家族形成了以迎仙楼为中心的吕祖信仰空间，并向外延展，进而形成了中海仙都、师吕阁等道教信仰空间，但是这些信仰空间未能实现由个人行为向家族性质的转化，中海仙都随着木高的逝世逐渐荒芜，至木增时才得以重建；师吕阁自木东后未再见诸记载。作为主道场的迎仙楼则在木氏土司家族的精心维护下一直延续至清初，见证了木氏土司家族最辉煌的时期。这一时期木氏土司的统治区域不断扩大、内部稳定、经济繁荣、文化昌盛，与周边区域、内地的交往交流密切，文化互动频繁，道教发展至极盛。

入清以后，随着迎仙楼的倒塌，道教信仰在木氏土司家族逐渐式微，但是其崇道形象深深印入了纳西民众的集体记忆之中。时至今日，在木氏土司生活过的地方，院落地面皆铺暗八仙图案，即道教八仙所执法器，又称"道家八宝"。木府重建过程中，设计者还依据木增崇道史迹与神话传说，专门修建了代表道教文化的三清殿，以展现道教对纳西文化的影响。作为旅游景观，三清殿还是木增明朝忠臣形象的重要文化标识。借助物象表达与文化宣传，木增的崇道形象被重新塑造和定义，使文化背后所蕴含的木氏土司忠君爱国形象更加具象，以展现纳西族深沉的爱国主义情怀，从而赋予其新的文化内涵与时代价值。

佛学研究

"以梦为马，不负韶华"
——天台之"梦"研究*

陈　坚

摘　要：梦是人类正常的心理现象，但不同的人对梦的态度和看法是不一样的。天台宗历代祖师依据佛教缘起原理，认为梦的世界与现实世界都是缘起的，现实世界并不比梦的世界更真实。正是基于这样的认识，他们都将梦相当作人生的真实指导，也就是梦怎么样，就真的依照它去做，毫不犹豫，大有"以梦为马，不负韶华"之气概，从而开出相应的真实的人生境遇。在漫长的天台宗史中，天台诸师之"梦"举不胜举，其本身就可以构成一部"天台梦史"，而这"梦史"的落实又形塑了真实的天台宗史。

关键词：天台宗；梦；智者大师；缘起

作者简介：陈坚，山东大学佛教研究中心教授、博士生导师（山东济南250199）。

---

* 本文是国家社会科学基金项目"中国佛学中的无神论"（项目号：19BZJ005）的阶段性成果。

"以梦为马,不负韶华"

引　言

"以梦为马,不负韶华",是时下的时髦语,系出自海子的著名诗篇《以梦为马》,意思就是说"把自己的梦想作为前进的方向和动力,不辜负美好的时光。现在一般用来告诫人们珍惜时光,在最好的年华里为自己的梦想努力拼搏"[①]。原诗是这样的:

> 我要做远方的忠诚的儿子/和物质的短暂情人/和所有以梦为马的诗人一样/我不得不和烈士和小丑走在同一道路上/万人都要将火熄灭/我一人独将此火高高举起/此火为大,开花落英于神圣的祖国/和所有以梦为马的诗人一样/我藉此火得度一生的茫茫黑夜/此火为大,祖国的语言和乱石投筑的梁山城寨/以梦为土的敦煌——那七月也会寒冷的骨骼/如雪白的柴和坚硬的条条白雪/横放在众神之山/和所有以梦为马的诗人一样/我投入此火,这三者是囚禁我的灯盏,吐出光辉/万人都要从我刀口走过,去建筑祖国的语言/我甘愿一切从头开始/和所有以梦为马的诗人一样/我也愿将牢底坐穿/众神创造物中只有我最易朽,带着不可抗拒的,死亡的速度/只有粮食是我珍爱/我将她紧紧抱住,抱住她,在故乡生儿育女/和所有以梦为马的诗人一样/我也愿将自己埋葬在四周高高的山上,守望平静的家园/面对大河我无限惭愧/我年华虚度,空有一身疲倦/和所有以梦为马的诗人一样/岁月易逝,一滴不剩/水滴中有一匹马儿,一命归天/千年后如若我再生于祖国的河岸/千年后我再次拥有中国的稻田,和周天子的雪山/天马踢踏/和所有以梦为马的诗人一样/我选择永恒的事业/我的事业,就是要成为太阳的一生/他从古至今日/他无比辉煌无比光明/和所有以梦为马的

[①]《"以梦为马,不负韶华"出自哪里?是什么意思?》,https://zhidao.baidu.com/question/1813183939101298204.html,2019年9月15日。

诗人一样/最后我被黄昏的众神抬入不朽的太阳/太阳是我的名字/太阳是我的一生/太阳的山顶埋葬诗歌的尸体——千年王国和我/骑着五千年凤凰和名字叫"马"的龙——我必将失败/但诗歌本身以太阳必将胜利。①

海子（1964—1989）《以梦为马》中的"梦"指人的梦想，笔者在这里转其含义，用来指夜里做梦的"梦"，亦即那个实实在在的"梦"，并在这个"梦"的意义下，用"以梦为马"来描述天台宗祖师在其所做梦的指引下的佛教生涯，也就是永明延寿禅师（904—975）在诗偈中所说的"降伏镜像魔军，大作梦中佛事"②。

我们都知道，梦既是人类的一种正常心理现象，也是人类文化表达的一种重要媒介，比如《庄子》中著名的"庄周梦蝶"，李白（701—762）的名诗《梦游天姥吟留别》以及《金刚经》中的四句偈"一切有为法，如梦幻泡影，如露亦如电，应作如是观"。弗洛伊德（Sigmund Freud，1856—1939）曾作《梦的解析》，研究梦的心理机制，揭示梦产生的原因尤其是与梦者童年生活经历的关系，总之，弗洛伊德对梦的研究，是指向梦的过去，因而属于对梦的反思性研究。然而，在中国文化中，梦一般都是指向未来的，这在流传民间的所谓"周公解梦"中就能明显看出，比如笔者家墙上挂的2020年日历，每天都有"周公解梦"的内容，其中，

10月13日，梦见：屋顶，解：会挨饿受饥。
10月14日，梦见：桥，解：将不久于人世。
10月15日，梦见：井水，解：事业顺利。

事不过三。"周公解梦"表明在"周公"看来，或者说在中国文化语境中，一个人的梦足以真实地影响其未来的人生走向（比如

---

① 海子著，西川编：《海子诗全集》，作家出版社2009年版，第434—436页。
② （宋）延寿：《万善同归集》卷下，《大正藏》，第48册，第993页上。

李白之所以到天姥山、天台山游观，与其《梦游天姥吟留别》就不无关系），而不是像我们一般人所说的那样，梦是假的，无论好坏，一觉醒来悉都归零，对现实人生没有任何现实的影响。我国古代有众所周知的"四大名著""四大美女"，亦有所谓的"四大梦"，即"黄粱美梦""南柯一梦""江淹梦笔""罗含梦鸟"，此四梦都深刻地影响了做梦者醒后的人生走向。我们不妨举大家都耳熟的"南柯一梦"，看看这个"梦"究竟是如何展示其未来指向的。

"南柯一梦"出自唐代李公佐（生卒不详）的《南柯太守传》[①]。据此传记载，"东平淳于棼，吴楚游侠之士，嗜酒使气，不守细行；累巨产，养豪客。曾以武艺补淮南军裨将，因使酒忤帅，斥逐落魄，纵诞饮酒为事"。就这么一个不着调的酒鬼土豪，有一天喝醉了酒，"卧于堂东庑之下"睡着了并做了一个梦。在梦中，淳于棼那是"金榜题名时，洞房花烛夜"，中了状元，当了驸马，享尽荣华富贵，后来被皇帝派去当南柯郡太守，也是政绩突出，百姓拥戴，总之仕途一帆风顺。然而，好景不长，有檀萝国进犯南柯郡，这位南柯太守虽然率军抵抗，无奈不谙兵法，一败涂地。皇帝得知战况，非常气愤，不由分说将淳于棼削职为民，遣回故里。淳于棼郁闷至极，怒吼一声，从梦中惊醒——这就是所谓的"南柯一梦"。梦虽非现实，但淳于棼却将其视同现实，因为他梦醒之后，"感南柯之浮虚，悟人世之倏忽，遂栖心道门，绝弃酒色"。淳于棼就因为做了这"南柯一梦"而感悟人生之虚无，从此洗心革面，"栖心道门，绝弃酒色"，完全变成了另一个人。我们一般人在梦醒之后，都不会将梦境当真，但淳于棼就是将"南柯一梦"当真了，并因此走上了新的人生道路。另外，关于这个"南柯一梦"，还有一个细节需要提及，那就是在梦开始的时候，有"二紫衣使者"将淳于棼带入一个"古槐穴"中，上述梦境就是在这"古槐穴"中发生的。梦醒之后，淳于棼就到门外去"寻槐下穴"，并且还真的在一棵大槐树下找到了一个"有蚁数斛，隐聚其中"的蚂蚁

[①] 参见李剑国辑校《唐五代传奇集》，中华书局2015年版，第687—695页。

洞,并且认为这就是他在梦中所见的"古槐穴"。我们一般人,梦醒了也就醒了,通常是不会去找寻梦中所现之场景的,而淳于棼却是很认真地去找了,并且居然还煞有介事地找到了他认为就是梦中"古槐穴"的那个蚂蚁洞。很显然,在这个"南柯一梦"中,做梦者视梦境为真实,而且此一梦境还深刻地影响了梦者的现实行为及其未来的人生选择。

本文想以"南柯一梦"来起个兴,谈谈天台宗史上发生过的梦。不过,在此之前,有必要先来看看天台宗所从属的中国佛教的"第一梦",那就是"汉明帝夜梦神人"。《牟子理惑论》中记其梦曰:

> 昔孝明皇帝,梦见神人,身有日光,飞在殿前,欣然悦之。明日博问群臣:"此为何神?"有通人傅毅曰:"臣闻天竺有得道者,号曰'佛',飞行虚空,身有日光,殆将其神也。"于是上寤,遣中郎蔡愔、羽林郎中秦景、博士弟子王遵等十八人,于大月支,写佛经四十二章,藏在兰台石室第十四间。[①]

话说东汉明帝(28—75)有一天晚上做了一个梦,梦中见一"身有日光"的神人,"飞在殿前",醒来后问群臣这是什么神。"有通人傅毅"对他说这是天竺的佛。明帝恍然大悟,遂派人前往天竺"西天取经",这被认为是中国佛教的开端。从这个意义上来说,说中国佛教肇始于明帝一梦亦不过分。实际上,不但中国佛教开始于一个梦,在中国佛教史上,很多人出家为僧亦缘于人生一梦,比如天台宗创始人智者大师(538—597)就是这样。

一 智者大师的"梦"

据《隋天台智者大师别传》记载,智者大师母亲是因梦而怀上

---

① (梁)僧佑:《弘明集》卷一,《大正藏》,第52册,第4下—5页上。

"以梦为马，不负韶华"

他的，且看：

> 母徐氏，温良恭俭，偏勤斋戒，梦香烟五彩轻浮，若雾萦回在怀，欲拂去之。闻人语曰："宿世因缘，寄托王道；福德自至，何以去之？"又梦吞白鼠，因觉体重。至于载诞，夜现神光拣宇，焕然兼辉邻室。①

也许母亲徐氏的梦孕为智者大师植入了梦的"基因"，智者大师后来的人生发展在很大程度上受到了自己梦的指引。我们不妨顺着他的人生轨迹来一一看过。

（一）出家之梦

> 年十五，值孝元之败，家国殄丧，亲属流徙。叹荣会之难久，痛凋离之易及。于长沙像前，发弘大愿，誓作沙门，荷负正法，为己重任。既精诚感通，梦彼瑞像，飞临宅庭，授金色手，从窗隙入，三遍摩顶，由是深厌家狱，思灭苦本，但二亲恩爱，不时听许。虽惟将顺而寝哺不安，乃刻檀写像，披藏寻经，晓夜礼诵，念念相续。当拜佛时，举身投地，恍焉如梦，见极高山，临于大海，澄渟蓊郁，更相显映。山顶有僧，招手唤上，须臾申臂，至于山麓，接引令登入一伽蓝，见所造像，在彼殿内。梦里悲泣而陈所愿："学得三世佛法，对千部论师说之无碍，不唐世间四事恩惠。"申臂僧举手指像，而复语云："汝当居此，汝当终此。"既从寤已，方见己身对佛而伏，梦中之泪，委地成流，悲喜交怀，精勤逾至。后遭二亲殄丧，丁艰荼毒。逮于服讫，从兄求去。兄曰："天已丧我亲，汝重割我心。既孤更离，安可忍乎？"跪而对曰："昔梁荆百万，一朝仆妾，于时久役江湖之心，不能复处磈磊之内。欲报恩酬德，当

---

① （隋）灌顶：《隋天台智者大师别传》，《大正藏》，第50册，第191页中。

谋道为先,唐聚何益?铭肌刻骨,意不可移。"时王琳据湘,从琳求去,琳以陈侯故旧,又嘉此志节,资给法具,深助随喜。年十有八,投湘州果愿寺沙门法绪而出家焉。①

智者大师十八岁出家,而他之所以出家,乃是与他此前所做的两个梦有关。第一个梦发生在智者大师十五岁的时候。那一年正值梁末兵乱"孝元之败"②,"家国珍丧,亲属流徙",智者大师"叹荣会之难久,痛凋离之易及"而到家乡荆州长沙寺佛像前发愿出家,愿之真切,"精诚感通"以至于做了一个梦,"梦彼瑞像,飞临宅庭,授金色手,从窗隙入,三遍摩顶,由是深厌家狱,思灭苦本",也就是说,这梦让他更坚定了出家之志,其中的"瑞像",就是佛像。在笔者看来,智者大师所梦见的"瑞像"颇有点类似于汉明帝所梦的神人,它们都是飞着的,都代表佛,但智者大师所梦的"瑞像"有一点为后者所无,那就是他能伸手给做梦者"摩顶",正是这一"摩顶"坚定了智者大师梦醒之后的出家之志。然而,"父母在,不远游"(《论语·里仁》),况且父母对他还恩爱有加,智者大师实在不忍心遽然出家而伤了父母的心,于是只好在家里"刻檀写像,披藏寻经,晓夜礼诵,念念相续"。有一天智者大师在拜佛时,伏在地下恍惚睡着了,又做了一个与"神手"有关的梦,梦中"见极高山,临于大海"③,有一僧站在山顶,向山下的他招手,并

---

① (隋)灌顶:《隋天台智者大师别传》,《大正藏》,第50册,第191页中、下。

② "孝元"就是梁孝元皇帝萧绎(508—555)。所谓"孝元之败",是指孝元皇帝承圣三年(554),梁朝遭受西魏入侵,兵败投降,孝元皇帝本人也被萧詧(519—562,即后来的梁宣帝)用土袋闷死。

③ 智者大师在天台山期间,曾受临海内史计诩之邀下山沿着灵江往台州湾出海口方向,《隋天台智者大师别传》:"方舟江上,讲《流水品》,又散粳粮为财、法二施。船出海口,望芙蓉山,耸峭丛起,若红莲之始开,横石孤垂,似菱华之将落。师云:'昔梦游海畔,正似于此。'"(《大正藏》,第50册,第193页下)在智者大师看来,矗立在台州湾出海口海边的芙蓉山(位于今临海市桃渚镇芙蓉村)就是他在梦中所"见极高山,临于大海",而这芙蓉山,在今浙江省临海市东,本为海岛,后淤为平陆。"芙蓉山,《临海记》云:'州东北七十里海中有芙蓉山。'《智者禅师传》云:'出海口,望芙蓉山,竦若红莲之始开。'唐天宝六载改为秀丽山。"[(宋)乐史:《太平寰宇记》卷九十八,中华书局2007年版,第1965页]

"以梦为马，不负韶华"

唤他上去，然后又把手臂一直伸到山脚下（这手臂也是够长的）把他接引到山顶的一座佛寺内。当看见寺内的佛像时，智者大师不禁泪流满面并在佛像前发学佛大愿："学得三世佛法，对千部论师说之无碍，不唐世间四事恩惠。"站在旁边的那位"伸臂僧"对他说："看来，你就应该住在这里并终老于此啊！"话音刚落，智者大师就醒了，醒后见自己伏于佛前泪流委地，"悲喜交怀，精勤逾至"，再一次坚定了出家之志。[1] 后来，父母相继去世，智者大师服丧期满，就向哥哥提出出家的想法，孰料哥哥也不同意，说父母走了，你要是再出家了，那叫我一个人情何以堪？不过，此时的智者大师对于出家已是"意不可移"，任何力量都难挡其道了，只见他给哥哥跪下，说了一番战乱时期世事无常"当谋道为先"之类的话，哥哥最终还是同意了他出家。不过，按照陈朝（此时已入陈朝）的规定，一个人要出家，光家人同意还不行，还得当地政府批准[2]，所以他又去找当时主政湘地的王琳。王琳顾念智者大师好歹也是陈姓之后，与陈朝皇帝同一姓，同时又有如此坚定的出家志向，于是就同意了他出家的请求，并"资给法具，深助随喜"。就这样，一切顺理成章后，智者大师于十八岁那年"投湘州果愿寺沙门法绪而出家"。在刚才这两个梦中，一个是瑞像伸手摩智者大师之顶，一个是僧人伸手接引智者大师到山顶佛寺中，正是这两个"伸手"最终合力将现实的智者大师拉进了佛门。

---

[1] 智者大师梦中所见到的这个"伸臂僧"，后来被他认为是在天台山遇到的定光禅师，《隋天台智者大师别传》载："有定光禅师，居山三十载，迹晦道明，易狎难识，有所悬记，多皆显验。其夕，乃宿定光之草庵，咸闻钟磬，寥亮山谷，从微至著，起尽成韵。问光此声疏数，光舞手长吟曰：'但闻鸣槌集僧，是得住之相，臆睹招手相引时不？'余人莫解其言，仍于光所住之北峰创立伽蓝，树植松巢，引流绕砌，瞻望寺所，全如昔梦，无毫差也。"[（隋）灌顶：《隋天台智者大师别传》，《大正藏》，第50册，第193页上一中]

[2] 梁朝佞佛，对民众出家为僧网开一面，如梁武帝就曾沾沾自喜地对达摩说"朕一生造寺度僧，布施设斋，有何功德？"（《六祖大师法宝坛经》，《大正藏》，第48册，第351页下）然而，557年陈霸先取代梁称帝，建立陈朝。与梁朝相比，陈朝收紧了佛教政策，对出家的要求就严格起来了，《隋天台智者大师别传》："陈世所检僧尼无贯者万人，朝议策经，不合者休道。"[（隋）灌顶：《隋天台智者大师别传》，《大正藏》，第50册，第194页中]

(二) 苏山"实相梦"

时有慧邈禅师,行矫常伦,辩迷时听,自谓门人曰:"我所敷弘,真师子吼;他之所说,是野干鸣。心眼未开,谁不惑者?"先师正引经文,傍宗击节,研核考问,邈则失征。扬簸慧风,则糠秕可识;淘汰定水,故砂砾易明,于是迷徒知反,问津识济。仍于是夜,梦见三层楼阁,邈立其下,己坐其上。又有一人攘臂怒目曰:"何忽邈耶?何疑法耶?宜当问我。"先师设难数关,宾主往复。怒人辞穷理丧,结舌亡言,因诫之曰:"除诸法实相,余皆魔事。"诫已,不复见邈及与怒人。夕有闻者,谓为诡吒。旦诣思所,具陈是相。师曰:"汝观《般若·不退品》,凡几种行类相貌,九十六道。经云:'人若说法,神助怖之。'汝既昼折慢幢,夜驱恶党,邪不干正,法应尔也。"①

引文中的"先师"就是指智者大师,因为《隋天台智者大师别传》是智者大师的弟子灌顶(561—632)所撰,在传中灌顶都称智者大师为"先师"。话说智者大师出家后不久,来到大苏山(位于今河南省光山县)慧思大师(515—577)门下学习,并且学得很好,简直就是青出于蓝而胜于蓝,因而深得慧思大师赏识。慧思大师曾对他大为赞叹,曰:"非尔弗证,非我莫识。所入定者,法华三昧前方便也;所发持者,初旋陀罗尼也。纵令文字之师千群万众,寻汝之辩不可穷矣。于说法人中最为第一。"② 慧思大师对智者大师的这一番称赞,传到了一位在当地也颇有名望的慧邈禅师的耳中。慧邈禅师颇为不满,他对其门人说,我的说法才是"真师子吼",他智者大师算什么,他的说法就"是野干鸣",你们若是"心眼未

---
① (隋)灌顶:《隋天台智者大师别传》,《大正藏》,第 50 册,第 192 页上。
② (隋)灌顶:《隋天台智者大师别传》,《大正藏》,第 50 册,第 192 页上。

"以梦为马，不负韶华"

开"，小心被他迷惑了。为了证明自己高于智者大师，慧邈禅师高调去找智者大师切磋佛法，也就是上门"踢馆"。谁知几个回合下来，智者大师旁征博引，"研核考问"，而慧邈禅师呢，则是失之无征，败下阵来。这真是不比不知道，一比见分晓，"师子吼"与"野干鸣"当下立判，慧邈禅师也是心服口服，自叹弗如，实所谓"扬簸慧风，则糠秕可识；淘汰定水，故砂砾易明"。就在与慧邈禅师切磋佛法结束后的当天夜里，智者大师就做了一个梦，梦见自己坐在一个三层阁楼上，而慧邈禅师则站在楼下。此时，"有一人攘臂怒目"对智者大师吼道：你怎么能这么蔑视慧邈禅师呢？佛教上有什么疑问，你可以问我呀！于是，恭敬不如从命，智者大师就问了这位"攘臂"人几个问题，谁知对方都答不上来，"辞穷理丧，结舌亡言"。这时，智者大师便劝诫他说，这个佛法啊，你要知道，"除诸法实相，余皆魔事"——就是梦中说的这一句"除诸法实相，余皆魔事"，使得智者大师在之后创建天台宗佛学体系时，始终将"诸法实相"视作天台佛学的最高原理，只是在某些具体的语境中，他有时会将"诸法实相"称作"中道实相"罢了。不过，对于这个梦，当时有人听说后，却很不以为然，觉得智者大师梦中说出"除诸法实相，余皆魔事"这句非同寻常的话，完全是"瞎猫碰到死耗子"的"诳呓"，没什么了不起，并把这个意思告诉了慧思大师。然而，慧思大师却根据《般若经》的思想对他说："人若说法，神助怖之。"一个人若言说佛法，就会神助之而外道怖之。外道虽然总是要想尽一切方法去干扰别人言说佛法，但最终都是"邪不干正"。可见，慧思大师不但支持智者大师白天登坛说法[①]，就连智者大师夜里做梦言说佛法，他也是极力支持的。

[①] 慧思大师称赞智者大师"于说法人中最为第一"，因而在大苏山期间就经常"命令代讲"，在自己忙于"自开玄义"著书立说的时候，让智者大师代其说法，以至于后来自己前往南岳衡山而派智者大师到金陵弘法，参见（隋）灌顶《隋天台智者大师别传》，《大正藏》，第50册，第192页上。

(三) 离开金陵前往天台山之梦

陈始兴王出镇洞庭,公卿饯送,皆回车瓦官。倾舍山积,虔拜殷重,因而叹曰:"吾昨夜梦逢强盗,今乃表诸软贼。"毛绳截骨,则忆曳尾泥间,仍谢遣门人曰:"吾闻暗射,则应于弦。无明是暗也,唇舌是弓也,心虑于弦,音声如箭,长夜虚发,无所觉知。若益一人,心弦则应。又,法门如镜,方圆如像,若缘牵心,辘轳无尽;若缘杜心,自然塞涩。昔南岳轮下,及始济江东,法镜屡明,心弦数应。初,瓦官四十人共坐,二十人得法;次年,百余人共坐,二十人得法;次年,二百人共坐,减十人得法;其后,徒众转多,得法转少,妨我自行化道。可知群贤,各随所安,吾欲从吾志。蒋山过近,非避喧之处。闻《天台地记》称有仙宫,白道猷所见者信矣!《山赋》用比蓬莱,孙兴公之言得矣!若息缘兹岭,啄峰饮涧,展平生之愿也。"陈宣帝有敕留连,徐仆射济涕请住,匪从物议,直指东川,即陈太建七年秋九月初入天台。①

智者大师说"吾昨夜梦逢强盗,今乃表诸软贼",什么是"软贼"呢?慈舟大师(1877—1957)下面所说的这一番话可以帮助我们理解什么是"软贼",他说:"佛法不是送人情的,不同世间法,可以作人情送。古人云:'宁肯己身堕地狱,不以佛法作人情。'如何是将佛法作人情呢?假如有人障碍我,不愿意我修行,我听从他,就是以佛法作人情。这个人情一送,我就要堕苦,是不可送的。不要以为顺人情可以结缘,不顺人情结不了缘,当知道这不叫结缘,是叫"结冤"。冤家有软冤家,有强冤家。人人只知道有强冤家,不知道软冤家。相打相骂的强冤家,还易防备,易躲避;唯有相亲相爱的软冤家最利害,缠裹生死海中,难出难离。软冤家是

---
① (隋)灌顶:《隋天台智者大师别传》,《大正藏》,第50册,第192页下—193页上。

些甚么呢？好的朋友，好的亲眷，好的父母，好的夫妻，好的儿女皆是。"① 所谓"软贼"，亦即慈舟大师所说的"软冤家"，是指那些妨碍佛教修行的朋友亲属，而智者大师这里所说的"软贼"则是专指那些经常来虔诚拜访和供养他的王公贵胄②，那智者大师为何要将他们看成"软贼"呢？这可以说与他在金陵（今江苏省南京市）的经历有关。陈光大元年（567），智者大师奉乃师慧思大师之命离开大苏山南下金陵弘法。开始的时候，智者大师似乎是受到了金陵佛教界的排挤，但是，慢慢地，智者大师凭着自己出众的佛学才华在金陵打开了弘法局面，一时朝野僧俗，门庭若市，甚至可以说是"一人之下万人之上"，因为皇帝为了听他说法，曾"敕一日停朝事，群公毕集，金紫光禄王固、侍中孔奂、尚书毛喜、仆射周弘正等，朱轮动于路，玉佩喧于席，俱服戒香，同餐法味"，那是何等风光！然而，在智者大师看来，这些场面上的热闹以及官场的迎来送往，都是妨碍他修道的"软贼"，而且"软贼"还无处不在，简直防不胜防。陈始兴王（554—582）③ 奉命离开金陵"出镇洞庭"，出发前到瓦官寺拜访智者大师并行告别礼并给佛上炷香祈

---

① 慈舟：《普劝家庭眷属学佛》，载《慈舟老法师开示录第一、二集合订本》，庚申佛经流通处1941年版，第32页。

② 实际上，在《隋天台智者大师别传》中，还有一个与"软贼""软冤家"同义的词，那就是"软缘"，是该传在描写智者大师于天台山华顶峰修"头陀"时提到的，且看："寺北别峰，呼为华顶，登眺不见群山，暄凉永异余处。先师舍众，独往头陀，忽于后夜，大风拔木，雷震动山，魑魅千群，一形百状，或头戴龙虺，或口出星火，形如黑云，声如霹雳，倏忽转变，不可称计，图画所写降魔变等，盖少小耳，可畏之相，复过于是，而能安心，湛然空寂，逼迫之境，自然散失。又作父母师僧之形，乍枕乍抱，悲咽流涕，但深念实相，体达本无，忧苦之相，寻复消灭，强软二缘所不能动。"[（隋）灌顶：《隋天台智者大师别传》《大正藏》，第50册，第193页中] 智者大师在"登眺不见群山，暄凉永异余处"的华顶峰苦修时，一方面有月黑风高眼现魑魅的恐怖情景，另一方面又有思念父母师僧的忧苦，这都妨碍智者大师的修行，其中前者属于"强缘"（犹"强冤家"），而后者则属于"软缘"（犹"软冤家"），不过，无论是"强缘"还是"软缘"，智者大师分别通过"而能安心，湛然空寂"和"深念实相，体达本无"的"观心"法门予以消除而"强软二缘所不能动"。

③ 即陈宣帝的次子陈叔陵，太建元年（569）被封始兴郡（今广东韶关）王，后曾历任江州刺史、湘州刺史和扬州刺史等职。太建十四年（582），陈宣帝驾崩，陈叔陵发动叛乱，兵败伏诛。

求佛祖保佑一路平安。本来离开就离开呗，走一个少一个干扰，孰料那些随同送行的文武官员，在送走了陈始兴王后，居然"皆回车瓦官"①，又都回到了瓦官寺敬拜智者大师并行供养。这不禁让智者大师想起前天晚上做的梦，梦中他碰到了一伙强盗。他想，梦中的强盗可不就是眼前这帮文武百官"软贼"吗？这就是智者大师"吾昨夜梦逢强盗，今乃表诸软贼"这句话的含义。正是这一"表诸软贼"的梦，让智者大师最终选择了离开处处"软贼"的金陵而前往天台山隐修，这正应了中国那句老话："我惹不起还躲不起吗？"

（四）放生池之梦

天台基压巨海，黎民渔捕为业。为梁者断溪，为簄者沈海，秋水一涨，巨细填梁。昼夜二潮，噉（啜）满簄，顷骨成岳，蝇蛆若雷。非但水陆可悲，亦痛舟人滥殒。先师为此而运普悲，乘舍身衣，并诸劝助，赎簄一所，永为放生之池。子时，计诩临郡，请讲《金光明经》，济物无偏，宝冥出窟。以慈修身，见者欢喜；以慈修口，闻声发心。善诱殷勤，导达因果，合境渔人，改恶从善，好生去杀，湍潮绵亘三百余里，江溪簄梁合六十三所，同时永舍，俱成法池。一日所济巨亿万数，何止十千而已哉……诩后还都，别坐余事，因繁廷尉，临当伏法，遥想先师，愿申一救。其夜梦群鱼巨亿，不可称计，皆吐沫濡诩。明旦降敕，特原诩罪。当于午时，忽起瑞云，黄紫赤白，状如月晕，凝于虚空，遥盖寺顶。又，黄雀群飞，翻动嘈嘈，栖集檐宇，半日方去。师云："江鱼化为黄雀来此谢

---

① 从"回车瓦官"这四个字中，我们可以断定，陈始兴王一班人马此前是从瓦官寺离开的。那他们到瓦官寺干什么呢？无非就是陈始兴王远行前到瓦官寺与智者大师道别并烧香拜佛祈求一路平安，完了就离开瓦官寺踏上旅途，而那些送行的文武官员在将陈始兴王送到码头或驿站后，或者礼貌性地陪他走了一段路并在目送他走远后，又回到了瓦官寺拜见智者大师。

恩耳。"师遣门人慧拔金陵表闻，降陈宣帝敕云："严禁采捕，永为放生之池。"①

智者大师在这里所做的梦与一个叫计诩的人有关。计诩是谁？计诩曾是临海内史，任内邀请智者大师讲《金光明经》，协助智者大师劝阻天台山周边渔民捕鱼杀生并将一些水面立为不得捕鱼的放生池。后来，计诩犯了点事，要被杀头，"临当伏法"，他想起了智者大师，希望大师能救他一命，而就在当夜，也许是心灵感应的缘故吧，智者大师做了个梦，梦见"群鱼巨亿，不可称计，皆吐沫濡诩"，也就是鱼们纷纷用自己的唾沫来濡润计诩，颇有相濡以沫的意思。第二天早晨，皇帝居然就降旨赦免了计诩的死罪，并且到了中午，天空中"忽起瑞云，黄紫赤白，状如月晕，凝于虚空，遥盖寺顶。又，黄雀群飞，翩动嘈嚶，栖集檐宇，半日方去"。对于这个梦，智者大师解释说，这是"江鱼化为黄雀来此谢恩耳"，意思是计诩以前曾为江鱼的放生做过功德，现在这些江鱼都化身为黄雀前来给计诩谢恩。于是，智者大师即刻又派门人慧拔给陈宣帝报告此祥瑞之事后，皇帝龙颜大悦，并干脆爽快地下了一道圣旨，将整条灵江敕定为永久放生池，严禁在江中捕鱼。至于计诩，陈宣帝肯定是把他给放了，这都是不消说的情理中事。

（五）光宅之梦

然居灵耀，过为褊隘，更求闲静，立众安禅。忽梦一人，翼从严整，称名冠达，请住三桥。师云："冠达，梁武法名，三桥，岂非光宅？"遂移居之。②

---

① （隋）灌顶：《隋天台智者大师别传》，《大正藏》，第50册，第193页中—下。
② （隋）灌顶：《隋天台智者大师别传》，《大正藏》，第50册，第194页中。

陈至德三年（585），应陈少主七次遣使诏请，智者大师又从天台山回到了金陵，起初曾住在灵耀寺，其间不断有"软贼"官员前来干扰，这让他觉得灵耀寺这地方有点太过逼仄"褊隘"①，因而希望找个既清静又宽敞的佛寺以便领众禅修。这样想着的时候，有一天夜里做了个梦，梦中有个自称"冠达"的人，身后跟着一群扈从，来邀请智者大师入住三桥。智者大师想，"冠达"是梁武帝的法名呀②，而"三桥"不就是指光宅寺吗？既然是梁武帝梦中请住光宅寺，那还犹豫什么，于是就从灵耀寺移住到了光宅寺。

（六）庐山之梦

  大隋吞陈，方悟前旨；金陵既败，策杖荆湘。路次盆城，忽梦老僧曰："陶侃瑞像，敬屈守护。"于是往憩匡山，见惠远图像，验雁门法师之灵也。俄而浔阳反叛，寺宇焚烧，独有兹山，全无侵扰，护像之功，其在此矣。③

祯明三年（589），隋朝军队攻陷金陵，陈朝灭亡。为躲避战乱，

---

① 这里的"褊隘"，应该不仅仅是指灵耀寺空间面积狭小，还隐喻前文提到的令智者大师精神上有点窒息的"软贼"，因为，智者大师被请回金陵后，被"延上东堂，四事供养，礼遇殷勤。立禅众于灵耀，开释论于太极。又讲仁王般若百座，居左五等，在右陈主亲筵听法。僧正慧暅、僧都慧旷、长干慧辩，皆奉敕激扬，难似冬冰，峨峨共结，解犹夏日，赫赫能消。天子欣然，百僚尽敬。讲竟，慧暅擎香炉贺席曰：'国十余斋，身当四讲，分文析理，谓得其门。今日出星收，见巧知陋，由来诤竟不止，即座肃穆有余。七夜恬静，千枝华耀，皆法王之力也。'陈主于广德殿谢云：'非但佛法仰委，亦愿示诸不建。'陈世所检僧尼无贯者，万人朝议策经，不合者休道。先师谏曰：'调达日诵万言，不免地狱；盘特诵一行偈，获罗汉果。笃论唯识，岂关多诵？'陈主大悦，即停搜拣"［（隋）灌顶：《隋天台智者大师别传》，《大正藏》，第50册，第194页中］。智者大师本来就是因为讨厌"以佛法作人情"周旋于一大批被他称为"软贼"的王公贵族之间而离开金陵前往天台山的，孰料他再次回到金陵时依然还是被这批"软贼"围攻，真是难为他了。

② 梁天监十八年（519），梁武帝亲受佛戒，法名冠达，参见（唐）道宣《续高僧传》卷六，《大正藏》，第50册，第469页中。

③ （隋）灌顶：《隋天台智者大师别传》，《大正藏》，第50册，第194页下。

"以梦为马，不负韶华"

智者大师离开金陵，"策杖荆湘"，跋山涉水走偏路小道①回老家荆州。当路过盆城（今江西省九江市）时，智者大师做了一个梦，梦中有一老僧对他说，你应该去敬拜守护"陶侃瑞像"，于是他就转往匡山（今庐山），因为这"陶侃瑞像"就在匡山的东林寺。"'陶侃瑞像'就是指东林寺的金文殊。那是陶侃当年在广州做刺史时，看到大海里面放光，发现有菩萨金像，即派人将金文殊捞起来的。之后陶侃在武汉又做地方官，将金文殊供在了武汉的寒溪寺。以后他又调到其他地方去，就想把这尊金文殊带走，结果沉到水里了，捞不上来。多年后，慧远大师拿着香炉在江边祷告，金文殊浮上来了，于是慧远大师就将金像请到东林寺。"②——智者大师来到匡山东林寺见到的所谓"惠（慧）远图像"就是当年慧远大师（334—416）请到东林寺的这尊金像。因感慨于慧远大师"祷告得像"之灵验，智者大师便在东林寺守护了一段时间"惠远图像"亦即"陶侃瑞像"。不久有"浔阳反叛"，到处"寺宇焚烧"，唯独东林寺完好无损，大家都觉得这是智者大师护像之功。

---

① 笔者这样理解是根据"策杖"这个词。所谓"策杖"就是拄着拐杖的意思。道士、僧人云游山川，往往随身带根拄杖，这拄杖既可以在走山路过溪流时用来借力以平衡身体，又可以用来探路，还可以用来打狗驱蛇等，古今如此，比如，智者大师自己晚年就"雅好泉石，负杖闲游"[（隋）灌顶：《隋天台智者大师别传》，《大正藏》，第50册，第195页下]。再比如，道士吕洞宾（796—?）曾有诗句"一条拄杖撑天地，三尺昆吾斩鬼神"，"拄杖两头担日月，葫芦一个隐山川"。[（清）彭定求等编：《全唐诗》卷八百五十六，中华书局1960年版，第9680、9681页] 佛教方面，"八十犹行脚"云游的赵州从谂禅师（778—897）的下面这则"公案"颇能说明拄杖的作用，且看："[赵州从谂禅师]又到茱萸，执拄杖于法堂上，从东过西。萸曰：'作甚么？'师曰：'探水。'萸曰：'我这里一滴也无，探个甚么？'师以杖倚壁，便下。师将游五台，有大德作偈曰：'无处青山不道场，何须策杖礼清凉；云中纵有金毛现，正眼观时非吉祥。'师曰：'作么生是正眼？'德无对。"[（宋）普济：《五灯会元》卷四，《卍新纂续藏经》，第80册，第91页下]

② 参见大安《智者大师与庐山东林寺的因缘》，http://blog.sina.com.cn/s/blog_cbeaf7da0102w9v6.html，2016年3月2日。陶侃（259—334）乃陶渊明（352或365—427）的曾祖父。

（七）临终之梦

> 今王入朝，辞归东岭……智者雅好泉石，负杖闲游，若吟叹曰："虽在人间，弗忘山野，幽幽深谷，愉愉静夜，澄神自照，岂不乐哉？"后时一夜，皎月映床，独坐说法，连绵良久，如人问难。侍者智晞明旦启曰："未审昨夜见何因缘？"答曰："吾初梦大风忽起，吹坏宝塔。"次梵僧谓我云："机缘如薪，照用如火，傍助如风，三种备矣，化道即行。华顶之夜，许相影响，机用将尽，傍助亦息，故来相告耳。"又见南岳师共喜禅师，令吾说法，即自念言："余法名义，皆晓自裁，唯三观三智，最初面受而便说。"说竟谓我云："他方华整，相望甚久，缘必应往，吾等相送。"吾拜称诺，此死相现也。吾忆小时之梦，当终此地，所以每欣归山，今奉冥告。势当不久，死后安厝西南峰所指之地，累石周尸，植松覆坎，立二白塔，使人见者发菩提心。又经少时，语弟子云："商行寄金，医去留药。吾虽不敏，狂子可悲。"仍口授《观心论》，随语疏成，不加点润，论在别本。①

开皇十七年（597），杨广（569—618）从扬州返回长安，而智者大师也得以脱身从扬州回到天台山。为什么说"得以脱身"呢？因为杨广镇守扬州期间，时不时将智者大师召到自己身边，而且每次来了都不轻易让他走，这不，这一次"智者频辞不免，乃著《净名经疏》"②给杨广留下以便于他平时阅读，再加上此时杨广受诏回京，已届晚年的智者大师才被允许回到天台山。回到天台山后，智者大师于泉石间"负杖闲游"，陶情养性，并且在一个"皎月映床"的晚上做了个梦，先是梦见一个梵僧对他作了一番开示，其中

---

① （隋）灌顶：《隋天台智者大师别传》，《大正藏》，第 50 册，第 195 页下。
② （隋）灌顶：《隋天台智者大师别传》，《大正藏》，第 50 册，第 195 页下。

"以梦为马,不负韶华"

说到"华顶之夜,许相影响,机用将尽,傍助亦息,故来相告耳"。这个梵僧正是他当年在天台山华顶峰做"头陀"苦修时曾现身给他说法的那位神僧,且看:

> 寺北别峰,呼为华顶,登眺不见群山,暄凉永异余处,先师舍众独往头陀……明星出时,神僧现曰:"制敌胜怨,乃可为勇;能过斯难,无如汝者。"既安慰已,复为说法。说法之辞,可以意得,不可以文载。当于语下,随句明了;披云饮泉,水日非喻,即便问曰:"大圣是何法门?当云何学?云何弘宣?"答:"此名一实谛,学之以般若,宣之以大悲,从今已后,若自兼人,吾皆影响。"①

神僧说的"此名一实谛,学之以般若,宣之以大悲,从今已后,若自兼人,吾皆影响"这句话就是梵僧在梦中对智者大师所说的"华顶之夜,许相影响"的具体所指。在这个梦中,智者大师不但梦见了一位梵僧,还梦见了"南岳师共喜禅师",也就是南岳慧思大师和法喜禅师。② 在梦中,慧思大师和法喜禅师让智者大师说法。智者大师自言自语道:"诸佛法中,别的我都能自裁自决,唯有'三观三智'(亦即'一心三观'和'一心三智'),那是慧思大师一开始就教给我的。"③ 刚一说完,慧思大师就对智者大师说:"他方华整,相望甚久,缘必应往,吾等相送。"什么是"他

---

① (隋)灌顶:《隋天台智者大师别传》,《大正藏》,第50册,第193页中。
② 智者大师当年离开大苏山前往金陵时,并不是一个人去的,而是"仍共法喜等二十七人同至陈都"金陵,参见(隋)灌顶《隋天台智者大师别传》,《大正藏》,第50册,第192页中。
③ 这实际上是回应了灌顶大师在《隋天台智者大师别传》中描述智者大师于慧思门下学习时所说的"唯有三三昧及三观智,用以咨审,余悉自裁"(《大正藏》,第50册,第192页上)。如果说,智者大师在华顶峰所遇到的梵僧(神僧)为他指明了"教"方面的般若思想,那么他在大苏山时慧思大师则是为他指明了"观"方面的"三观三智",这是他后来创立"教观并重"的天台佛学的先声。

方华整"呢?"华整",意为华丽整齐。① 所谓"他方华整",就是另一个很美好的世界,如《阿弥陀经》中所描述的西方极乐世界,《华严经》中所说的"华藏世界"。慧思大师没有明说是什么"他方世界",但智者大师一听乃师这话,连下"拜称诺",感到自己"死相现"前,将不久于人世,要往生"他方世界"了。② 此时他又想起自己出家前的一个"小时之梦",也就是前文已经提到的"伸臂僧"之梦,在这个梦中,"伸臂僧"将其接引到山顶一个佛寺中,并对他说:"汝当居此,汝当终此。"智者大师认为,这预示着他"当终此山",于是便开始料理余生,还口授了《观心论》,如此云云。

从以上分析,我们不难看出,智者大师的一生,其佛教生涯的每一个重要节点,都与他的梦有关,甚至可以说,智者大师是在自己的梦的指引下一步一步地走完其佛教人生道路的。

二 天台宗其他祖师之梦

据现有的资料,智者大师之后(我们只说之后,暂不说之前),天台宗历代祖师中,以梦为其佛教人生导引的并不多,比如左溪玄朗大师(673—754),"八祖左溪尊者,讳玄朗……母葛氏初妊,梦乘羊车飞空蹑虚而觉身重,自兹已后,荤血恶闻,殆乎产蓐,亦如初寐。后心轻体安,婴儿不啼,莞尔而笑"③。玄朗大师不但是母"梦乘羊车"而生,而且其死后还入于乡人之梦,"天宝十三年九月十九日,薄疾而终,春秋八十有二,僧夏六十有一。四辈号

---

① (宋)周密《武林旧事·冬至》载:"都人最重一阳贺冬,车马皆华整鲜好。"(《全宋笔记》,大象出版社2019年版,第97册,第47页)(明)冯梦龙《警世通言·假神仙大闹华光庙》载:"绍定初年,丞相郑清之重修[华光庙],添造楼房精舍,极其华整。"(中华书局2009年版,第269页)

② 临终之时,智者大师将"衣钵道具,分满两分:一分奉弥勒,一分充羯磨。语已,右胁西向而卧,专称弥陀、般若、观音"。[(隋)灌顶:《隋天台智者大师别传》,《大正藏》,第50册,第196页上]

③ (宋)士衡编:《天台九祖传》,《大正藏》,第51册,第102页上。

恸,如慕如疑,香木幢幡,雷动山谷。乡人或梦师居宝阁第四重者,寤告邻,与之梦协。兜率天者,第四天也,愿力所届,广度人天"①。很显然,这一生一死两个梦都不是玄朗大师自己做的,因而都不属于本文所要讨论的梦的主题,直到荆溪湛然大师(711—782)才有切入"主题"之梦。

(一) 湛然大师之梦

> 年二十余,受经于左溪。左溪与之言,大骇。异日,左溪谓曰:"汝何梦乎?"对曰:"畴昔之夜,梦披僧服,掖二轮,游大河之中。"左溪曰:"噫!汝当以止观二法度群生于生死渊乎?"乃授以本师所弘之法。②

荆溪湛然是左溪玄朗的弟子,初入师门,玄朗与他交谈,问他:"汝何梦乎?"你到我这里来学习,是因为做了什么梦吗?湛然说,是的,师父,以前我曾做过一个梦,正是因为这个梦,我才到你这里来学习的。③ 我当时梦见自己"披僧服,掖二轮,游大河之中"。玄朗一听,好家伙,这还得了!你这个梦,岂不是在告诉你:"汝当以止观二法度群生于生死渊乎?"岂不是在告诉你要弘扬天台止观吗?既然如此,那玄朗就"授以本师所弘之法",也就是智者大师的天台止观法门。如果说这个梦将湛然大师导引向天台宗,那么他在《金刚錍》中叙述的那个梦则表明他为天台佛学开辟了一片新天地。《金刚錍》其实就是讲湛然所做的一个梦。梦是这么开始的,曰:

---

① (宋) 士衡编:《天台九祖传》,《大正藏》,第51册,第102页中。
② (宋) 士衡编:《天台九祖传》,《大正藏》,第51册,第102页下。
③ 也许说明在天台宗内部,由于受智者大师之梦的影响,大家都有意无意地会认为一个人的行为选择可能与他的梦有关。正因如此,湛然才会到玄朗这里来学习,而玄朗也才有"汝何梦乎"这一问。

> 自滥沾释典，积有岁年，未尝不以佛性义经怀，恐不了之徒为苦行，大教斯立，功在于兹，万派之通途，众流之归趣，诸法之大旨，造行之所期。若是而思之，依而观之，则凡圣一如，色香泯净。阿鼻依正，全处极圣之自心，毗卢身土，不逾下凡之一念。曾于静夜，久而思之，思之未已，恍焉如睡，不觉吃云："无情有性。"仍于睡梦忽见一人云："仆，野客也。"容仪粗犷，进退不恒，逼前平立，谓余曰："向来忽闻'无情有性'，仁所述耶？"余曰："然。"①

这是《金刚錍》的开头，其中说到湛然在梦中说了句吃语"无情有性"，不料被一个"野客"听到，"野客"不知所以，于是乎，接下来，湛然就在梦中与这个"野客"一问一答地讨论起"无情有性"来，而这个"无情有性"呢，本是中国佛教"佛性论"中的一个重要命题。在这个梦中，湛然乃从天台佛学的角度为"野客"论证了"无情有性"，从而使"无情有性"成为天台宗"佛性论"的重要思想。"野客"听完湛然大师关于"无情有性"的一通宏论，乃欢喜踊跃：

> 野客于是欢喜顶受，自尔永劫，唯奉持之；所在宣弘，不违尊命。敛容再拜，安庠而出，忽然梦觉，问者答者，所问所答，都无所得。②

这就是《金刚錍》的结尾，同时也是梦的结束。可见，《金刚錍》完整地描述了湛然大师一个有关"无情有性"的梦。

（二）知礼大师之梦

> 十七祖法智尊者知礼，字约言，四明金氏（世传所居在郡

---

① （唐）湛然：《金刚錍》，《大正藏》，第46册，第781页上—中。
② （唐）湛然：《金刚錍》，《大正藏》，第46册，第786页中。

"以梦为马，不负韶华"

城白塔巷），父经，以枝嗣未生，与妻李氏，祷于佛，梦神僧携童子遗之曰："此佛子罗睺罗也。"因而有娠……七岁丧母，号苦不绝，白父求出家，遂往依太平兴国寺洪选师。十五具戒，专探律部。太平兴国四年（太宗），从宝云教观（时年二十）……五年，其父梦师跪于宝云之前，云以瓶水注于口，自是圆顿之旨，一受即了。六年，尝代宝云讲……端拱元年，宝云归寂，师复梦贯宝云之首，擐于左臂而行（擐，音患，亦贯也），即自解曰："将作初表受习流通，次表操持种智之首化行于世也？"①

知礼大师也是其母梦孕而生，而且是作为"佛子罗睺罗"而生，也就是说，他是"佛子罗睺罗"转世，这预示着他在佛学上有着上上根机。这不，知礼大师七岁出家，十五岁受具，"专探律部"，而到了二十岁，他就投宝云义通（927—988）门下学习天台教观。次年，父亲梦见知礼大师跪于宝云义通面前，后者以瓶水注入知礼大师之口，知礼大师从此对于"圆顿之旨，一受即了"。如果说母亲的梦给了知礼大师生命，那么父亲的梦就是给了他慧命，而这慧命就是天台宗的"圆顿之旨"。父母双梦，真是稀有！而更稀有的则是知礼大师端拱元年（988）做的梦。那一年，宝云义通圆寂。在宝云义通圆寂后不久，知礼大师就做了一个梦，这个梦不但稀有，甚至可以说是有点让人瘆得慌，因为在梦中，知礼大师提着宝云义通的首级，然后又将其穿在自己的左臂上。对此，知礼大师自己解释说，这表示两层意思，一是表示天台佛学代代"受习流通"；二是表示自己也能够"操持种智之首化行于世"，也就是能够秉持佛法的最高智慧而在世上教化众生，其中的"种智"，也叫"一切种智"，就是佛智，是佛法中的最高智慧。

前文我们说到，临海内史计诩做了个"鱼梦"，智者大师对这个梦作了解释，知礼大师也曾解释过别人的"鱼梦"。事情是这样

---

① （宋）志磐：《佛祖统纪》卷八，《大正藏》，第49册，第191下—192页上。

的，"守尚书屯田员外郎知越州诸暨县事潘华"做了个"鱼梦"，并把它写成《梦鱼记》，曰：

> 予到任，依《普贤观经》，不令人捕池沼江湖内鱼（城外难禁）。景德四年孟冬，奉诏还阙。十月十日夜，忽梦江湖中鱼，约计数万，悉号哭云："长者去矣，吾众烹矣！"哭声沸天，所不忍闻。然而是耶？非耶？真耶？妄耶？复，焉知后来宰邑者，非长者乎？所嗟者，人何故而为鱼，鱼何故通人而知人之去留，一何灵也？君子鉴之，何忍烹之？予悯其有情，故特记之云。①

俗话说"新官上任三把火"，潘华就任越州诸暨县知事，刚一到任就依照《普贤观经》禁止百姓到县城内的池沼江湖捕鱼。② 景德四年（1007）年孟冬，潘华奉诏回京并于十月十日夜做了一个梦，梦见江湖中数以万计的鱼在那里号啕大哭，说："长者去矣，吾众烹矣！"意思是当初禁止江湖捕鱼的知事潘华走了，我们都将成为锅中烹物了，哀哉！哀哉！"哭声沸天，所不忍闻"。梦醒之后，潘华琢磨，梦中之事到底"是耶？非耶？真耶？妄耶？"对于鱼来说，难道只有我是"长者"，我的继任者就不是"长者"了？应该也是"长者"吧。笔者所感叹的是，人为什么要为鱼着想而禁止捕鱼而鱼又为何能通人性而知人之去留。看来，人鱼之间也是"心有灵犀"的。知乎此，君子谁还忍心去烹鱼呢？没人烹鱼，又有谁还会去捕鱼呢？知礼大师偶然读到这篇《梦鱼记》，颇为感慨，于是乎就写了个《跋〈梦鱼记〉》（署"四明法师跋"），曰：

---

① （宋）宗晓编：《四明尊者教行录》，王雷泉、净旻主编，王坚点校，上海古籍出版社2010年版，第20页。

② 《普贤观经》，即是《佛说观普贤菩萨行法经》，该经结尾谈到五种"忏悔"，其中"第四忏悔者，于六斋日敕诸境内力所及处，令行不杀。修如此法，是名修第四忏悔"。[参见（刘宋）昙无蜜多译《佛说观普贤菩萨行法经》，《大正藏》，第9册，第394页］潘华就是根据这句经文中的"敕诸境内力所及处，令行不杀"而禁止百姓到县城内的池沼江湖捕鱼。

"以梦为马，不负韶华"

> 四明沙门知礼，偶睹兹事。能知厥由，非释典了义，莫可原之。盖鱼性、佛性、宰邑之性，本不二焉，在事强分，二无二也。佛既先觉，立法教人，观乎物性，起同悲体，安其危，示其乐，俾其复本，与佛齐致，故流水救鱼，已得成佛，鱼亦当成，不二之验矣！今所梦者，岂孤然哉？乃由佛广放生之教，鱼蕴得脱之；缘人有增善之分，共而成之，其理必也！夫如是，闻见之人，得不力行其教，谛观乎性，使齐于流水者也。时天圣元年四月十一日跋。①

知礼大师说，《梦鱼记》并非佛典，更不是什么佛学了义，因而没必要去推究较真。不过，从佛学上来说，"鱼性、佛性、宰邑之性，本不二焉"，本是相通的，也就是说佛与一切众生其实都是同体的，正因如此，佛能起"同体大悲"救度众生，"安其危，示其乐，俾其复本，与佛齐致"，《金光明经》中长者子流水因救鱼而成佛，同时被救的鱼亦得以上生三十三天而有所成就②，这不就是佛与众生在性上"不二"的明证吗？既然佛经上都有如此之记载，那《梦鱼记》中所说的"岂孤然哉"，夫复何怪？佛在《金光明经》中"广放生之教"，鱼得以脱鱼身而升天，如果人能如法放生，必能增善而成佛，理有必然也！所以，有闻见《梦鱼记》者，得力行《金光明经》的教导，谛观佛性鱼性之"不二"，向长者子流水看齐多多放生。很显然，知礼大师是将《梦鱼记》导向《金光明经》以引导人们去放生，这既体现了知礼大师的智慧和慈悲，也体现了天台宗源于《法华经》的"方便

---

① （宋）宗晓编：《四明尊者教行录》，王雷泉、净旻主编，王坚点校，第21页。
② 这个故事出自《金光明经·长者子流水品》，该经说，救鱼的"长者子流水者即我身是"，也就是说流水长者子是释迦牟尼佛的前世；而那被救的"十千鱼，同时命过，生三十三天，起如是念：'我等以何善业因缘生此天中？'便相谓曰：'我等先于赡部洲内，堕傍生中，共受鱼身，长者子流水，施我等水，及以饼食，复为我等说甚深法十二缘起及陀罗尼，复称宝髻如来名号，以是因缘，能令我等得生此天。'"［参见（唐）义净译《金光明最胜王经》卷九，《大正藏》，第16册，第450页上］

·187·

教化"原则，因为对普通民众来说，梦是虚幻不实的，不能当真，你若一定要说梦是真的，那他们反而不会听你的。知礼大师正是因为估计到一般民众不会把梦当真，所以干脆来个顺水推舟，说你们对于《梦鱼记》倒是用不着推究较真，不过却要将佛经当真，相信佛在《金光明经》中"流水放生"的故事。当然，知礼大师之所以要拿《金光明经》而不是其他佛经来说，不仅仅是因为《金光明经》讲了"流水放生"的故事，还因为《金光明经》中也在谈梦，甚至"流水放生"这个故事本身也涉及梦，这个留待下文再细说。

（三）蕅益大师之梦

虽然在谱系上，"不肯为台家子孙"的蕅益大师（1599—1655）并非天台宗的法子[①]，但是在天台宗史上，蕅益大师无疑是智者大师之后对于弘扬天台宗最有贡献的人之一。鉴于他在天台佛学上的深厚造诣以及为天台宗所作出的实际贡献，天台宗人依然将其奉为天台宗第三十一祖。我们现在不妨依照弘一大师（1880—1942）写的《蕅益大师年谱》的纪年顺序来看一下蕅益大师的"梦"：

> 1. 明万历二十七年己亥，一岁。
> ……
> 父名之凤，字岐仲；母金氏，名大莲。以父持白衣大悲咒十年，梦大士送子而生。时父母皆年四十。
> 2. 乙巳，七岁。
> 始茹素。己巳，大师礼大悲铜殿偈，有云："我幼持斋甚

[①] 据蕅益大师之自传《八不道人传》所载，蕅益大师之所以不愿成为天台宗的法子，是"以近世台家与禅宗、贤首、慈恩，各执门庭，不能和合故也"。[（明）智旭：《灵峰蕅益大师宗论》卷一，《嘉兴大藏经》，台北：新文丰出版公司1987年版，第36册，第253页中]可见，蕅益大师是因为不愿陷入门户之争而不入天台法系的，但这丝毫不妨碍他致力于天台宗的研究与弘扬。面对蕅益大师如此的高风亮节，现如今佛教界那些不研究与弘扬天台宗却想方设法加入天台宗法系的人，不知有何感想？

"以梦为马，不负韶华"

严肃，梦想大士曾相召。"

3. 庚戌，十二岁。

就外傅，闻圣学，即以千古道脉为任，嚣嚣自得。天子不得臣，诸侯不得友，于居敬慎独之功，致知格物之要，深究之。开荤酒，作论数十篇，辟异端，梦与孔颜晤言。

4. 壬戌，二十四岁。

梦礼憨山大师，哭恨缘悭，相见太晚。师云："此是苦果，应知苦因。"语未竟，遽请曰："弟子志求上乘，不愿闻四谛法。"师云："且喜居士有向上志，虽然不能如黄檗临济，但可如岩头德山。"心又未足。拟再问，触声而醒。因思古人安有高下，梦想妄分别耳。

一月中，三梦憨师。师往曹溪，不能远从。乃从雪岭峻师剃度，命名智旭。雪师憨翁门人也。

5. 丁丑，三十九岁。

……

梦感正法衰替，痛苦而醒，写怀二偈云："魔军邪帜三洲遍，孽子孤忠一线微；梦断金河情未尽，醒来余泪尚沾衣。""休言三界尽生盲，珠系贫衣性自明；肯放眼前闲活计，便堪劫外独称英。"①

蕅益大师在其佛教生涯中不但受"梦"之引导，还受与"梦"有着异曲同工之妙的"拈阄"之引导。话说他"三十二岁，拟注《梵网》，作四阄问佛，一曰宗贤首，二曰宗天台，三曰宗慈恩，四曰自立宗，频拈得台宗阄，于是究心台部"②，正是这一"拈阄"让他最终选择了天台宗，走上了"究心台部"的佛学道路。

---

① 弘一：《蕅益大师年谱》，载《蕅益大师全集》，巴蜀书社 2013 年版，第 10 册，第 47—58 页。1. 2. 3. 4. 5. 之标号系笔者所加。

② （明）智旭：《灵峰蕅益大师宗论》卷一《八不道人传》，《嘉兴大藏经》，第 36 册，第 253 页中。

三 相关讨论

在漫长的天台宗史中，天台诸师之"梦"举不胜举，其本身就可以构成一部"天台梦史"，前文只是择其要者而述之，远没有穷尽。我们都知道，是人都会做梦，只是不同的人对自己所做的梦有着不同的解释，而这种不同的解释转而又会真实地影响做梦者现实的人生选择，天台诸师之梦就是这种影响其人生之梦。实际上，不但天台宗，中国佛教其他宗派的人也会做类似的梦，比如禅宗的长芦宗赜禅师：

> 元祐四年冬，［宗赜］夜梦一男子，乌巾白衣，可三十计，风貌清美，举措闲雅，揖谓［宗赜］曰："欲入公弥陀会，告书一名。"［宗赜］乃取莲华胜会录，秉笔问曰："公何名？"白衣者云："名普慧。"［宗赜］书已，白衣者云："家兄亦曾上名。"［宗赜］问曰："令兄何名？"白衣云："家兄名普贤。"白衣者遂隐。［宗赜］觉而询诸耆宿，皆云：《华严·离世间品》有二大菩萨名。［宗赜］以为，佛子行佛事，助佛扬化，必有贤圣幽赞。然预此会者，亦岂小缘？普贤变名易号，不知谁何。今更以二大菩萨为首云。①

这样的梦不但见之于古代中国佛教史，亦且见之于当代佛教界，比如中国台湾的证严法师，她有一个弟子叫洪碧云，这个洪碧云就是因为一个梦而坚决要求做本来发誓"不收弟子"的证严法师的弟子，并且最终还如愿以偿了，且看：

> 早在出家时，证严法师就立下"不收弟子"的原则，她定

---

① （宋）宗赜：《莲华胜会录文》，载（宋）宗晓编《乐邦文类》卷二，《大正藏》，第47册，第178页上—中。

静地告诉洪碧云:"没办法,我不收弟子。"

洪碧云不死心,她觉得自己与证严法师深有因缘,"师父,其实在我第一次来听《观世音菩萨普门品》时,看到您就吓了一跳,内心感到很震撼。因为在听师父讲经之前,我就曾做了一个很特别的梦,梦见一位师父,穿一件白色的衣服,向我招手。我知道您就是我要找的师父"。洪碧云道出拜师之切:"我未见到您的面,未听到您讲的经,就已经拜托您皈依了,现在您若不肯收我,我要怎么办呢?"

证严法师见来人意志如此坚定,更想到佛教应该为社会做点事,五百个人成就一尊"千手千眼观世音菩萨",此刻已有人手在眼前,于是打破"不收弟子"的坚持,决定广招来众做慈善。[1]

凡此种种之梦,佛教徒皆以之为真实不虚并用以指导现实人生,"甚至还以此建立他的人生经验,乃至于价值观"[2],亦即所谓的"以梦为马,不负韶华"。黑格尔在《哲学史讲演录》中谈到婆罗门教(印度教)"僧佉"亦即数论派时说:"在印度人看来,一般地说感官的感知是不存在的,一切事物都采取想象的形式,一切梦境都被当成真理与现实。"[3] 也许"以梦为真""以梦为马"是包括印度人和中国人在内的古代东方人的一种生活习惯或生活智慧。然而,稍微熟悉佛教的人都知道,佛教视现实中的一切都是虚幻不实的。《金刚经·应化非真分》中说"一切有为法,如梦幻泡影,如露亦如电,应作如是观",所谓"有为法",就是现实中的一切事物。现实都虚幻不实,更不要说梦了。梦是尽人皆知的虚幻不实,以至于曹雪芹都要以《红楼梦》为题来描写繁华的贾府,就像研究《红楼梦》的

---

[1] 潘煊编:《行愿半世纪——证严法师与慈济》,中国大百科全书出版社2019年版,第23—24页。
[2] 明影:《不知最亲切》,《禅》2020年第4期。
[3] [德]黑格尔:《哲学史讲演录》,贺麟、王太庆等译,商务印书馆2021年版,第1册,第157页。

人所说的，"'幻'与'空'是《红楼梦》中的突出字眼，作者明确点出幻是本书的主旨，用'梦'用'幻'等字，是提醒阅者眼目，亦是此书立意本旨"，即贾府之"欲望、繁华是幻亦是空，是暂时的、无常的，到头来终将成空。《金刚经》讲'一切有为法，如梦幻泡影，如露亦如电，应作如是观'。世间万象'因缘和合，缘起时起，缘尽还无'"。① 既然梦是虚幻的，那包括天台祖师在内的佛教徒为什么还要以梦来指导人生呢？难道他们都不知道梦是虚幻的？不是他们不知道，而是在他们的眼中，现实中的一张桌子，并不比梦中的桌子更为真实。现实中的一切也像梦一样虚幻！甚至比梦还更虚幻！既然都是虚幻的，那以梦为指导与以现实为指导又有什么区别呢？梦即现实，现实即梦，两者相即不二，这似乎又回到了"庄周梦蝶"的境界："昔者庄周梦为蝴蝶，栩栩然蝴蝶也。自喻适志与！不知周也。俄然觉，则蘧蘧然周也。不知周之梦为蝴蝶与？蝴蝶之梦为周与？周与蝴蝶则必有分矣，此之谓物化。"（《庄子·齐物论》）大家不妨将此当作禅宗的"公案"来参。另外，禅门还有一个关于梦的真实"公案"，曰：

> 僧问："日里即有，睡中即无，如何得寤寐一如去？"师云："谁与你道的有无？"进云："不会。"师云："不会最亲切。"②

圆修禅师即天隐圆修（1575—1635）。在这个"公案"中，圆修禅师提出了"寤寐一如"的看法，其中"寤"者，醒也；"寐"者，睡也。在"寤寐一如"的语境中，梦与现实显然是相即不二的。

---

① 唐水明：《〈红楼梦〉中的幻与空》，《磨镜台》2020年第3期。
② （明）圆修说，（明）通琇编：《天隐禅师语录》卷十六，载《乾隆大藏经》，台北：新文丰出版公司1991年版，第154册，第339页上

中国佛教莲宗与净土法门漫谈

黄公元

摘　要：净土宗的称呼，现虽流行，实为舶来品，是近现代中国佛教研究受到日本影响的一种表现。清末民初之前，中国佛教的净土法门往往称为"莲社"或"莲宗"，长期具有"寓宗"的性质及色彩。莲宗历代祖师之间，无直接传承关系，莲宗祖师从南宋后期起才逐渐被推尊，人选并不完全一致，代际间隔也差异很大，如今流行的十三代莲宗祖师谱系，中华民国时才形成。中国净土法门的高僧大德，基本上出自其他各宗，以出身于禅宗、天台宗者为多。弥陀净土与唯心净土不二，他力救度与自力解脱互济相资，是莲宗（净土宗）的一贯传统和基本特色。日本净土宗最初虽由中国传入，但因国情有别，与中国莲宗多有不同，尤其是主张纯他力救度的净土真宗本愿法门更是如此。

关键词：净土法门；寓宗；他力；自力

作者简介：黄公元，杭州师范大学教授（浙江杭州 310018）。

佛教中国化过程中形成的佛教宗派，通常有八宗、十宗等说法，最流行的是大乘八宗说，即教下四宗（天台、贤首、三论、唯识）及禅、净、律、密四宗。净宗，一般称为净土宗。但净土宗的称呼，现在虽然很流行，其实是舶来品，出现在中国本土的时间很迟，是近现代中国佛教研究受到日本影响的一种表现。在现代留学日本的华僧中最早获得博士学位的中国台湾法鼓山创办人圣严法师（1930—2009）明确指出：

> 净土法门之被称为净土宗，是始于日本。在中国则自南宋宗晓的《乐邦文类》、志磐的《佛祖统纪》，以迄清代悟开的《莲宗九祖传》，皆称"莲社"或"莲宗"诸祖。民初开始，受日本影响，才出现了"净土宗"的名称。若以晋之慧远大师建莲社，以及西方净土之九品莲花化生，作为依据，称为"莲宗"，较为贴切。净土宗则宜涵盖唯心净土、人间净土、天国净土、诸佛净土了。本文采用"净土教"一词，是为通俗，亦因中国净土教的内容，可由他力的弥陀净土，会通自力的唯心净土。明末诸家，也都以致力于唯心净土的阐发，作为净土思想的极则。①

圣严法师之考辨，对全面深刻认识佛教净土法门，及佛教中国化进程中以一心念佛导归阿弥陀佛西方极乐净土为基本特色的佛教宗派——莲宗，把握中国佛教莲宗与日本佛教净土宗的联系与区别，具有重要的启示意义。

一　莲宗祖师的推尊

莲宗，这一所谓宗派，与中国佛教另外几大宗派有诸多不同，尤其是在传承方式上表现得最为明显。

其他诸宗派，皆有相对严格、明确的师徒代际传承，禅宗最为典型，传灯不绝，法脉一直延续至今，禅宗灯录类著作，有数十种

---

① 圣严：《明末佛教研究》，宗教文化出版社2006年版，第70页。

之多，丰富多彩①；教下的天台宗次之，法统绵延，法脉亦基本承续至今，有《释门正统》《佛祖统纪》等多种台宗法统类著作；律、密及教下的华严、唯识、三论等宗，历史上亦曾有过时间或长或短的较为明晰的法脉代际传承。

而所谓净土宗，不仅近代之前在中国本土无此一说，后来所谓的历代祖师之间并无直接的传承，而且历史上的说法也不尽一致，时间与地区分布亦很不均衡。

如今所谓的净土宗十三代祖师，并无直接的法脉传承关系，从东晋时的初祖庐山慧远（334—416），到近代中华民国时期的灵岩印光（1861—1940），平均一百多年才有一个祖师，但前后两代之间，有的相隔数百年，如七祖昭庆省常（959—1020）到八祖云栖莲池（1535—1615），相隔约六百年，宋初之后直到晚明之前几乎空白；而六祖永明延寿（904—975）与七祖昭庆省常，两人只相差四十多岁，且同在杭州，道场仅隔西湖而望，但两者并无交集，除导归净土这一根本趣向上有共同点之外，思想体系、修行方式都没有直接的传承；而从晚明云栖莲池开始，经清朝到中华民国灵岩印光这三百多年间，却密集地相继涌现出九祖灵峰蕅益（1599—1655）、十祖普仁行策（1628—1682）、十一祖梵天省庵（1686—1734）、十二祖红螺彻悟（1741—1810），平均五十多年即出一个。而印光之后至今快要二百年了，海峡两岸汉传佛教界还没有出现一位公认的堪为第十四代祖师的高僧大德。

以上十三代莲宗祖师之间，并无宗派法脉的传承，只有思想及归趣上的某些联系，均是后世根据其修为、功德和威望，及其对弥陀净土法门发展之贡献和影响而推尊的。早在东晋庐山慧远大师即与诸同好结莲社而共期西方之胜举，后多有效仿远祖而结念佛莲社者，但直到南宋始有"莲社祖师"之说，天台宗僧人石芝宗晓（1151—1214）、大石志磐（生卒年不详），可谓给莲社立祖的始作俑者；到元代优昙普度（？—1330）的《庐山莲宗宝

---

① 参见净慧主编《中国灯录全书》，中国书店出版社 2011 年版。

鉴》问世后，方有"莲宗"之说，"莲社祖师"于是亦被称为"莲宗祖师"。但南宋时宗晓与志磐两位所立的莲社祖师，就不完全一致，宗晓《乐邦文类》卷三立莲社六祖为：慧远、善导、法照、少康、省常、宗赜①，而《佛祖统纪》卷二十六《净土立教志》却立莲社七祖：慧远、善导、承远、法照、少康、延寿、省常②，在法照前增入承远，省常前增入延寿，而剔除了宗赜。此后，大体上在志磐《佛祖统纪》所立七祖的基础上，逐步有所增加，而出现莲宗八祖说、九祖说一直到十三祖说，但具体人选还是有所变动，不尽一致的。直至中华民国期间印光圆寂后，在印光《莲宗十二祖赞颂》的基础上，增加众望所归的印光为十三祖，才形成如今流行的莲宗十三代祖师谱系。第十四代祖师虽有人提议过，但未得到教界普遍认可，所以至今依然维持着莲宗十三祖说：庐山慧远、光明善导、般舟承远、五会法照、台岩少康、永明延寿、昭庆省常、云栖莲池、灵峰蕅益、普仁行策、梵天省庵、红螺彻悟、灵岩印光。

　　未被列入流行的十三祖谱系，而在历史上曾被推尊为莲宗祖师的，还有多位，如北宋云门宗僧慈觉宗赜③、元代临济宗僧中峰明本（1263—1323）、元末明初临济宗僧楚石梵琦（1296—1370）④、

---

　　① 参见（南宋）宗晓《乐邦文类》卷三，《大正藏》，第47册，第192页中—193页下。

　　② 参见（南宋）志磐《净土立教志》，《大正藏》，第49册，第260页下；这里在列出莲社七祖名号后，有小字按语"四明石芝晓法师，取异代同修净业功德高盛者立为七祖。今故遵之，以为净土教门之师法焉"。话虽如此，但与现今看到的宗晓《乐邦文类》卷三所立莲社祖师，不仅数量不同，而且人选也略有调整，不知何因？

　　③ 南宋宗晓的《乐邦文类》最早为莲社立祖，就被尊为六祖；虽随后《佛祖统纪》将其剔除，但明代大佑《净土指归集》、正寂《净土生无生论注》和清代瑞璋《西舫汇征》，还是尊其为省常之后的莲宗八祖；《西舫汇征》中，宗赜之后的莲宗九祖是莲池大师；宗赜倡行弥陀净土法门甚力，影响深广，后来何以未能列入十三祖说之谱系，有待探讨。

　　④ 明本、梵琦两位，是晚明憨山德清述、清初高承埏补的《八十八祖道影传赞》推尊的，参见《八十八祖道影传赞》卷四，《卍新纂续藏经》，第86册，第641页下。莲池大师俗家弟子虞淳熙的《莲宗十祖赞》，尊明本为八祖、梵琦为九祖、莲池为十祖，参见《八十八祖道影传赞》卷二，《卍新纂续藏经》，第86册，第628页上。可见明本、梵琦被尊为莲宗八祖、九祖，莲池、憨山两位晚明尊宿皆认可；而莲池大师在圆寂不久即被尊为莲宗十祖，是得到憨山大师等认可的。

明代天台宗僧幽溪传灯（1554—1628）①，以及南北朝的石壁昙鸾（476—542）和隋唐时的西河道绰（562—645）。②

采取后世推尊的方式立祖，而且所推人选并不完全一致，编排的代数也不时有所变动，是莲宗代际传承与他宗不同的最大特色。在各种莲宗祖师说中，从宗晓《乐邦文类》到杨仁山《十宗略说》和印光《莲宗十二祖赞颂》，完全一致认同的莲祖仅有三位：慧远、善导、莲池，若从志磐《佛祖统纪》算起，完全一致认同的莲祖则有四位：慧远、善导、延寿、莲池（宗晓所立莲社六祖中虽无延寿，但随后所载的净业高僧中有延寿，而且评价甚高，《乐邦文类》《乐邦遗稿》中还引录了延寿很多论述）。现在流行的莲宗十三祖谱系，是在印光确定的莲宗十二祖基础上增加印光而形成的，足见印光在近现代净土法门中地位之尊隆和影响之巨大。但印光虽有不少缁素皈依弟子，却坚持不剃度僧徒，他一心致力于专弘净土法门，并倡立了十方专修净土道场苏州灵岩山寺，但他也不主张"净土宗"自传法脉，反而鉴于佛门中宗派主义严重、法眷私属等种种弊端，在将灵岩山寺改为十方道场时亲自制定五条规约，第一条即明确规定："住持不论台、贤、济、洞，但以戒行精严，深信净土法门为准。只传贤，不传法，以杜法眷私属之弊。"③ 这一规定，既体现了印光大师的平等博大胸怀，又显示了中国佛教诸宗归净的共同趣向，而且反映了中国净土法门依然保持着在一定程度上

---

① 传灯，是明清之际蕅益大师的《净土十要》中所推尊的，在第九要前的引言中有云，天台幽溪无尽传灯"以为莲宗嫡裔，何愧焉"。[（明）智旭：《净土十要》卷九，《卍新纂续藏经》，第61册，第741页下]

② 昙鸾、道绰两位，清末民初杨仁山《十宗略说》尊慧远、昙鸾、道绰、善导、延寿、莲池为净土宗的六位祖师，这是将中国传统的尊慧远、善导、延寿、莲池为莲宗祖师，与日本净土宗尊昙鸾、道绰为初祖、二祖的一种调和、糅合，参见杨仁山《杨仁山大德文汇》，华夏出版社2012年版，第65页。近现代陈海量《莲宗正范》，在十三代莲祖外，将昙鸾、道绰、传灯作为附录列入。现在也有学者（如温金玉）提出莲宗十五祖说，建议在流行的十三祖谱系中增入昙鸾、道绰为二祖、三祖，善导以下依次往后顺延二代，参见温金玉《昙鸾—道绰—善导系宗派学意义辨析》，载温金玉主编《中国净土宗研究》，宗教文化出版社2008年版，第214页。

③ 参见《灵岩祖师道场的守护者——记灵岩山寺明学长老事迹》，《苏州佛教》2003年8月8日。

的"寓宗"性质,即与其他诸宗始终割不断的互相渗透、互相融合的关系。这又明显体现出莲宗另一个重要特色,即莲宗具有与他宗互融渗透的性质,并非完全独立的一个佛教宗派。

二 莲宗的"寓宗"性质

净土法门长期以来并非一个独立的佛教宗派,而是寓于其他诸宗之中,故有人称之为"寓宗"。① 这是其有别于其他各宗的一个显著特点。

不仅在南宋宗晓、志磐为莲社立祖之前,莲宗(净土宗)并非独立的一个佛教宗派,即使宗晓、志磐为莲社立祖时,莲宗(净土宗)亦未独立成宗,而寓于他宗之中,立祖的"话语权"属台净融通兼行的天台宗僧。在法脉传承上,自隋唐开始诸宗各派纷起之后,众多净业高僧大德,包括被尊为莲宗祖师者,基本上都出身于其他各宗,或出自禅宗,如永明延寿、湖心绍岩(法眼宗)、天衣义怀、慧林宗本、长芦宗赜、慈受怀深(云门宗)、真歇清了、博山元来、永觉元贤、为霖道霈(曹洞宗)、中峰明本、天如惟则、楚石梵琦、截流行策、彻悟际醒、宏悟圆瑛(临济宗)、宣传传印(沩仰宗),等等,乃禅净融通兼行的宗门高僧;或出自天台宗,如天台智𫖮、昭庆省常、四明知礼、慈云遵式、神照本如、无尽传灯、梵天省庵、古虚谛闲、隆衔侊虚,等等,是教演天台行归净土的台宗高僧;或出自华严宗,如清凉澄观、圆证义和、云栖莲池、柏亭续法、普海慈舟,等等,是教依华严行归净土的贤宗高僧;或出自律宗,如灵芝元照、明庆行诜、寂光三昧、演音弘一,等等,是律净融通兼行的律宗高僧;慧日慈愍(680—748)则是禅教律诸法归净的代表人物,般舟承远、五会法照与其一脉相承,永明延寿等也深受其思想的影响;被尊为莲宗初祖的庐山慧远,是东晋时南

---

① 如陈扬炯称之为"隋唐八宗中之寓宗",参见陈扬炯《中国净土宗通史》,江苏古籍出版社2000年版,第174页。

方佛教领袖，精通教义禅智，兼容儒释道，其与高僧名士结白莲社共期西方，只是其思想行持的一个方面而已。二祖善导、五祖少康、十三祖印光，虽是专修专弘净土特色最突出的三位祖师，但他们对教禅律的造诣也颇深。

南宋之后关于莲社或莲宗祖师虽大体一致又众说纷纭的状况，既是净土法门逐步向"专宗"演进的反映，也是净土法门始终摆脱不了"寓宗"色彩的表现。

南宋"慈照宗主"茅子元所创之白莲宗，一度兴盛后即趋向衰落的命运，说明完全独立成宗的净土法门的宗派，在中国仍缺乏长久生存的土壤。带点"寓"的色彩，似乎更适应中国大度包容的宗教文化环境。尽管到元代，优昙普度撰著《庐山莲宗宝鉴》，为白莲宗辩护，皇庆元年（1312）还获准颁行天下，普度获赐"虎溪尊者"号，为白莲宗教主，称"莲宗中兴之祖"，但白莲宗依然好景不长。在现在流行的莲宗十三代祖师谱系中，南宋及元代没有一位列入，说明即使力图使白莲宗成为净土专宗的"慈照宗主""虎溪尊者"，仍尚不负教内之众望。

及至晚明，在宗晓、志磐所立莲社祖师的基础上，曾增立莲宗祖师，在元代的优昙普度与中峰明本两位差不多同时期的著名净业高僧中，一度被尊为莲宗八祖的，恰恰不是净土"专宗"色彩浓厚的"虎溪尊者"优昙普度，而是"寓宗"色彩明显的"普应国师"临济宗的中峰明本，就很能说明问题。而继明本之后，一度被推为莲宗九祖的元末明初的楚石梵琦，也是临济宗僧，继梵琦之后的莲宗十祖，则是晚明教宗华严、行归净土的云栖莲池，更进一步说明这一问题。

清末至中华民国的印光大师之前，又在云栖莲池之后，推尊明清之际的蕅益智旭（教演天台，行归净土）、清代的截流行策（临济宗僧）、实贤省庵（教演天台，行归净土）、彻悟际醒（临济宗僧）四位为莲宗祖师，莲宗依然具有明显的"寓宗"色彩。继彻悟之后，圣量印光被一致尊为莲宗祖师，印光大师虽专修专弘净土法门，很难说他曾属莲宗（净土宗）之外的哪个宗派，颇具莲宗

（净土宗）的专宗色彩，但由于他鉴于佛门中宗派主义严重等种种弊端，在其亲自为灵岩山寺制定的五条规约中，第一条即明确规定："住持不论台、贤、济、洞，但以戒行精严，深信净土法门为准。只传贤，不传法，以杜法眷私属之弊。"是以印光大师之后的莲宗（净土宗），还免不了具有"寓宗"的性质。

　　如今以专修专弘净土法门为特色的最有影响的庐山东林寺，虽是莲宗初祖慧远大师开创的庐阜名刹，但历史上却非专修专弘净土法门的道场，也曾是禅宗、律宗的著名道场，如照觉常总禅师、千华三昧律师等著名高僧，也住持过东林寺，并卓有贡献，当然他们也兼容净土法门，尤以明末时三昧律师重兴东林莲社、律净兼弘更富特色，憨山德清亲见东林莲社重开，大为赞叹。现当代的东林寺，果一长老历尽千辛万苦矢志不移地恢复重建，其间曾得到禅宗泰斗虚云老和尚的激励和支持，果公的净土思想行持，遥承慧远大师，近继印光大师和虚云老和尚；继果公住持东林寺的传印长老，则是虚云老和尚法子，为沩仰宗九世，法名宣传，虽以倡导弘扬净土念佛法门为主，也难脱"寓宗"之色彩；而继传印长老住持东林寺的以教授身剃度出家的大安和尚，虽出家前后皆专修专弘净土法门，但作为传印长老的高足，依然带有"寓宗"的痕迹，他回顾净土宗在中国的发展演变过程时，明确认为"念佛一门则寄寓于各宗，广行于道俗之间"①。

　　清末杨仁山大居士与日本佛教多有交流，见日本凝然上人《八宗纲要》，为方便初学，遂编撰简明扼要的《十宗略说》（包括小乘二宗），并将净土宗作为十宗之一（列于十宗最后），是较早从日本引入"净土宗"一词的代表性人物。由于杨仁山当年影响之大，净土宗的说法便开始在我国流行。太虚大师亦将净土宗作为大乘八宗之一，印光大师往往是莲宗、净土宗二词并用，"净土宗"一词遂进一步被广泛使用。尽管现在净土宗的说法已广为流行，若谈净土法门，似已很难不用净土宗一词。然而，中国佛教与日本佛

---

① 释大安集述：《净土宗教程》（修订本），宗教文化出版社2006年版，第72页。

教对净土宗、净土法门的认识，既有相似之处，也有相异一面。其中"专"不彻底，难免"寓"的痕迹，这是不同于独立成为"专宗"的日本净土宗尤其是净土真宗的一个重要的方面。中国净土法门的"寓宗"性质，是南宋时宗晓、志磐为莲社立祖，而使净土法门由"寓"向"专"演变时，就固有的基因。莲宗或曰净土宗与其他诸宗互相渗透、互相融合的关系，贯穿于中国净土法门发展演变过程的始终。

中国化的佛教净土法门，或者说中国的莲宗（净土宗），不仅在历史上具有"寓宗"的性质，将来也很难完全消除"寓宗"的色彩，是有别于日本净土宗的一个重要方面。

三 弥陀净土与唯心净土不二

正是中国莲宗（净土宗）一直以来具有的"寓宗"性质，历代僧俗两界的众多净业大德，在倡导并践行他力救度的弥陀净土信仰时，尽管由于时机因缘的差异，特别是宗派背景的不同，其思想行持的具体表现形式多种多样，但无不会通自力解脱（自性觉悟）的唯心净土义理。作为净业行者典范和净土法门导师的莲宗诸祖师，其思想体系和行持风格，虽各有千秋，但在以唯心净土的阐发作为净土思想极则这一点上，则是相通的，区别只在阐释的方式和强调的程度有所不同而已。

弥陀净土与唯心净土不二，他力救度与自力解脱互济相资，可以说是中国莲宗（净土宗）的一贯传统和基本特色。强调并彰显弥陀宏愿的他力救度，固然是倡行弥陀净土法门的中国莲宗不同于禅教律密其他诸宗各派的根本特点，但其"寓宗"的性质与特色，又决定了中国莲宗不可能走向纯他力救度的极端，滑向完全否定并摒弃自力解脱（自性觉悟）的歧途。历史上教义混滥的白莲教之类，之所以不能长期在中土流传而遭禁断，重要内因即在其过分强调他力救度而忽视自我戒行。弥陀净土与唯心净土不二，他力救度与自力解脱互济相资，正是中国莲宗或曰中国净土法门，与日本净土宗尤其是标榜"恶人正机"、绝对宣扬纯他力救度的净土真宗本愿派的根本区别。当年由东瀛引进"净土宗"一词的杨文会居士,"教尊贤首,行在弥陀",敏锐地发现日本净土真宗的诸多不如法处,而与小栗栖香顶等净土真宗人士的一场争论,正是基于此根本区别展开的。净土真宗在中日甲午战争后,配合日本军国主义势力对中国佛教净土法门渗透的图谋,也因中国净土法门始终兼具的"寓宗"基因与圆融特色所具有的"免疫力"而未能得逞。

其实,佛陀所说净土经典,本来就是圆融会通弥陀净土和唯心净土,适当兼顾他力与自力。不仅方等会上专说的以他力果教为特色的"三根普被、利钝全收"的"净土三经"(《观无量寿经》《无量寿经》《阿弥陀经》)如此,如《观无量寿经》言"是心作佛,是心是佛,诸佛正遍知海从心想生"[①];《阿弥陀经》言"不可以少善根福德因缘,得生彼国"[②];《无量寿经》说三辈往生,皆不离发无上菩提心,"宜各勤精进,努力自求之"[③];论及净土法门的众多经典更是如此,如《维摩诘经》言"随其心净,即佛土净";《般舟三昧经》多有"欲达一切诸佛化,速疾去欲诸垢尘","行功德自守节,是三昧不难得"一类教言。莲宗(净土宗)的基本经典,近现代在古代"净土三经"基础上逐步拓展成"净土五经",由莲宗十三祖印光大师楷定,增入《楞严经·大势至菩萨念佛圆通章》《华严经·普贤菩萨行愿品》。而且目前流行的"净土五经"合刊本还附录有《华严经·净行品》《楞严经·四种清净明诲》。[④]《大势至菩萨念佛圆通章》言"若众生心,忆佛念佛,现前当来,必定见佛,去佛不远,不假方便,自得心开";《普贤菩萨行愿品》则以普贤十大愿王,导归西方净土无量光佛刹;《净行品》更是强调自净心行,为一切时、处、事之警策。《四种清净明诲》则谆谆劝诫行者,兢兢业业执持律仪戒,以自利利他为维持法道之轨范。

---

① (刘宋)畺良耶舍译:《观无量寿佛经》,《大正藏》,第12册,第343页上。
② (姚秦)鸠摩罗什译:《阿弥陀经》,《大正藏》,第12册,第347页中。
③ (曹魏)康僧铠译:《无量寿经》卷下,《大正藏》,第12册,第274页中。
④ 见庐山东林寺印经处刊行的《东林净土文库》之"净土五经"。

所以，弥陀净土法门之成就，虽主要凭仗阿弥陀佛无上慈悲之愿力接引（他力救度），但也离不开净业行者自身的信愿行（自力解脱），其功高易进的特别殊胜之处，固然在于弥陀愿力如慈母一般对念佛人的忆念接引，但"若子逃逝，虽忆何为？"（《大势至菩萨念佛圆通章》）正所谓佛门虽广，难度无缘之人也。由此可知，中国净土法门在基本经典依据上，一直坚持并延续着他力与自力融通、弥陀净土与唯心净土不二的圆融见地和优良传统。

历代莲宗祖师与众多净业大德，依据佛说经典，在这方面也多有精辟开示，有关著述汗牛充栋，最为切要者，有蕅益大师选定的《净土十要》（其后，印光大师又增入若干附录）。这里仅就心土关系，随举一例，以见一斑。明清之际是弥陀净土信仰勃兴、净土法门迅猛发展时期，净业大德纷纷涌现（如晚明四大高僧，及幽溪传灯、千华三昧、博山元来、袁宏道、彭际清等，不胜枚举），被尊为莲宗祖师者即有多位（莲池、蕅益、截流等）。历代都有不少人们喜闻乐见的净土诗偈，明清之际还选辑编成《莲华世界诗》广泛流传，后来印光大师将其附录于《净土十要》。净土诗偈的作者甚多，其中就有蕅益大师及博山禅师。[1] 博山净土偈开首皆为"净心即是西方土"，蕅益净土偈开首皆为"西方即是唯心土"，广贵评曰："博山、蕅益二师，虽各有所主，原是水乳之合。假饶悠忽念佛，岂但心地未明，正忧其土之不稳；口头禅者，轻抹净土，岂但失土，正惜其心之未了也；二者各有所失。"[2] 广贵所评颇为允当。蕅益与博山法谊匪浅，还撰有《博山无异师伯像赞》二首（有序），评价甚高。二师的净土偈，在会通弥陀净土与唯心净土这一根本点上，是一致的，皆基于弥陀净土与唯心净土不二所作的阐发。只是二师因对机不同，而着眼点有别。博山重在以理显事，蕅

---

[1] 《莲华世界诗》，明云栖会下妙义庵广贵辑，后有所增补。其中选录博山禅师的净土偈有18首（选自博山108首净土偈），蕅益大师的净土偈有16首（包括《净信堂初集·净土偈》60首中的15首和1首《佛会偈》）。

[2] （明）广贵：《莲华世界诗》，载（明）蕅益选定，印光增订《净土十要》，庐山东林寺印经处，第520页。

益重在以事扶理。博山立足于禅宗之明心见性，以因摄果，兼容净土，故云"净心即是西方土"；蕅益立足于莲宗之不可思议净土，从果起修，以西方净土之果地觉开显因地心，故云"西方即是唯心土"。博山的对机者主要是宗门中人，引导他们兼修净业，通达禅净不二之理，以臻有禅有净土之境界；蕅益的对机者主要是净业行人，引导他们笃信西方，都摄六根，一心念佛，自得心开。二师所唱，可谓各得其所，各擅其美。蕅益六十首"西方即是唯心土"的净土偈，作于博山一百零八首"净心即是西方土"的净土偈之后，绝非为了同师伯唱对台戏，其序引如是曰："博山禅师拈净土偈，每云'净心即是西方土'，盖以因摄果也。而读者不达，遂至以理夺事，几欲破法。予触耳感怀，更拈'西方即是唯心土'，俾以事扶理，而理不堕空。非敢驾轶先达，聊附于补偏救弊之职耳。"[①]二师之净土偈，实可以互补相资也。当然，就他力果教的弥陀净土法门而言，相较博山以因摄果的净土偈，蕅益以果修因的净土偈，可免不达圆理者堕入怀疑、否定指方立相的西方极乐世界的断灭空之坑，故更为契理契机，是净业学人信愿行证更为可靠的向导。

[①] （明）蕅益：《净信堂初集》卷八，《蕅益大师全集》，巴蜀书社2013年版，第7册，第501页。

律宗在关中地区的发展与演变

海 波

摘 要：律宗的诞生和发展与陕西关中密不可分，根本经典译出自关中，大量的重要注疏在这里完成，宗派也最终诞生于此地。以关中为地理空间限定，以律宗的发展演变为线索，从地域史视角梳理律宗的形成脉络、发展演变轨迹，以及从关中逐步走向全国之后的进程。随着佛教中国化和汉传佛教世界化的进展，律宗的影响自唐代以关中为中心向全国辐射，也经由海内外僧人传播到世界各处，迄今仍为所有汉传佛教地区、信仰团体所秉持。

关键词：律宗；关中；道宣；中国化

作者简介：海波，西北大学丝绸之路研究院暨玄奘研究院教授（陕西西安710069）。

律宗是唐代在关中建立的中国佛教重要宗派之一，其传播和发展与关中紧密相连。顾名思义，律宗以研习佛教戒律、传持佛教戒规而得名；又因其依据的律典是"四律五论"中的《四分律》，故亦称"四分律宗"；因律宗的创宗人道宣常驻陕西终南山白泉寺，在该处创立戒坛，制定仪制，因此律宗历史上也被称为"南山宗"或"南山律宗"。此外，《十诵律》《四分律》等律学的主要经典皆自关中译出,不仅如此,延续至今全世界的汉传佛教仍旧采用的律宗根本著述直接以"南山五大部"为名,此处的南山等同于终南山,属于秦岭山麓,位于陕西关中地区。由此可见,律宗的形成与发展都与关中有着密不可分的关联。本文即以关中为地理空间限定,以律宗的发展为线索,进行历史梳理,从地域史的角度一探律宗的历史演变和影响。

一 律宗典籍与关中的渊源

戒律,自僧团形成便作为集体生活的行事准则而由释迦佛制定,用以规范教徒行为,防止教徒作恶,构成佛教徒宗教实践的组成部分。从典籍上说,戒律是经、律、论"三藏"之一;从教义上说,戒律则是戒、定、慧"三学"之首。《菩萨璎珞本业经》说,"一切众生,初入三宝海,以信为本。住在佛家,以戒为本"[1],故而"戒"成了"一切善法梯橙"[2]。在佛教,公认的原则是:"佛住世时,以佛为师;佛灭度后,以戒为师。"[3]

佛陀涅槃后第一次结集时,由优婆离诵出的律藏,经集体认可后,成为约束全印度各个僧团的共同准则,有"八十诵律"之称,是为律藏之原。百年后,古印度东部吠舍离城的比丘们突破了统一戒律的界限,出现了接受金钱布施等十种新的行为,由此产生争议而有了佛教史上的第二次结集。从此,统一的佛教僧团发生了分裂。其后因各部派对戒律的理解不尽一致,异议繁多,出现了二部、五部、十八部等差异,其中传入中国的是五部律。第一,昙无德部(又称法藏部)。昙无德于《八十诵律》中,采取部分律文,分四次采集而成,故称为《四分律》。第二,说一切有部的《根本

---

[1] (姚秦)竺佛念译:《菩萨璎珞本业经》,载《大正藏》,第24册,第1020页中。
[2] (东晋)昙无谶译:《大般涅槃经》卷三十一《师子吼菩萨品》,《大正藏》,第12册,第553页上。
[3] (清)杨仁山:《十宗略说》,载《杨仁山大德文汇》,华夏出版社2012年版,第61页。

萨婆多部律摄》,《阿毗达磨发智论》《六足论》《十诵律》《萨婆多毗尼毗婆沙》等,也是该部的重要经典。第三,弥沙塞部的《弥沙塞律》,亦称《五分律》。第四,迦叶毗部(又称重空观部)的根本律法为《解脱律》,在我国只有戒本而没有律文,没有在中国内地流传。[1] 第五,大众部的《摩诃僧祇律》。

东晋前后,四部律藏才得以在中土译出,南北朝时期,开始了律学的主要研究和弘传。直至唐代,以戒律为宗的佛教宗派正式成立。

戒律传入中国,比经、论要晚,而且也不完善。据载,最早传授和译出戒律的是曹魏时代的中天竺僧人昙柯迦罗。他于黄初三年(222)至许昌,见我国僧众仅剃除须发,未禀归戒,不识律法,遂立誓弘扬律范。他秉《四分律》法,译出《僧祇戒心》,敦请十位梵僧纲维佛制,立羯磨法,首开以十大高僧传戒本之先例。[2]

其余律典直至正元年中,安息沙门昙谛在洛阳译出法藏部受戒规则。东晋以后,说一切有部的《十诵律》(六十一卷,姚秦弗若多罗译,鸠摩罗什译出与之对应的《十诵比丘波罗提木叉戒本》)、法藏部的《四分律》(六十卷,姚秦佛陀耶舍、竺佛念译)、大众部的《摩诃僧祇律》(四十卷,东晋佛陀跋陀罗、法显共译)、化地部的《五分律》(三十卷,刘宋佛陀什、竺道生译)四部小乘律都传到了中国,逐步流行于南北各地。

受各种原因的制约,在不同时期和地区,小乘佛教各部律的传播并不平衡。《高僧传》卷十一说:"虽复诸部皆传,而《十诵》一本,最盛东国。以昔卑摩罗叉律师,本西土元匠,来入关中,及往荆、陕,皆宣通《十诵》,盛见《宋录》。昙猷亲承音旨,僧业继踵,弘化其间。璩、俨、隐、荣等,并祖述猷业,列奇宋代,而

---

[1] 据僧祐《出三藏记集》卷三说:"此一部律,不来梁地。……葱岭险绝,弗果兹典。故知此律于梁土众僧未有其缘也。"(《大正藏》,第55册,第21页中)慧皎《高僧传》卷十一则说:"迦叶毗部,或言梵本已度,未被翻译。"(《大正藏》,第50册,第403页中)

[2] 参见任宜敏《中国佛教史》,人民出版社2009年版,第443页。

皆依文作解，未甚钻研。其后，智称律师竭有深思，凡所披释，并开拓门户，更立科目。齐梁之间，号称命世；学徒传记，于今尚焉。"① 这就是说，自《十诵律》译出，在一段时期内，成为最广泛流行的戒律。

虽然《十诵律》的弘传在先，但光大在后的却是《四分律》。《四分律》的传播始于约六十年后的北魏孝文帝时期的法聪律师及其弟子道覆，二人开启了《四分律》在北方流行的先河。此期的北方律学只是较重视实践，尚缺乏理论的钻研。直至北魏慧光时期，才开始了对《四分律》的全面研究和广为传播。他撰有《四分律疏》，删定《羯磨戒本》，并著《仁王七诫》《僧制十八条》等，得到僧侣们的广为奉行。因此，慧光不仅是当时的地论派大师，还以《四分律》大家成名于世。他于北魏末在洛阳任僧都，东魏时又在邺都（今河北省临漳县）任国统，世称"光统律师"，在佛教界具有很高地位。② 在慧光的带动下，北方地区出现了不少律师开始研习《四分律》，为《四分律》未来开宗立派奠定坚实的基础。慧光的弟子很多，有道云、道晖、洪理、昙隐等，他们各自为《四分律》学的发展和传播作出了贡献。道宣在《慧光传》中说其门人是"成匠极多，流衍弥远"③。

道云弟子著名的有靖嵩、洪遵、道洪等。洪遵著有《四分律疏》八卷，曾为僧统，对《四分律》在关中地区的弘传起过重要作用。因为直到洪遵之时，道宣说："遵开业关中，盛宗帝里，经律双授，其功可高。于时世尚《僧祇》，而能间行《四分》，登座引决，其从如流，劲敌每临，衔箭而返。然遵一其神志，声色不渝，由是人法归焉。"④ 即是说，当时关中通行《僧祇》，通过洪遵的努力，令《四分律》逐渐取代了《僧祇》的地位和影响，因此

---

① （梁）慧皎：《高僧传》，汤用彤校注，中华书局1992年版，第443页。
② 参见潘桂明《中国佛教百科全书·宗派卷》，上海古籍出版社2000年版，第167页。
③ （唐）道宣：《续高僧传》卷二十一，《大正藏》，第50册，第608页上。
④ （唐）道宣：《续高僧传》卷二十二，《大正藏》，第50册，第621页上。

洪遵对于《四分律》学功不可没。洪遵、道洪钻研律学，分为了道洪、洪遵两个系统。洪遵传洪渊，洪渊传法砺形成相部宗。法砺传道成，道成传怀素，形成东塔宗。道洪门徒中出名的有智首、慧进、道杰等，其中智首最为杰出。智首慨叹当时五部律互相混杂，受戒的信众只凭师资所授，轻重不一，于是研核古今学说，著有《五部区分钞》二十一卷，又以道云所制的《四分律疏》为基础，在比较各部律文的异同以资取舍的基础上，撰写出《四分律疏》，世称广疏（一作大疏），该疏与慧光的《疏》、法励的《疏》并称"律学三要疏"，对后世的影响很大。智首前后研习、宣传律学三十余年，"独步京辇，无敢抗衡"①，唐代律学大家多参考他的学说。隋文帝时智首在大禅定道场弘法讲学，广为考定"三藏"（经、律、论）诸佛典，凡与律有相关联的对勘条疏，都一一加以会通。他的门徒道宣承其律学，对前人论著一一考索，并以大乘教义来解释《四分律》，创立了律宗或称南山律宗。

南山律宗、相部律宗、东塔律宗就是后来所说的律宗三家，虽然三家所用方法存在异同，但均以《四分律》为根本。历经唐宋元明清一直到当代，中国佛教出家众的戒律，仍旧以道宣的南山《四分律》作为标准。这里值得一提的是，"律宗"一词在僧祐、慧皎的著作中已经比较常见，但和我们现在所指的意思还有所不同，真正的立律成宗者，我们一般认为是道宣，但道宣自己却认为是"［玄］琬定宗于唐世"。②

二　律宗在关中的创立

印度传入中国的戒律有关典籍，重要的两部《十诵律》《四分律》皆出自关中的长安地区。东晋义熙元年（405），后秦弗若多罗和鸠摩罗什等共同译出《十诵律》。先是鸠摩罗什在龟兹国（今

---

① （唐）道宣：《续高僧传》卷二十二，《大正藏》，第50册，第614页下。
② （唐）道宣：《续高僧传》卷二十二，《大正藏》，第50册，第616页中。

新疆库车一带）从专精《十诵律》的卑摩罗叉学习，卑摩罗叉来华后，在长安补译和删定译本后，即携带此律至江陵（治所在今湖北江陵）各地弘扬，江左慧猷从他受业，后大弘《十诵律》，为一时宗师。

姚秦弘始十二年至十四年（410—412），《四分律》译成。该律书之译者，一般认为是佛陀耶舍与竺佛念共译于长安。《高僧传》中记载，受鸠摩罗什的建议，姚兴邀请佛陀耶舍来长安，姚兴后来与长安城南专务他兴建寺院，"耶舍先诵《昙无德律》，伪司隶校尉姚爽请令出之。兴疑其遗谬，乃请耶舍，令诵羌籍药方可五万言，经二日乃执文覆之不误一字，众服其强记。即以弘始十二年译出《四分律》凡四十四卷，并《长阿含》等，凉州沙门竺佛念译为秦言道含笔受"①。然而据《宋高僧传》卷十四昙一传的记载，则该书为佛陀耶舍与鸠摩罗什所共译。不管怎样，此经在关中地区译成确定无疑。《四分律》不仅为唐代律宗所依据之根本典籍，亦为我国所译各种律本中流传最广、影响最大之佛教戒律，凡言律者莫不指此而言，其普及可见一斑。

武周久视元年（700），《根本萨婆多部律摄》（二十卷）由义净在长安大荐福寺译场译出。武周长安三年（703）义净又在大荐福寺译场译出《根本说一切有部百一羯磨》（十卷）和《根本说一切有部毗奈耶》等律宗其他的重要典籍。

最为重要的律宗根本著述，也是中国佛教界沿用至今的戒律准则——世称南山五大部的《四分律比丘含注戒本疏》《四分律删补随机羯磨疏》《四分律删繁补阙行事钞》《四分律拾毗尼义钞》和《四分比丘尼钞》皆在关中成书和完善，从关中传遍天下，流传至今。

（一）律宗初祖道宣与关中

道宣（596—667），被后世尊为律宗初祖，由于关中的终南山

---

① （梁）慧皎：《高僧传》，汤用彤校注，第67页。

是他研究律学以及修行之地，故又被称为南山律师、南山大师，是关中佛教一个熠熠生辉的人物。史载他是吴兴（今浙江省湖州市）人（一说润州丹徒人，今属江苏省）。弘一法师认为他生于京兆，《宋高僧传》所言诸地实为其祖宗所出处。[①] 道宣九岁能作赋，十五岁依长安日严寺智頵律师学佛法，十六岁落发出家。隋炀帝大业年间，从智首律师受具足戒，武德年中，又从智首习律，智首为当时有名的律学高僧。道宣听了一遍就想修禅，智首师批评他功愿未满就想舍律，指示他至少听二十遍，然后才可以修禅。这样就打下了律学基础。除这二师外，道宣还广泛参学。武德七年（624），道宣到京郊终南山修习定学与慧学，在仿掌谷白泉寺习禅，后迁入崇义精舍，禅修的同时潜心著述。唐武德九年（626），他在终南山撰成《四分律删繁补阙行事钞》三卷（今作十二卷），经由此他阐述了为律学开宗的创见。贞观元年（627），又撰《四分律拾毗尼义钞》三十一卷（今作六卷）。贞观四年（630），道宣离开终南山，云游参学，广求诸律异传。贞观六年（632），到邺（今河北省临漳县西南）向法砺咨问律学。贞观九年（635），他在山西沁县的棉上（今沁县绵上镇）写出《四分律删补随机羯磨》一卷，《四分律删补随机羯磨疏》二卷，随后又撰《四分律比丘含注戒本疏》三卷。贞观十六年（642），道宣回到终南山，居终南山丰德寺。三年后在该寺写成撰《四分比丘尼钞》三卷（今作六卷）。后长住终南山，在这里，道宣还与隐居此山的孙思邈结下"林下之交"。

贞观十九年（645）中国文化史上发生了一件大事——玄奘西行取经回国，开始了中国历史上最大规模的译经活动，道宣奉诏入玄奘译场，任缀文大德。次年道宣回丰德寺，继续笔耕不辍，整理增补其著作，最终完成了南山宗五大部的写作。显庆三年（658）六月，西明寺建成，他奉诏入寺为上座，并迎请玄奘移师该寺译

[①] 参见释弘一《南山道宣律祖弘传律教年谱》，载蔡念生汇编《弘一大师法集》，台北：新文丰出版公司1988年版，第2册，第881页。

经，同时参与译事。乾封二年（667），道宣在终南山清宫精舍首设戒坛，为二十多人授具足戒。南山律自此在律宗三大派中一枝独秀。道宣圆寂前还撰写了《关中创立戒坛图经》。

道宣推崇戒律在佛教修行中的地位，他自己一生身体力行，严守戒律，史载他"三衣皆纻，一食唯菽，行则杖策，坐不倚床"，盛名传至天竺。后来的来华印度高僧善无畏就曾说："在天竺时常闻西明寺宣律师，秉持第一。"乾封二年十月三日，道宣坐化，咸通十年（869）受谥号"澄照"，塔名净光。[①] 唐高宗诏令天下寺院图写他的真容奉祀，名匠韩伯通为之塑像，以追念他的遗范。后人因他长期居住在终南山，并在山中树立了他的律学范畴，即称他所传弘的《四分律》学为南山宗，称他为南山律师。他在律学方面的主要作品被后人称为南山律宗五大部，沿用至今。

道宣博学多才，唐智升称他"外傅（博）九流，内精三学，戒香芬洁，定水澄漪，存护法城，著述无辍"[②]。他精通《法华》《涅槃》《楞伽》《胜鬘》等经之宗旨，但他在律学方面的贡献太过璀璨，常常掩盖了他在其他方面的成就，其实道宣除是律宗的实际开创者之外，还是中国佛教史上不可或缺的学问僧，主要著作在律宗几大著作之外，还有《广弘明集》《续高僧传》《集古今佛道论衡》《法门文记》《行事钞》《大唐内典录》《释迦方志》《集神州三宝感通录》等共二百二十余卷，都是中国佛教文史上的宝贵文献。

道宣律师一生功业勤奋，学识渊博，勤于著述。他将自己的理论思想融入著述中，不仅对后世律宗的发展起到了积极的推动作用，对整个关中地区的佛教来讲都意义重大，因此，在整个中国佛教史中都具有崇高地位。

（二）律宗的主要思想

律宗，是极其注重研习和传持戒律的宗派。道宣将戒学看作成

---

① 参见（宋）赞宁《宋高僧传》，范祥雍点校，中华书局1987年版，第330页。
② （唐）智升：《开元释教录》卷八，《大正藏》，第55册，第562页上。

佛必不可少的重要条件,他在《四分律删繁补阙行事钞序》中说:"夫戒德难思,冠超众象,为五乘之轨导,实三宝之舟航。依教建修,定慧之功莫等;住持佛法,群籍于兹息唱。"① 宏观把握整体隋唐佛学各宗的思想理论,律宗的思想理论无论在各个宗派中的影响还是在整个佛学界的地位都并不十分显要,但这并不说明律宗没有自己的理论特色,与此相反,无论是从信仰的目的还是修行的实践来看,凡是佛教徒,不论出家在家,声闻或菩萨,都必须学戒、受戒而持戒,故戒被列为三学之首。

律宗是研究和受持戒律的,其思想理论也就围绕着戒律展开。据道宣《四分律行事钞》等所说,佛陀所制的一切戒律都有戒法、戒体、戒行和戒相四科:戒法,是指佛所制的各种戒律;戒体,是佛弟子从师受戒时产生在心里的法体,换句话说,即接受戒法时在心理上形成的一种防非止恶的功能;戒行,指受戒后随顺戒体防止身、口、意三业罪恶的如法行为;戒相是由于戒行坚固而显现于外表的相状。②

律宗在理论上,首先把释迦一代教法分判为"化教"和"制教"二教。"化教",意为化益之教,指教化众生,通化道俗,使之生起智慧、获得解脱的教法。全部大、小乘经论都属化教。"制教"或名"行教",意为制止错误之教,奉行制戒之教,指禁诫众生,对他们的行为加以制御,使之符合佛教规范。全部律藏都属制教。化教和制教从不同角度保障佛教教义的推行,是佛教理论不可或缺的两个部分。③

律宗的教理分为戒法、戒体、戒行、戒相四科,即"戒四别"。道宣说:"一者戒法,二者戒体,三者戒行,四者戒相。"④ 此四科是南山律宗最基本的理论,后世律宗理论的发展和延伸无不由此展开。

---

① (唐) 道宣:《四分律删繁补阙行事钞》卷上,《大正藏》,第 40 册,第 1 页上。
② 参见夏金华《中国学术思潮史·卷四·佛学思潮》,上海社会科学院出版社 2006 年版,第 259 页。
③ 参见潘桂明《中国佛教百科全书·宗派卷》,第 169 页。
④ (唐) 道宣:《四分律删繁补阙行事钞》卷上,《大正藏》,第 40 册,第 4 页中。

戒法，即戒的法则，指佛陀所制定的戒律，作为众生思想行为的轨范，众生依戒而修行，得生禅定和智慧，脱离生死苦海。《四分律删繁补阙行事钞》卷中云："一者戒法，此即体，通出离之道。"① 道宣还说："言戒法者，语法而谈，不局凡圣，直明此法必能轨成出离之道，要令受者信知有此。虽复凡圣，通有此法。今所受者，就已成而言，名为圣法。但令反彼生死，仰厕僧徒，建志要期，高栖累外者，必豫长养此心，使随入成就，乃可秉圣法在怀，习圣行居体，故得名为随法之行也。"② 道宣强调，戒法是解脱的途径，依照戒律行事，方可摆脱烦恼，增长智慧，此为四科之首。

道宣又将佛祖所制诸戒的性质归纳为"止持""作持"两类。"止持"即"诸恶莫作"之意，指比丘、比丘尼二众制止身口不作诸恶的"别解脱戒"，即不应做；"作持"即"众善奉行"之意，包括安居、说戒、悔过以及衣食坐卧等种种行持规则，即应当做的。《四分律》前半部解释僧尼二众别解脱戒为止持门；后半部解释受戒、说戒等二十犍度为作持门。七佛之偈云："诸恶莫作，诸善奉行，自净其意，是诸佛教。"③ "诸恶莫作"是止持门，亦即止恶门；"诸善奉行"是作持门，亦即修善门。止持门是制止身、口、意之恶而行不杀、不盗等，五戒、十戒等总为制止恶之戒法，是依止而达成持戒。作戒门是指受戒、说戒、安居、自恣等二十犍度，故一切戒律，皆可归纳为"止戒""作戒"二门。两者总摄佛陀所说之一切诸戒。于止持门中，僧之二百五十戒与尼之三百四十八戒，并称为二具足戒。二具足戒各含广、中、略三重之意义。就比丘戒而言，广则无量，中则指三千威仪、六万细行，略则指二百五十戒。就比丘尼戒而言，广亦无量，中则指八万威仪、十二万细行，略则指三百四十八戒。比丘、比丘尼受具足戒时，并得如是无量无边等戒，故称具足戒。其余五戒、八戒、十戒、六法等亦一一

---

① （唐）道宣：《四分律删繁补阙行事钞》卷中，《大正藏》，第40册，第50页上。
② （唐）道宣：《四分律删繁补阙行事钞》卷上，《大正藏》，第40册，第4页中—下。
③ （东晋）瞿昙僧伽提婆译：《增壹阿含》卷一，《大正藏》，第2册，第551页上。

摄于具足戒。要之，以渐诱机根为传授戒仪之方便，故分为五种受戒之别，即比丘、比丘尼受具足戒，式叉摩那受六法戒，沙弥、沙弥尼受十戒，优婆塞、优婆受五戒，八戒则为在家信众所受之暂时出家戒。道宣的《四分律删繁补阙行事钞》三大卷中，上、下两卷讲作持戒，中卷讲止持戒，他的《四分律删补随机羯磨疏》说明作持戒，《四分律比丘含注戒本疏》说明止持戒。在《四分律删补随机羯磨疏序》中道宣说："止持则戒本最为标首，作持则羯磨结其大科。"[①] 认为止持是戒的基础，作持则是按戒律行事。《四分律删繁补阙行事钞》卷中四又说："言止持者，方便正念本所受。禁防身口不造诸恶，目之曰'止'。止而无违，戒体光洁，顺本所受，称之曰'持'。持由止成，号止持戒。"作持戒，则"恶既已离，事须修善，必以策勤三业，修习戒行，有善起护，名之为'作'。'持'如前解"。止持戒就是如何阻止邪恶，即防非止恶，作持戒则是修善行、作善业。道宣在其《戒坛图经》中又主张戒坛应大乘、小乘共用，即以止、作二持别摄律学，而广摄一切佛法。道宣十分推崇"戒"在佛法中的地位，在《四分律删繁补阙行事钞序》中认为戒"为五乘之轨导，实三宝之舟航"[②]。戒是灭欲止心的基础，众生沉于欲望而不得解脱，解救众生的第一步是要灭欲，灭欲的根本在于止心，止心的根本在于发慧，发慧的根本在于发定，而"发定之功，非戒不弘，是故特须尊重于戒"[③]。

　　四科中，戒体最为重要，如果没有戒体为内涵，戒律就容易流于外在化、形式化的戒条。因此，戒体为戒律的根本，戒体论则成为律宗理论的中心。律宗思想理论的核心就是它的戒体论。所谓戒体，即戒之体性、本质。旧译无作，新译无表。指行者受戒后，于身有防非止恶之功能。亦即对于戒法之信念与奉持戒法

---

① （唐）道宣：《昙无德部四分律删补随机羯磨序》，《大正藏》，第40册，第492页上。
② （唐）道宣：《四分律删繁补阙行事钞》卷上，《大正藏》，第40册，第1页上。
③ （唐）道宣：《昙无德部四分律删补随机羯磨序》，《大正藏》，第40册，第492页上。

之意志。戒体虽由作礼乞戒等作用而生起，但发得之后，即不假造作，恒常相续，故称无作；其外相不显著，这种功能（或信念）在人的外表是看不出来的，所以又称无表。同时，戒体是由乞佛求戒而得，生起之后，恒常相续，是不假造作的，因此，又称无作。

　　唐代时，律宗三家论争不绝，其教义根本相异处在"戒体"。在戒体问题上，各家律师的主要分歧集中在，戒体究竟属精神性的心法，还是物质性的色法？怀素的东塔部依据《俱舍论》所说，以"无表、世"为色法，持色法戒体论。《俱舍论》卷十三说："毗婆沙师说有实物，名无表色，是我所宗。"① 这一思想出自说一切有部，该部认为，戒体是依四大而生起的无见无对的实色，它摄受于色蕴之中，故称为"无表业"或"无表色"。法砺的相部依据《成实论》所说，认为戒体既无形质，故非色；又无缘虑，故非心，从而持非色非心戒体论。《成实论》卷七说，"无作法非心，今为是色，为是心不相应行"；又说，"色是恼坏相，是无作中恼坏相不可得故，非色性"。② "无作"即戒体的另译，无作既非心也非色，即戒体非色非心。

　　关于"戒体"，道宣有一简明的界定："戒体者，若依通论，明其所发之业体。今就正显，直陈能领之心相，谓法界尘沙二谛等法以己要期，施造方便，善净心器，必不为恶，测思明慧，冥会前法。以此要期之心与彼妙法相应，于彼法上有缘起之义，领纳在心名为戒体。"③

　　道宣在其所立的三教三宗中，展现出对"唯识圆教"和"唯识圆宗"的推崇。这与他曾为长安西明寺上座，参加玄奘译场的经历有关，因而其学说也深受唯识学说影响。在戒体论上，他主要以唯识学观点立论。道宣以心法，即阿赖耶识所藏的种子为戒体。他说，身、口、意"是三种业，皆但是心；离心无思，无身、口

---

① （唐）玄奘译：《阿毗达磨俱舍论》卷十三，《大正藏》，第29册，第70页上。
② （姚秦）鸠摩罗什译：《成实论》卷七，《大正藏》，第32册，第290页中。
③ （唐）道宣：《四分律删繁补阙行事钞》卷中，《大正藏》，第40册，第4页下。

业"，故知戒"以心为体"。① 这就是南山律宗的心法戒体论。身、口、意三业都是由心所作，心是根本，受戒者所获得的戒体就是心法，防非止恶的功能由此心法而生。《成唯识论》卷一说："表既实无，无表宁实？然依思愿善恶分限，假立无表，理亦无违。"② "无表"即戒体的另译，它依思愿善恶分限，属于心法的功能。道宣又认为，心法戒体也就是受戒时熏心识所成的种子，他说："欲了妄情，须知妄业，故作法受，还熏妄心，于本藏识，成善种子，此戒体也。由有本种熏心，故力有常，能牵后习，起功用故，于诸过境，能忆、能持、能防，随心动用，还熏本识。如是展转，能净妄源。"③ 这是他把唯识学所重视的"种子熏习"说应用于戒体论，把阿赖耶识对熏习而得的净善种子视为受戒时的戒体。说心法戒体，是相对于色法戒体、非色非心戒体而言的；说种子戒体，则侧重于以唯识学解释心理现象及其变化。④ 一切唯心，万法为识，心、境是转变不停的。戒体既然从心所生，自然也不可能是一成不变的色法。因为色法本身不具有罪福性，不能引发善、恶业，所以只能"以心为体"。依体起用，身、口、意三业都依心而起，由心而作，故心为根本。受戒者领纳的戒体就是心法，防非止恶的功能都是由此心法而生起。同时，从"无作戒体"的意义上说，戒体之性是"非色非心"，由于戒体非色法所造，故非色法；戒体又不同于会思考之心（缘虑心），故非心法。戒体，是在行者受戒时，熏习藏识而成为含藏在其中的善种子。此善种子能牵动个人善业的展开，当善法熏习成熟，即显示现行成为善果。如此善种子的作用渐渐增长，妄心得以慢慢止息，直到妄心不起。⑤ 这就是所谓的心法戒体论。

---

① （唐）道宣：《四分律删繁补阙行事钞》卷中，《大正藏》，第40册，第52页中。
② （唐）玄奘译：《成唯识论》卷一，《大正藏》，第31册，第4页下。
③ （唐）道宣疏，（宋）元照述：《四分律删补随机羯磨疏济缘记》卷三，《卍新纂续藏经》，第41册，第258页上—下。
④ 参见潘桂明《中国佛教百科全书·宗派卷》，第172页。
⑤ 参见夏金华《中国学术思潮史·卷四·佛学思潮》，第261页。

戒行，即受持戒律后身、口、意不犯过失的如法行为，指戒律的实践，即依据戒法而于思想行为（身、话、意三方面）中展开修习。道宣说："谓受随二戒，遮约外非方便善成，故名戒行。然则受是要期思愿，随是称愿修行。"① 戒行是持戒者在实践方面的表现。道宣在《四分律删繁补阙行事钞》中解释说："言戒行者，既受得此戒，秉之在心，必须广修方便，检察身口威仪之行，克志专崇，高慕前圣，持心后起，义顺于前，名为戒行。"② 在受戒之后，将戒法谨记心中，然后顺应戒体而修行，便是戒行。简而言之，"戒行"就是依持于戒体而产生的防非止恶的活动和过程，属于修行实践范畴。因而只知戒是不够的，只有将戒纳入实践中，才是最终目的。

戒相，"戒相"一语在佛教中有不同含义，在律宗中也是如此。一是指持戒时所表现的相状差别。如持五戒、十戒，或二百五十戒，一一戒中各有差别，根据持犯的轻重，各有不同的相状。元照说："相有形状，览而可别。前明戒法，但述功能；次明戒体，唯论业性；后明戒行，略示摄修。若非辨相，则法、体、行三，一无所晓，何以然耶？法无别法，即相是法；体无别体，总相为体；行无别行，履相成行。"③ 二是指道宣"立戒四科"中的戒相，道宣说："威仪行成，随所施造，动则称法，美德光显，故名戒相。"④ 这是对于修行者应遵守戒条而显现出来的精神风貌以及外在行为的总称。⑤ 就戒律修持角度而言，戒相是全部修持的记录和结果，具有特别重要的意义。"戒四别"有着内在的联系，而戒相是前三别的归结，所谓"圣人制教名法，纳法成业名体，依体起护名行，为行有仪名相"⑥。也就是说，若严格依据佛陀所制戒律修持，则必

---

① （唐）道宣：《四分律删繁补阙行事钞》卷中，《大正藏》，第40册，第54页中。
② （唐）道宣：《四分律删繁补阙行事钞》卷上，《大正藏》，第40册，第4页下。
③ （宋）元照：《四分律行事钞资持记》卷二，《大正藏》，第40册，第274页下。
④ （唐）道宣：《四分律删繁补阙行事钞》卷上，《大正藏》，第40册，第4页下。
⑤ 参见杨维中《中国佛学》，南京大学出版社2009年版，第214页。
⑥ （宋）元照：《四分律行事钞资持记》卷上，《大正藏》，第40册，第180页中。

然表现为"美德光显"的庄严戒相。在这个意义上说，戒相也就是法相、体相、行相，因为这后三相最终都要落实在戒相上。①

严格说来，"律宗四科"是南山宗一家的提法，但因后世所指律宗实指南山一宗，又相部与东塔二家虽有自己的见解，但本质相同，其理论还是在讨论"戒法"和"戒行"，因此，南山宗的"律宗四科"代表律宗的主要思想。

三 律宗法脉自关中的向外传播

据续明法师的考证，南山律宗一脉相传，从道宣律师以下，一共传了二十一位祖师。列简表如下②：

道宣（初祖）——周秀（2）——道恒（3）——慧照（4）——慧正（5）——玄畅（6）——元表（7）——守元（8）——元解（9）——法荣（10）——处恒（11）——择悟（12）——允堪（13）——择其（14）——元照（15）——智交（16）——准一（17）——法政（18）——法久（19）——妙莲（20）——行居（21）——以下进入元朝

道宣一脉相承，弟子众多，自道宣以下解释南山律的著作共有六十多家，数以千计。其影响范围极广，波及日本和新罗（朝鲜）。其弟子有大慈、文纲、名恪、周秀、灵崿、融济及新罗之智仁等数百人。文纲有弘景、崇业、道岸等弟子。弘景弟子有一行、鉴真。道岸有弟子行超、玄俨等。唐末五代，教难与兵火不断，律宗与其他诸宗顿渐衰微。

[大慈] 受法传教弟子，可千百人。其亲度，曰大慈律师。授法者，文纲等。③

[文纲] 十二出家，冠年受具。……寻诣京兆沙门道成律

---

① 参见潘桂明《中国佛教百科全书·宗派卷》，第171页。
② 释大恩：《律宗大义》，巴蜀书社2004年版，第40页。
③ （宋）赞宁：《宋高僧传》，范祥雍点校，第329—330页。

师，禀毗尼藏。二十五讲律，三十登坛。……有若弟子淮南道岸、蜀川神积、岐陇颙、京兆神慧、思义、绍觉、律藏、恒暹、崇业等五十余人。①

有淄州名恪律师者，精执律范……尝厕宣师法筵，躬问《钞序》义。……又附丽文纲之门。②

周秀事迹，见于《宋高僧传》。周秀公，齐安人也。髫年天然有离俗之意焉。既丁荼蓼，便往蜀郡，礼兴律师。……又依之进具，果通达毗尼。……如是四载，入长安，造宣律师门，为依止之客。……涉十六年，不离函丈，穷幽诸部，陶练数家，将首疏为宗本。……次往安陆，大扬讲训。……有贞固律师，居于上席。解冠诸生，最显清名。③

周秀的弟子有道恒。道恒撰有《行事钞记》十卷。道恒以下依次有慧正、玄畅、元表、处云、择悟、允堪等，各有关于律学的著述。其中以允堪为最重要代表。允堪为北宋真宗至仁宗年间人。

[灵萼] 乾封中，于西明寺，躬预南山宣师法席。然其不拘常所，或近文纲，或亲大慈，皆求益也。末涂惧失宣意，随讲收采所闻，号之曰《记》（《行事钞记》），以解《删补钞》也。若然者，推究造义章之始，唯慈与萼也。④

融济事迹，见于玄传记。俨（融济玄俨）幼而明敏，长则韶令。……迫于弱冠，乃从光州岸师。谘受具戒。后乃游诣上京，探赜律范，遇崇福意律师并融济律师，皆名匠一方，南山上足。咸能升堂睹奥，共所印可。……后还江左，遍行四方。因著《辅篇记》十卷，《羯磨述章》三篇。⑤

---

① （宋）赞宁：《宋高僧传》，范祥雍点校，第332—333页。
② （宋）赞宁：《宋高僧传》，范祥雍点校，第333—334页。
③ （宋）赞宁：《宋高僧传》，范祥雍点校，第340—341页。
④ （宋）赞宁：《宋高僧传》，范祥雍点校，第341页。
⑤ （宋）赞宁：《宋高僧传》，范祥雍点校，第342页。

律宗在关中地区的发展与演变

> 弘景,又作恒景,当阳人,尝从道素(章安之弟子),学天台;从文纲,学律。又尝预实叉难陀、提云般若之译场,为证义。其弟子有一行、鉴真。一行者,密教之学者。鉴真,扬州江阳县人,初从道岸,受菩萨戒。后从弘景,受具足戒。寻游东西两京之讲肆,研几三藏。又学《南山钞》于融济,学《智首疏》于义威、智全。后归淮南,教授戒律,郁为一方宗首。①

鉴真,俗姓淳于,唐武后垂拱四年(688)生于广陵江阳(今江苏省扬州市广陵区)。鉴真少时随父亲到寺庙拜佛,看见佛像威仪,心生感动,遂向父亲提出出家请求,得到允许后跟从智满禅师学佛。武则天长安元年(701),鉴真到扬州大云寺修行,唐中宗神龙元年(705)从道岸律师受菩萨戒,中宗景龙二年(708)在长安实际寺,跟从道宣门下弟子弘景法师研习律学。其后鉴真长住扬州大云寺,以戒律化导一方,信众跟从者众多,声名远播。鉴真尝习《南山钞》于融济,习智首《疏》于义威、智全。唐玄宗天宝年间,日本僧人荣睿、普照来到中国求法,到扬州恳请鉴真到日本弘传戒律。鉴真于是带领一批弟子东渡,十二年间前后六次渡海都告失败。最后一次终于成功,但鉴真已经双目失明。到达日本京都奈良后,鉴真在大安寺毗卢遮那佛殿前立坛传法,先后为日本皇室成员及本土高僧授菩萨戒,又度僧四百余人。鉴真弘扬律法,日本律宗由此立宗,鉴真更被尊为日本律宗之祖。日本天平宝字七年,即唐代宗广德元年(763),鉴真法师在奈良无疾坐化。圆寂之后很久,"身不倾坏"②。

道岸者,文纲之弟子。以江表多行《十诵律》,罔知《四分》,奏请中宗墨敕执行南山律宗。由此南山律盛于江淮间,道岸厥功至伟。其弟子有行超、玄俨等。天台宗之玄朗,亦从道岸受戒。

---

① 参见(宋)赞宁《宋高僧传》,范祥雍点校,第349—350页。
② (宋)赞宁:《宋高僧传》,范祥雍点校,第350页。

至五代十国时期，中国的社会经济和文化的平稳发展均受到了很大冲击。对于佛教，社会的动荡，也造成了佛典的遗失，僧人的颠沛流离等诸多问题，佛教的生存和发展面临着严峻的考验。对于律宗更是如此，教理方面的研习受到冲击，律师队伍也不稳定，传承亦不明朗。但社会中还是有一部分律师坚持活动，保持着律宗的延续。在《宋高僧传》卷十六中，五代时期的律师共有七人，附传两人，在行文中也提到徽猷律师、归正律师等，其中属于或活动于南方的律僧有七人。在《四分律行事钞》六十家记中，属于五代时期的共有十三人。[1] 北方著名的律师有释贞峻、释澄楚等，南方更多地表现出对律学的一定发展，其继承和振兴者主要以西明寺法宝大师的法嗣为主。但整体而言，五代十国在道宣的基础上没有重大的理论突破。对律宗的最大贡献是在战乱时代传承南山律钞，延续了对道宣所著《行事钞》的研习传统，保存了律门师传队伍，从而为宋代的律学复兴奠定了基础。

　　宋代中期后，道宣所传南山律学人才辈出，律师中最著名的有赞宁、允堪和元照。

　　赞宁，以撰《宋高僧传》闻名后世，姓高氏，出家杭之祥符，习南山律，著述毗尼，时谓"律虎"。吴越时期曾任监坛和两浙僧统，赐号明义宗文。宋太宗当政时期，多次召见，更赐号"通慧大师"，勅住右街天寿寺，命修僧史等。历任左街讲经首座、史馆编修兼翰林馆编修，掌管洛京（今河南省洛阳市）教门事、充右街僧录。赞宁专习南山律学，在吴越王时期倍受推崇和尊敬，其律学思想中也融合了净土宗的思想，这可从其在《宋高僧传》中的一些评论语中看出。

　　允堪对南山律的再度兴盛有不可磨灭的贡献。允堪（1005—1061），浙江钱塘人。法宝律师的七世孙，宋代著名南山学者。允堪曾为西湖菩提寺住持，依照戒律在杭州大昭庆寺、苏州开元寺、秀州精严寺建立戒坛，每年度僧，专弘戒律。允堪对于律宗的贡献

---

[1] 参见王建光《中国律宗通史》，凤凰出版社2008年版，第334页。

还在于他多有律学著述。道宣的所有重要著作，允堪都撰写过注释和记解。他发挥南山思想，所作的著作有十二部，后世保存下来的有《行事钞会正记》《戒本疏发挥记》《羯磨疏正源记》《拾毗尼义钞辅要记》《教诫仪通衍记》《净心诫观发真钞》等十部。因此，世人也称其为"十本记主"。又因其在僧众某些具体的行为规范上的主张与其后的元照不同，后人称其门为"会正宗"。允堪谥号"真悟智圆大律师"。①

允堪传择其，择其传元照。在南山宗传人中，除了道宣，最杰出的当属北宋的南山宗十五祖元照（1048—1116）。元照，余杭人，自号安忍子。初依祥符寺慧鉴律师出家，专习毗尼。后从天台学者处研习天台教观，博究群宗而以律为本，故以法华圆意判释《行事钞》。因撰《四分律行事钞资持记》而驰名，其流派称"资持宗"。他着力提倡"律、禅、教三学一源"并倡导"律学"与"净土"相结合弘法。他除针对道宣的三大部又写了三部篇幅更大的、更详尽的巨著加以解释之外，主要著作还有《四分律行事钞资持记》《四分律羯磨济缘记》和《四分律含注戒本疏行宗记》，简称《资持记》《济缘记》和《行宗记》，后人赞其为"中兴南山"。在《资持记》中，他吸取天台教理说律，对《会正记》持有异议，于是另立资持宗。其实元照的这种做法和宋时出现的佛教宗派的大分裂和大融合也有关。宋初之时，即有许多台教、禅宗及律家高僧在坚守本宗同时又力弘净土。如云门宗的天衣法师、义怀法师和弟子慧林等著有《劝修净土说》，曹洞宗的长芦法师撰有《净土集》，天台宗的神照、本如法师结莲社念佛。宋元之际临济宗的明本禅师，也把禅律经教和密宗相融，修行净宗、礼净土忏法。② 正是在这种大背景下灵芝元照不仅引台教精义入律，后来也兼修净土，著有《观无量寿佛经义疏》《阿弥陀经义疏》。南山一系由是分为会正、资持两家。元照晚年入住灵芝寺，居业达三十年，后人又称其

---

① （元）觉岸：《释氏稽古略》卷四，《大正藏》，第49册，第870页下。
② 参见明旸《佛法概要》，上海古籍出版社2001年版，第273页。

为"灵芝尊者"或"灵芝元照"，谥为"大智律师"。自此以后律宗门人奉元照之三记为圭臬，不复有人再撰《行事钞》之疏记。①曾有人这样评价元照在南山中的地位："功于昙无之门者，耶舍也；功于耶舍之门者，南山也；功于南山之门者，灵芝也。"② 将元照与最早译出《四分律》的佛陀耶舍、律宗的创始人道宣并提，元照在律宗史上的地位，可见一斑。其思想与著述曾于其后不久传入日本，清末民初又从日本请回并由天津刻经处重新刊印。

南宋至元，南山宗的发展逐渐消沉，随着世俗化对佛教的日益侵袭，戒律松弛已经是普遍现象，律宗的消沉不言而喻。据《新续高僧传》卷二十八中所载，明代律僧正传者十四人，附见四人。③但有名望者不过如馨和寂光二人。明末清初，不绝如缕的律宗重见兴复气象，戒坛再又创建，始于古心律师。如馨（1541—1615）在金陵（今江苏省南京市）灵谷寺传戒说律，重兴南山律宗。如馨出家后，慨叹律学久废，僧尼不依戒律，就徒步到山西五台山求戒，返回南京灵谷寺开戒坛传律学，一依尚山律宗为归。开坛三十余处，授戒万余人，赐"慧云律师"，著有《经律戒相布萨轨仪》一卷。世称其为律宗"中兴律祖"，因住南京定淮门内古林寺，其法系又被称为"古林派"。据传如馨为振兴律宗，到五台山，文殊菩萨站在云端为他授戒。此后他即能将大小乘律义无碍地自然流出。他专心在江南各大寺传戒，并开授戒法。自宋代荒废了数百年的戒法，由如馨极力倡导而兴盛起来。他开创了一个重戒行，即注重戒律实践的修行路线，一直影响到现在。

如馨的弟子寂光（1580—1645）受命毕生弘扬戒律，晚明弘光元年（1645，清顺治二年）开坛于金陵，在金陵宝华山建律宗道场，影响空前，弟子有读体、戒润。在金陵宝华山受赐紫衣等，被敬为"国师"，后谥号"净智律师"。宝华山在寂光后，成为律

---

① 参见周叔迦《周叔迦佛学论著集》，中华书局1991年版，上册，第246—247页。
② [日] 慧注：《三籍合观后序》，《卍新纂续藏经》，第43册，第610页。
③ 参见喻谦《新续高僧传四集》卷二十八，载蓝吉富主编《大藏经补编》，台北：华宇出版社1986年版，第27册，第230页中。

宗三大祖庭之一和戒学中心。寂光被视为律宗"千华派"之初祖。他著有《梵网经直解》四卷,弟子著名的有香雪、见月、戒润等。

明末有弘赞律师在广东鼎湖弘律,著有《四分律标释》《四分戒本如释》等经戒疏解二十部。① 当然,南山律宗后期发展虽无昔日独占鳌头的辉煌,但也法脉不断,有十二系。②

入清以后,又有大德延续律宗法脉。在《新续高僧传》之《明律篇》中,正传有四十八人,附见有十六人。③ 以宝华山隆昌寺的律师为代表。《四分律》和《行事钞》的理论注疏不是清代律家的关注点,他们更为重视的是僧众的日常修行持守规范,因而律学的内容就主要是在僧众的日常轨仪上着手,并作出了一些改革,虽然这种变革还存在诸多争议。

寂光的弟子读体(1601—1679),主持宝华山三十多年,继承寂光的法席,以十誓励众,共同奉持,以律受戒,结戒安居。定制在每年春秋传戒,结夏安居讲戒律,寺规肃然,成为全国典范。宝华山开坛传戒的传统,一直流传到近现代。虽然传戒法会仅存仪式,但在法会上也能弘扬宣佛教教理和戒律知识,是谓功不可没。

除读体外,其他的代表律师还有,读体的弟子德基,德基卒后由松隐承传。松隐以下闵缘、珍辉、文海次第相传。

弘扬南山律学值得一书的还有福聚(1686—1765),从宝华山隆昌寺常松受戒,在游历八年后再入宝华山,继宝华第七世之席。于雍正十二年(1734)奉诏至北京,住持法源寺,大兴律宗,著

---

① 参见周叔迦《周叔迦佛学论著集》,上册,第273页。
② 分别为湖北麻城如是山支浮戒岳律师一系、三昧律师法孙宜洁从华山分住杭州昭庆寺一系、向上采商戒荣禅师一系、武昌九峰无念和尚一系、云峨禧禅和尚一系、慧林宗禅师一系、眉山霈禅师一系、麻城兴福寺一系、随州大洪山一系、黄冈宝盖寺一系、鹅湖峰顶派一系、大悟山派一系,参见宽忍《佛教手册》,中国文史出版社1999年版,第55—57页。
③ 参见喻谦《新续高僧传四集》卷二十九至卷三十二,载蓝吉富主编《大藏经补编》,第237—261页。

有《南山宗统》等。福聚于乾隆二年奏请宝华山诸律师著作入藏，被准，为保存和传播律宗典籍、扩大宝华山的影响作出了贡献。[①] 他的学徒多达一千八百十九人。其下有理筠、浑仪、恺机、卓如、朗鉴、体乾、敏通、圣性、浩净，相继承袭。

在清朝几乎没有人研究戒律学。直到近代的弘一大师和慈舟法师（1877—1957），这两位近代大德，不但个人"毗尼严净"，坚持戒行，也有戒律学著作传世。

1931年，弘一法师在上虞法界寺佛前发愿弘扬南山宗，这给律学带来了新的发展。他博览群经，道持戒律，不仅讲律注疏，更亲力亲为，头陀苦行，对戒律的普及、律宗思想的弘传与发展作出了巨大的贡献。其主要律学著作有《四分律比丘戒相表记》《四分律含注戒本讲义》《戒本羯磨随讲别录》《四分律在家览略编》《南山道祖略谱》《见月律师年谱》等。弘一法师擅长书、画、金石、音乐、戏剧，对于中国文化造诣高深，他凭借自己精湛的书艺，用了五年的时间对《四分律比丘戒相表记》进行设计誊写，亲自作表，这不仅体现了一代大师的弘律热情，更表明了他对南山律学的透彻领悟。正是弘一大师对律学理论、律学复兴的贡献，有后人称其为"律宗第十一代祖师"。[②]

另一律学大师慈舟律师，深入华严奥堂，坚持毗尼净行，终以净土为归。[③] 经过弘一大师等人的努力，律宗在长期的沉寂之后，又受到了僧俗的重视，焕发了新的生机。

1949年以后，中国汉传佛教大抵在大陆、台湾和香港独立发展。台湾佛教比较昌盛，但山头林立，一盘散沙，仍未重视戒律的弘传。大陆虽有统一的中国佛教协会统管教务，但除了各省各地开坛授戒外，半月诵戒、结夏安居学戒律的教规并未全面执行。近半个多世纪以来，台湾也有一些著名律师，如"教观总持，绍律南

---

① 参见王建光《中国律宗思想研究》，第84页。
② 蔡念生汇编：《弘一大师法集》，第4册，第1855、1868页。
③ 参见释唯通《慈舟律师生平行实》，载中国人民政治协商会议文史资料委员会宗教组编《名僧录》，中国文史出版社1988年版，第64—66页。

山，教宗天台，行在净土"的济涛律师①；在台湾的印顺法师、续明法师等有律学文章发表；真正较有系统的专著，只有圣严法师的《戒律学纲要》一书。

四 律宗的国际化进程

律宗成宗之后不仅以关中地区为中心向全中国进行传播和发展，也在佛教中国化的进程中影响到周边国家和地区。据梁《高僧传》卷十《释昙始传》载，晋孝武帝太元元年（376），即有长安本土僧人释昙始赍经律数十部至辽东弘扬佛教，他"显授三乘，立以归戒，盖高句骊（丽）闻道之'始也'"②。长安释昙始所携的这数十部经论，在整个高句丽的佛教史上有重大意义。又，唐贞观十二年（638），朝鲜僧人慈藏率门人僧实等十余人入唐巡拜佛迹，学习佛法，止于终南山，《续高僧传》中记载他"性乐栖静，启勅入山，于终南云际寺东悬崖之上，架室居焉"③。求得佛法后，贞观十七年（643）带着唐朝所赐藏经一部及佛像等物回国，受到国王的欢迎，授任"大国统"，并入宫讲《摄大乘论》，在皇龙寺讲《菩萨戒本》七天七夜。在慈藏及其弟子的努力之下，新罗的佛教发展很快，《续高僧传》说："一代佛法，于斯兴显。"④ 律宗的传承仪轨亦由他而传至朝鲜。如前文所述，日本的律学亦由道宣的再传弟子鉴真经不懈努力传至日本，日本的菩萨戒、比丘戒、比丘尼戒的授受亦皆同于中土，鉴真被尊为日本佛教的律宗初祖，正是南山律弘扬到日本的真实写照。近代以来，随着佛教传入欧美，作为戒律学圭臬，以道宣的五大部为基础的戒法亦被这些地区信仰汉传佛教的信众遵从。

---

① 济涛律师永久纪念会：《律师传略》，载释广化编《济涛律师遗集》，台北：南普陀佛学院1992年版，第1页。
② （梁）慧皎：《高僧传》卷十，《大正藏》，第50册，第392页中。
③ （唐）道宣：《续高僧传》卷二十四，《大正藏》，第50册，第639页中。
④ （唐）道宣：《续高僧传》卷二十四，《大正藏》，第50册，第639页下。

综上所述，律宗作为中国佛教的一大宗派，和净土宗一样具有"寓宗"特征，各个宗派的僧人都要奉持戒律，每一个佛教僧团的日常生活和修行之路都离不开戒律的保障。律宗从关中诞生，以关中为起点走过了漫长的历史，在中国佛教走向世界舞台的进程中，也成为不同时代、不同地域，但凡是汉传佛教流布地区僧众都要秉承的规则。"关中—律宗"，密不可分，律宗和关中的联系在八大宗派中最为久远。关中与中国佛教的关系密切，在一定程度上可以说，律宗的诞生和发展既见证了关中地区佛教文化的兴衰，也浓缩着佛教在关中地区与中国文化交融演变的过程，更代表了汉传佛教的发展脉络和世界化进程。

善用竹篦子：论晦山戒显与"竹篦禅"的明清传承[*]

黄伟龙

摘 要：由于在禅门中呈现"竹篦子话""竹篦公案"和"竹篦锻炼"等多重价值，作为禅门法器的"竹篦"显得十分特殊。文化史上，"竹篦"的语源有别于日常之"梳篦"，而接近于佛教之"金錍"；禅宗史上，"竹篦禅"虽可追溯至首山省念，但是直到大慧宗杲门下才真正成为典范。大慧之后，"竹篦禅"尚存忽隐忽现的历史传承，影响力却不复往日，直到晦山戒显旗帜鲜明地提倡"善用竹篦子"，独以竹篦锻炼为极则，客观便透过"竹篦锻炼说"对"竹篦禅"形成重新定位。沿循着新的定位，"竹篦禅"得以在明清时期再度焕发活力。

关键词：竹篦；禅宗；法器；大慧宗杲；晦山戒显

作者简介：黄伟龙，浙江省社会科学院哲学研究所助理研究员（浙江杭州330031）。

---

[*] 本文是浙江省哲学社会科学重点研究基地（浙学研究中心）课题"方法论视域下的明清禅宗著述"（项目号：22ZXZD004）的阶段性成果。

竹篦之于禅门，具有多重价值。作为禅门法器而言，竹篦通常是一条三尺至五尺的长竹片（形似戒尺），乃禅师接引学人的日常教具，禅宗史上，主要是得益于大慧宗杲（1089—1163）的提倡推行，师家或首座持竹篦以助禅机化导，逐渐蔚然成风。作为禅门公案而言竹篦亦经常被禅师们信手拈来进行机缘叩问——与"赵州无字"同样耐人琢磨，亦同样具有典范意义的"竹篦子话"。被禅师提出，则可以追溯到首山省念（926—993）禅师。

由于大慧宗杲等禅师对竹篦的善巧运用，原本与禅法不相干的条状竹片，在禅宗的门庭施设中开始变得不可或缺。它后来不仅被视为禅门"外七事"[①]之一，还不时被当作师徒间的传法信物代代相承。

大慧之后，对于"竹篦禅"的自觉传承，还有短暂的延续。南宋文人张孝祥（1132—1170）曾赠诗于大慧法嗣无言信禅师云："诗卷随身四十年，忙中参得竹篦禅。而今投老湖西寺，卧看湘江水拍天。"[②]信禅师则和之曰："竹篦子话选当年，直下无私不是禅。既遇状元真眼目，敢拈沉水向人天。"[③]诸如此类，禅门对"竹篦禅"的传承发扬，仍然在忽隐忽现的境况中延续了将近五百年。

晦山戒显（1610—1672）的出世，仿佛将要突破此境况，他在《禅门锻炼说》等作品中不仅细致梳理过"竹篦禅"的传承历史，还试图对"竹篦禅"展开多种细节化的雕琢，以及更为深刻的观念性重塑。具体而论，晦山戒显不仅明确发出过"善用竹篦子"的呼喊，还别具匠心地主张区别于"竹篦子话"抑或"竹篦商量"的

[①]《碧岩录》第十五则中有"具七事随身，可以同生同死"之语（《大正藏》，第48册，第156页上），日本大智实统（1659—1740）创造性地将"七事随身"理解为"内七事"与"外七事"。所谓"内七事"，即大机大用、机辩迅速、语句妙灵、杀活机锋、博学广览、鉴觉不昧、显隐自在；所谓"外七事"，则是拄杖、拂子、禅板、几案、如意、竹篦、木蛇。参见《碧岩录种电钞》卷二本，京都大学图书馆藏京都柳枝轩元文四年（1739）刊本，第38页。

[②]（宋）晓莹：《云卧纪谈》卷二，《卍新纂续藏经》，第86册，第674页下。

[③]（宋）晓莹：《云卧纪谈》卷二，《卍新纂续藏经》，第86册，第674页下。

"竹篦锻炼说",沿循着这种新的定位,明清禅门对"竹篦禅"的传承重燃热情,展现出较多的创造性,显得较为特殊。

一 竹篦为何物?——从文化史到禅学史的考察

在探讨"竹篦禅"的诸多问题之前,需要留意一点,即竹篦本非禅宗的专有之物,换言之,竹篦在古代文化的发展历程中,很早就有其他对应器物,而禅宗的竹篦,很可能便是由某种类似器物演化而来的。为了尽可能准确地呈现此演化过程,接下来的论述,我们将从"竹篦的文化史考辨""竹篦的禅学史探源"以及"竹篦公案的禅学效应"三个问题依次展开。

(一)竹篦的文化史考辨

如果由词语构成的视角来看,所谓的竹篦,至少存在两种解释的可能。第一,"竹"作为"篦"的修饰语,那么,竹篦的意思就是竹制之篦。如《汉语大词典》等辞书所录,"篦"乃指"一种去除头上虮虱或头屑的用具,中间有梁儿,两边有密齿",文学作品和日常生活中通常使用的"梳篦/发篦"或"竹篦箕/竹篦子",多从此解。第二,"篦"作为"竹"的修饰语,那么,竹篦的意思则为篦状之竹,禅门内所言之"竹篦",当从此解。

然而,同样都被称为"竹篦",为何形制差别如此之大呢?这个问题,需要借助文化史——尤其是汉语史的相关知识,才能得到合理的解释。

其一,如雷昌蛟在《"篦"字音义考源》[①]一文中揭示,古韵书、字书、音义书中,"篦"字的音义都没有和上述第一种解释对应的案例,后世之所以使用"篦"字来书写并传达该义,只是借用成习,其本字应是"比"。颜师古注《急就篇》曰:"梳之大而粗,所以理鬓者谓之梳,言其齿稀疏也;小而细,所以去虮虱者谓之

---

① 雷昌蛟:《"篦"字音义考源》,《古汉语研究》2009 年第 3 期。

比，言其齿密比也。"① 可以佐证该判断。其实，早在清代，段玉裁就已经发现"篦"来源于"比"的事实，他在《说文解字注》"比，密也"下注曰："许书无篦字，古只作比，见《苍颉篇》《释名》《汉书·匈奴传》。"② 如此说来，现今被视为梳头工具的竹制之"篦"，本应写作"比"或"笓"，直到元明时期，写为"篦"的情况才较为普遍。③ 显然，宋代禅门内所言之"竹篦"，不太可能源出该义项。

其二，佛教经典中自古有"金錍决瞽盲"之喻——最早见于北凉昙无谶（385—433）译《大般涅槃经》，"金錍"指医生用来疗治眼病的器具，以之刮开眼膜，可令盲者复明，喻指佛陀为众生说法，为其破心中迷障，而直了见性。"金錍"，在文献中又作"金鎞""金篦"，如杜甫诗云"金篦空刮眼，镜象未离铨"④ 之类。

关于"錍"字此义的得名之由，张涌泉先生阐释曰：

> 作为古代刮开眼膜的器械，此字本当以作"錍"为典正。据《方言》，"錍"为箭镞之"广长而薄者"，大概正是因为这一特点，古人也用"錍"来刮开眼膜，后来索性便把这类器械称为"錍"。这一用法的"錍"或作"鎞"，亦作"篦"。⑤

既然"錍"的本义为箭镞之"广长而薄者"，那么，不晚于唐代，通"錍"的"篦"字，应该也共享了此义项。不出意外的话，宋代禅门内所言之竹篦，即从此义。联想到"金錍/金篦"在佛教内

---

① （汉）史游：《急就篇》，曾仲珊校点，岳麓书社1989年版，第186—187页。
② （汉）许慎撰，（清）段玉裁注：《说文解字注》，上海书店1992年版，第386页。
③ 参见郭晓妮《"梳"、"篦"对"枊"的历时替换考》，《海南大学学报》（人文社会科学版）2009年第4期。
④ （唐）杜甫：《秋日夔府咏怀奉寄郑监李宾客一百韵》，载（清）仇兆鳌注《杜诗详注》卷十九，中华书局1979年版，第1715页。
⑤ 张涌泉：《〈敦煌文献语言辞典〉编纂刍议》，载商务印书馆编辑部编《21世纪的中国语言学（二）》，商务印书馆2006年版，第365页。

的特殊喻义,禅门选择形似之"竹篦"作为教具,兴许还蕴藏着某些深刻考量。

(二)竹篦的禅学史探源

如前所考,宋代禅门之"竹篦"施设,很有可能与"金錍/金篦"在佛教内的文化效应密切相关。暂且不提天台宗湛然(711—782)之《金刚錍》等禅门外的丰富演绎,仅就禅宗内部而言,对于"金錍/金篦"的传述,同样也相当普遍。写为"金錍"者,比如永明延寿(904—975)之《万善同归集》文曰:"开法施之门,续传灯之焰。能将甘露,沃枯竭之心;善使金錍,扶痴盲之眼。"① 而写为"金篦"者,也有觉范慧洪(1071—1128)所颂"金篦抉膜去重重,露出当时晦昧空,拨转上头关捩子,莫教更堕有无中"② 等例。

大约与"金篦"这个词流行于禅宗典籍同时,禅门内关于"竹篦"的书写,也开始涌现。根据日本僧人无著道忠(1653—1744)在《禅林象器笺》中的研究,"竹篦"进入禅门的轨迹,可以从首山省念和大慧宗杲等禅师的相关文献中探寻。

与首山省念相关者,现存仅有一则。现存最早版本当为《天圣广灯录》(1036)卷十六"汝州叶县广教院赐紫归省禅师"条所载:

> 参见汝州省念禅师。师见来,竖起竹篦子云:"不得唤作竹篦子,唤作竹篦子即触,不唤作竹篦子即背。唤作什么?"师近前掣得,掷向阶下云:"在什么处?"念云:"瞎!"师言下大悟。③

与大慧相关者,则极为丰富,若以"竹篦"关键词检索大正藏本

---

① (五代)延寿:《万善同归集》卷二,《大正藏》,第48册,第975页中。
② (宋)慧洪:《石门文字禅》卷十五,《嘉兴藏》,第23册,第643页上。
③ (宋)李遵勖:《天圣广灯录》卷十六,《卍新纂续藏经》,第78册,第495页中。

《大慧普觉禅师语录》，共出现四十五处结果，内容涉及开示说法、作用机缘、诗偈颂古和纪实回忆等多类。除此之外，大慧在自己所编集的公案集成《正法眼藏》（1147）中，还侧面交待过"竹篦禅"的来源问题。文载：

> 叶县省和尚。一日念和尚问云："唤作竹篦则触，不唤作竹篦则背，合唤作甚么物即得？"省于此大悟，遂于手中掣得竹篦，拗折掷于阶下，却云："是甚么？"念云瞎，省便礼拜。①

虽然与《天圣广灯录》的记载在文字和情节上都略有出入，但是至少共同肯定了首山省念禅师利用"竹篦"演绎禅法的先例。

早于大慧出世约二十年的觉范慧洪曾编《禅林僧宝传》，书中收录首山省念之法嗣，也即叶县归省的同门广慧元琏（951—1036）之史料，语录提及：

> 我在先师会中，见举竹篦子问省驴汉曰："唤作篦子即触，不唤作篦子即背，作么生？"省近前掣得，掷地上云："是什么？"先师云："瞎！"省从此悟入。②

作为事件的亲历者，广慧元琏的回忆文字再度佐证首山与"竹篦"的真实关联，而这也就同时表明，关于"竹篦禅"的传承，至晚可以追溯到首山省念禅师。

（三）竹篦公案的禅学效应

探寻"竹篦"进入禅门的轨迹，首山省念与大慧宗杲乃至关重要的两位人物。首山作为禅籍中可见最早使用"竹篦"演绎禅法者，其重要性毋庸讳言，大慧的重要性，则体现在紧随其后对"竹

---

① （宋）宗杲：《正法眼藏》卷三，《卍新纂续藏经》，第67册，第614页中。
② （宋）慧洪：《禅林僧宝传》卷十六，《卍新纂续藏经》，第79册，第524页中。

篦禅"进行自觉、系统的实践与倡导,换言之,"竹篦禅"的典范化及其在禅门内的盛行,更多应归功于大慧。

进入宋代禅门的视角,首山省念禅师利用"竹篦"演绎禅法可谓一段公案,而大慧对于该公案的拈提、评唱甚至重构,俨然贯穿一生。比如大慧年谱记载他宣和七年(1125)得法于圆悟后的情形曰:

> 遂著《临济正宗记》以付之,俾掌记室,分座训徒。师乃爇香为誓曰:"宁以此身代众生受地狱苦,终不以佛法当人情。"乃握竹篦为应机之器,于是声誉蔼著,丛林咸归重之。①

这也就是说,大慧"握竹篦为应机之器"的祖师形象,在他去世不久后就已深入人心,由此,应该不难想象大慧生平对"竹篦禅"的努力建构。

绍兴元年(1131),大慧四十三岁,其年谱下记事曰"二月,复还云门庵,题《高庵悟禅师语要》,示学徒云门举起竹篦五颂"②,此事语录详记如下:

> 师室中常举竹篦问学者曰"唤作竹篦则触,不唤作竹篦则背",众下语皆不契。因僧请教,复成五颂示之。颂云:
>
> 云门举起竹篦,开口知君话堕。上方香积不餐,甘伏食人涕唾(一)。
>
> 云门举起竹篦,禅和切忌针锥。鸾凤不栖荆棘,鸜鹆偏守空池(二)。
>
> 云门举起竹篦,通身带水拖泥。奉报参玄上士,撒手悬崖勿迟(三)。
>
> 云门举起竹篦,拟议知君乱统。直饶救得眼睛,当下失却

---

① (宋)祖咏编:《大慧普觉禅师年谱》,《嘉兴藏》,第1册,第796页下。
② (宋)祖咏编:《大慧普觉禅师年谱》,《嘉兴藏》,第1册,第798页中。

鼻孔（四）。

云门举起竹篦，露出心肝五脏。可怜猗死禅和，犹自魂飞胆丧（五）。①

大慧开示"竹篦公案"的五则偈颂，如今看来虽然依旧难解，但是至少可以看成大慧本人阐发和运用"竹篦公案"的阶段性总结。

后来，还有人询问大慧的弟子"径山和尚寻常如何为人"，大慧弟子答：

和尚只教人看"狗子无佛性话""竹篦子话"，只是不得下语，不得思量，不得向举起处会，不得去开口处承当。"狗子还有佛性也无——无"，只怎么教人看。②

从大慧弟子的答语能够得知，"竹篦子话"和"狗子无佛性话"一样，都是大慧日常指授看话禅时使用频率最高的公案或话头。

不过需要注意的是，与指授"狗子无佛性话"这则公案话头的情况颇为不同，大慧对"竹篦公案"的指授和演绎，不仅蕴含看话参究之思维面向，还包括作用机缘之实践面向。鼎需禅人参大慧的过程中，就有相关情节：

鼎需禅人入室，师问曰："内不放出，外不放入，正当怎么时如何？"需拟对，师以竹篦打，至三下，需忽大悟，不觉叫曰："和尚已是多也。"师又打一下，乃示一偈云："顶门竖亚摩酰眼，肘后斜悬夺命符。瞎却眼，夺却符，赵州东壁挂葫芦。"③

如"德山棒"的作用一样，大慧在合适的机缘下也常用"竹篦"敲打

---

① （宋）宗杲：《大慧普觉禅师语录》卷十，《大正藏》，第47册，第856页上。
② （宋）宗杲：《大慧普觉禅师语录》卷十四，《大正藏》，第47册，第869页下。
③ （宋）祖咏编：《大慧普觉禅师年谱》，《嘉兴藏》，第1册，第799页中。

后学，而且效果似乎不错，临济大机大用、杀活自在的宗风，由此得以彰显。大慧自赞偈曰："这个村和尚，少人能近傍。黑漆粗竹篦，佛来也一棒。"① 大慧六十八岁时，文人唐文若亦寄诗云："人皆养子防身老，临济生儿不养家。三尺竹篦千古令，更无一物是生涯。"② 可见大慧演绎"竹篦禅"的作用机缘，已形成个人特色。

在大慧的大力推行之下，"竹篦公案"和"竹篦禅"很快就被典范化，而且在禅门之内获得良好反响。1229 年刊行的《无门关》收录著名公案四十八则，即把"首山竹篦"列四十三。日本僧人圆尔辩圆（1202—1280）入宋到径山学禅，先从无准师范（1178—1249）参"首山竹篦"公案，而后也切实从三尺竹篦的逼拶下豁然大悟，他得法回国后，随即成为京都东福寺的开山祖师。最后顺带一提，现存的宋元中日禅僧顶相中，端身正坐的大禅师们，许多都手持竹篦。

二 善用竹篦子——晦山戒显对"竹篦禅"的再演绎

由于大慧宗杲等禅师对竹篦的善巧运用蔚然成风，原本与禅法不相干的条状竹片，南宋以后在禅宗的门庭施设中逐渐变得不可或缺。然而与之并不协调的是，禅门内对"竹篦禅"的传承，仿佛只是在忽隐忽现的境况中延续了将近五百年。直到明清时期，与大慧宗杲同样面临亡国处境的晦山戒显出于对禅门弊病的担忧，提倡"善用竹篦子"以锻炼后学，才令"竹篦禅"的传承有所突破。

（一）晦山戒显与"竹篦禅"的传承脉络

大慧宗杲之后，最有可能传承"竹篦禅"者，当为大慧法嗣。事实上也确实如此，比如南宋文人张孝祥曾赠诗于大慧法嗣无言信禅师云："诗卷随身四十年，忙中参得竹篦禅。而今投老湖西寺，

---

① （宋）宗杲：《大慧普觉禅师语录》卷十二，《大正藏》，第 47 册，第 860 页中。
② （宋）祖咏编：《大慧普觉禅师年谱》，《嘉兴藏》，第 1 册，第 804 页下。

卧看湘江水拍天。"① 信禅师则和之曰："竹篦子话选当年，直下无私不是禅。既遇状元真眼目，敢拈沉水向人天。"② 在他们的诗句中，不难感受到他们对于大慧"竹篦禅"的信奉与坚守。

大慧门人中坚守"竹篦禅"者，并非个案。晓莹仲温在其著作《云卧纪谈》（1179）内提及：

> 应南源命而迁青原祖席，缘法颇盛。亦有二三衲子，不孤其竹篦用事，所用竹篦，乃大慧老师在梅阳来报恩，为兄弟入室者。
>
> 无著尝作铭纪其由，铭有引曰：
>
> 大慧老师以竹篦揭示佛祖不传之妙，几四十年，遂使临济正派勃兴焉。至于居患难中，亦不倦提扢，所以梅州报恩有竹篦在堂司也，江西莹仲温尝掌其职，得之而归，岂特为丛林千载之荣观邪。无著妙总谨稽首。
>
> 为之铭曰：
> 南山有竹，不削自异。状若黑蚖，喷喷毒气。
> 如尺之捶，用之无匮。锻圣烹凡，经天纬地。
> 仲温得之，尤宜保秘。照映丛林，千古不坠。
>
> 愚涡沈乡井，收得诚为闲家具，溘然后，定被摩那辈将去拨火。何如于未盖棺前，以竹篦及无著亲写之铭，并归于禋兄。所幸其用得灵验，想兄闻而必为之喜也。③

晓莹仲温的这段文字颇为耐人寻味，其中至少反映出两种心态：其一，是大慧门人对恩师"竹篦禅"的信奉与坚守；其二，则是门人弟子自觉无以为继的担忧及无奈。

可能就是在这样的矛盾心态中，大慧"竹篦禅"的传承始终不温不火，无法实现进一步的突破。延续此种境况，也就无怪乎接近

---

① （宋）晓莹：《云卧纪谈》卷二，《卍新纂续藏经》，第86册，第674页下。
② （宋）晓莹：《云卧纪谈》卷二，《卍新纂续藏经》，第86册，第674页下。
③ （宋）晓莹：《云卧纪谈》卷二，《卍新纂续藏经》，第86册，第681页上。

善用竹篦子：论晦山戒显与"竹篦禅"的明清传承

五百年后，晦山戒显重新检视"竹篦禅"的传承，直截了当曰"盖竹篦起自首山，盛行于大慧，再兴于三峰，此历代老古锥锻炼衲子之器"①，从大慧到汉月法藏（1573—1635）中间的悠长历史，只是被一笔带过。

之所以选择一笔带过南宋元明时期禅门内对"竹篦禅"的传承，晦山戒显自有其考量。如晦山戒显所言：

> 佛法中据位者，治丛林如治国，用机法以锻禅众如用兵。奇正相因，不易之道也。拈华一着，兵法之祖，西天四七，东土二三，虽显理致，暗合孙吴。至马驹蹴踏，如光弼军，壁垒一变。嗣后黄檗、临济、睦州、云门、汾阳、慈明、东山、圆悟诸老，虚实杀活，纯用兵机。逮乎妙喜，专握竹篦，大肆奇兵，得人最盛。五家建法，各立纲宗，韬略精严，坚不可破，而兵法全矣。自元及明中叶，锻炼法废，寒灰枯木，坑陷杀人。幸天童悟老人，提三尺法剑，开宗门疆土。三峰藏老人继之，恢复纲宗，重拈竹篦，而锻炼复行，陷阵冲锋，出众龙象。灵隐本师，复加通变，啐啄多方，五花八门，奇计错出，兵书益大备矣。②

晦山戒显强调，自元及明中叶，禅门出现了"锻炼法废"的情况，换言之，虽然禅宗发展连绵不断，法脉传承生生不息，但是，中间很长的时段，仿佛名存实亡。他随后话锋一转，强调当时幸好有密云圆悟（1566—1642）恢复棒打之风，汉月法藏重拈竹篦法器，这才使得"用机法以锻禅众"的禅门锻炼法焕发新生。

如今来看，晦山戒显对元明时代的禅学理解未必符合实际情况，而他对三峰系祖师的过度推崇，也很难令人们完全信服。不过，如果能够暂且搁置这些复杂的宗派意识问题，仅就"竹篦禅"

---

① （清）戒显：《禅门锻炼说》，《卍新纂续藏经》，第63册，第778页中。
② （清）戒显：《禅门锻炼说》，《卍新纂续藏经》，第63册，第774页中。

的传承脉络来说，从大慧宗杲到汉月法藏的跨时代承续，倒是颇具启发性。

（二）晦山戒显对"竹篦禅"的独特演绎

依照晦山戒显对"竹篦禅"历史传承的回溯来说，他自认的"竹篦禅"传承为首山省念→大慧宗杲→汉月法藏→晦山戒显，前两位祖师前文已详细讨论过，现还有汉月法藏没有涉及，如以"竹篦"关键词检索《嘉兴藏》本《三峰藏和尚语录》，共得六十二处结果，其中对于"竹篦公案"的拈提和参究占比最多，作用机缘亦有几处，譬如年谱内"室中握竹篦以验方来衲子"① 云云。

作为明清时期重振大慧"竹篦禅"的起点人物，汉月法藏固然很重要。然而若要以推动"竹篦禅"之演化而论，则晦山戒显应该更值得关注。之所以这样说，是因为汉月法藏之重振"竹篦禅"，总体仍未脱大慧所创的基本范式；反观晦山戒显对"竹篦禅"的再演绎，却能够不时展现一些切中时弊的独特思路。

晦山戒显演绎"竹篦禅"的独特思路，集中体现于他的名作《禅门锻炼说》之中。该文"垂手锻炼第五"专门探讨此问题，其中说道：

> 锻炼之器，在善用竹篦子。盖竹篦起自首山，盛行于大慧，再兴于三峰，此历代老古锥锻炼衲子之器，非创设也。
>
> 竹篦长须五尺，阔止一寸，稍稍模棱，去其锐角，即便捷而易用。若夫拄杖子，设法接机则可，锻炼决不可用，即用亦不灵也。至于铜铁如意，以降禅众而已，稍近则头迸脑裂，非锻炼之物也。
>
> 用竹篦者，其功便于逼拶，而其妙在乎敲击。禅众坐时，则执之以巡香，行时即握之为利器。三板止静，长老必先开示，如前所说，不必渎矣。香安半炷，即鸣引磬。今禅众经

---

① （明）法藏：《三峰藏和尚语录》卷十六，《嘉兴藏》，第34册，第208页下。

行,经行之法,先缓次急,渐归紧凑。长老亦频频握竹篦,随众旋绕,当经行极猛利时,即用兵家之法,出其不意,攻其无备。或拦胸把住,逼其下语;或劈头一棒,鞠其本参。待其出言,复夺贼枪而杀贼。伺其转变,更将锥子而深锥。……工夫未极头,则千锤而千炼;偷心未死尽,则百纵而百擒。务将学人旷大劫来识情影子,知见葛藤,搂其窟穴,斩其根株,使其无地躲根。渐至悬崖撒手,一锥一札,机候到者,不难啐地断,曝地折矣。此非背水设阵中,所谓置之死地而后生,置之亡地而后存乎?锻炼禅众,亦若是则已矣。夫长老如是以为众亦可谓难矣,然得此道也,则易于出人,亦可谓妙矣。①

无论是大慧宗杲还是汉月法藏,他们对"竹篦禅"的阐扬,整体而言都不曾离开对"竹篦公案"的拈提与参究。或是直接配合,或是间接辅助,对于"竹篦公案"的看话参究与手持竹篦的机缘作用,堪称"竹篦禅"的双核机制。

晦山戒显对"竹篦禅"的独特演绎则不然,如上引文字所示,他对"竹篦公案"的参究传统,整体已经不太强调,唯有手持竹篦的机缘妙用——所谓"善用竹篦子",才是他不遗余力推崇的。为了能够实现"善用竹篦子"的基本目标,晦山戒显对于竹篦的制作标准、使用技巧以及独特功效,都给出了细致而又详尽的说明,不难看出,竹篦在晦山戒显的心中实乃"锻炼之器"也。

三 竹篦锻炼说——晦山戒显对"竹篦禅"的新定位

晦山戒显视竹篦为锻炼禅众之器,从而在客观效果上以"竹篦锻炼说"重新对"竹篦禅"进行定位,此状况不仅在通行本《禅门锻炼说》中已得到集中呈现,从近期现迹东瀛的《灵隐晦山显和

---

① (清)戒显:《禅门锻炼说》,《卍新纂续藏经》,第63册,第778页中—下。

尚全集》（东京大学藏刻本）与《灵隐晦山显和尚语录》（京都大学藏抄本）当中，亦可发现许多能够佐证的新材料。

粗略统计后发现，《灵隐晦山显和尚全集》二十四卷文本中共出现"竹篦"六次①，现全部摘录如下：

编号	卷次	题名	内容
1	卷一	孙念莪老道长七十索诗寄祝	半生想莲台，<u>垂老参竹篦</u>。透过妙喜关，西方凭游戏
2	卷一	胜莲无歇大师挽言	超步干戈际，薙落千华巅。虽严木义戒，<u>不忘竹篦禅</u>
3	卷六	庚子除夕	扁舟东海乡心断，十载西江病骨存。学易未能惭过二，<u>幸余竹篦报师恩</u>
4	卷十八	重建古云门寺记	公幼好参禅，初依洞山孤崖和尚，虽得定力，久未透关。山僧住欧峰，公入红炉就煅，至第二冬，山僧用毒辣钳锤，<u>公于一竹篦下，当堂透脱</u>，操履稳实，山僧以公福学未充，勉令住静
5	卷二十三	瑞光寺西堂隐光禅师塔铭	抵天童密老和尚席请益，机语不让，一再礼瑞光，遂止锡焉，晓闻鸦鸣，<u>了竹篦公案</u>
6	卷二十三	别峰堂上四弘和尚塔铭	乃问南宗，三峰是登。<u>饱参竹篦</u>，痛领乌藤

虽然《全集》内明显出现了"参竹篦""了竹篦公案"及"饱参竹篦"的表述，但稍加分辨，就可以发现那些都是对他人生平的描述，与晦山戒显本人并无直接关系。在《重建古云门寺记》一文中，反倒是记录了晦山戒显使用"毒辣钳锤"之法，令印明禅师在竹篦敲击下当堂透脱之事。庚子年除夕所作之诗，则是透露出对自

---

① 参见（清）戒显《灵隐晦山显和尚全集》，东京大学东洋文化研究所藏刻本。

己善用竹篦之能力的欣慰。总地看来，《全集》以诗偈和碑铭为主，与"竹篦"相关的信息实在有限，然而唯独一条记事的材料，导向的正是锻炼性质的竹篦禅。

《灵隐晦山显和尚语录》五册之内容，去除与二十四卷《全集》完全重复者①后，另外也发现八处提及"竹篦"的材料。② 简化列举如下：

编号	卷次	内容
1	卷一	乃云：云居开炉，了无说法；竹篦如龙，舌头如铁。去一走七，未为奇特；据令而行，佛祖脑裂。向第二门，下个驴橛；凤网鳌钩，劈面施设。垂下拂子云：负命者上钩来（结冬上堂）
2	卷三	座元异公，久经炉鞴，正眼洞明，入法许鹘眼龙睛，锻人具鹰牙虎爪，两冬竹篦，衲子趋风，名为异目超宗，果是咬人狮子。今日时至义彰，特对人天付与信物，虽贵深藏头角也，须露个爪牙看取（七月朔师诞日付异目座元）
3	卷三	上堂。（云）山僧总答话，不问话者三十棒。众拟议，师左右打云：伎死禅和如麻似粟。乃云：山僧竹篦子，向来如铁橛，触着吹毛，脑门百裂（腊月二十五日解制田梅川护法请）
4	卷三	堂堂大路，人自迷头，直下知归，犹是钝汉，更复长期短期……只得向诸人面前下个系驴橛子，一脚踢脱底，许他撒手横行，倘或进前退后，黑漆竹篦打折你驴腰也，怪不得山僧盐酱。以拂子击禅床云：下坡不走快，便难逢异峰（新禅堂落成结制上堂）
5	卷六	把住封疆，鬼神行走无路，放开关隘，鱼龙游泳有方。三冬雪进红炉，已见龙门捷足，今日灯悬宝殿，何妨良骥追风。究竟住也，竹篦子鞭起脊梁去也，拄杖子穿却鼻孔。饶你走尽百城，何曾离得这个？老僧从实告报，不如归堂憩歇好（解制上堂）

---

① 五册本《语录》和二十四卷《全集》收录内容的比较，可以参考周玟观所制内容对照表，周玟观：《半生幸入三峰社：从晦山戒显看清初遗民僧的日常生活》，《佛光学报》2021年第1期。

② 参见（清）戒显《灵隐晦山显和尚语录》，京都大学藏写本。

续表

编号	卷次	内容
6	卷十	举：五祖演禅师云，譬如牛过铁窗棂，头角四蹄都过了，因什么尾巴过不得？师良久，云：汝等要见全牛么？<u>乃竖起竹篦子</u>，云：看看！眨眼荐得，通身露现，头尾完全，无剩无欠；纤毫悟见，未忘睹面，犹隔天堑。若也透过牢关，何必车经白污。<u>掷下竹篦，归方丈</u>（示众）
7	卷十	乾坤之内，宇宙之间，中有一宝，验在目前。城东老母直得回避不及，衲僧要见么？<u>举竹篦</u>，云：黑漆竹篦子（小参）
8	卷十	堂问：无梦无想，宝剑作么生用？适一僧搀前问话，<u>师拈竹篦，直打出方丈</u>，堂豁然有醒（机缘）

综观以上所摘录提及"竹篦"的语录，情况还算比较清楚。首先，没有任何一则是与"竹篦公案"相关者，而这就意味着晦山戒显本人在传承大慧宗杲以及汉月法藏的"竹篦禅"之时，并非全然照搬传统，而是有自己的实际考量。其次，在前五则上堂开示的言语之间，晦山戒显对竹篦施用的定位高度统一，"竹篦如龙，舌头如铁"，"两冬竹篦，衲子趋风"，"山僧竹篦子，向来如铁橛"表明竹篦的施用绝不在语言知解或公案参究中，而只在手持竹篦的接机化导或逼拶锻炼中，诸如"黑漆竹篦打折你驴腰也""竹篦子鞭起脊梁去也"等激烈言辞，便是将此种定位推向极致的呈现。最后，在末尾三则示众、小参或机缘的场景实录中，晦山戒显或竖起竹篦，或掷下竹篦，或以竹篦演直指之法（若释迦拈花），或拈起竹篦便打，真可谓以竹篦为锻炼禅众之器，并且将这一条黑漆竹篦子，演绎出千变万化的用法，直抵其"善用竹篦子"的本怀。

由此可见，晦山戒显虽然自言其"竹篦禅"乃承大慧宗杲与汉月法藏，但是他对于"竹篦禅"的理解已然另辟蹊径。过去的"竹篦禅"，较多地表现为融合对"竹篦公案"的看话参究与手持竹篦的机缘化导的双核机制，晦山戒显则基本搁置对

"竹篦公案"的参究，独以竹篦锻炼为极则，可谓在客观效果上以"竹篦锻炼说"重新对"竹篦禅"进行定位者。由于这种新的定位在禅门中不断获得认同，诸如《禅门锻炼说》之类的作品影响力与日俱增，而"竹篦禅"也得以在明清时期再度焕发活力。

《东方哲学与文化》稿约

　　《东方哲学与文化》是由老子道学文化研究会、南京大学道学与东方文化研究中心共同主办的学术集刊。每年出版两辑,向国内外发行。

　　本刊旨在繁荣和推进包括中国传统文化在内的东方学研究,构建具有鲜明特色的东方哲学与文化研究的学术平台,开展专题和比较研究,发掘东方文明的精神内涵与时代价值。

　　本刊常设栏目包括:理论前沿、专题研究(道学研究、佛学研究、儒学研究、印度哲学研究、犹太学研究、日本哲学研究等)、比较研究、书评讯息等。

　　本刊来稿以1万—1.5万字为宜,要求观点明确、论证严谨、语言流畅。来稿请附中英文题目、中英文摘要(200—300字)、中英文关键词(3—5个),作者简介及地址、邮箱、电话等联系方式,国外学者须注明国籍。

　　本刊来稿请采用夹注和脚注两种注释方式,引文、注释务必校对无误,参考文献请附文末。

　　1. 夹注,适用于在正文中征引常见古籍,格式如(《庄子·逍遥游》)。

　　2. 脚注,请使用①、②、③……标示,每页重新编号。

　　(1) 引用古籍示例:(清)姚际恒:《古今伪书考》卷三,光绪三年苏州文学山房活字本,第9页a。

　　(2) 引用专著示例:朱伯昆:《易学哲学史》,北京大学出版

社 1986 年版,第 100 页。(国外作者加国籍,译著在书名后加译者,西文专著书名用斜体)

(3) 引用期刊论文示例:陈国符:《〈道藏〉经中若干可供研究中国古代自然科学与技术之史料》,《自然科学史研究》1983 年第 3 期。(西文期刊论文加引号,期刊名用斜体)

(4) 引用文集中文章示例:杜维明:《从"文化中国"的精神资源看儒学发展的困境》,载《杜维明文集》第 5 卷,武汉出版社 2002 年版,第 469 页。

本刊实行匿名审稿制,审稿期限一般为三个月。三个月后如未接到采用通知,作者可自行处理。因本刊人力所限,恕不办理退稿,请自留底稿。

来稿文责自负,切勿一稿多投,本刊不承担论文侵权等方面的连带责任。对采用的稿件本刊有权删改,不同意删改者请申明。

本刊不收取任何版面费用,并对采用的文章支付相应的稿酬,对高水平文章稿酬从优。本刊电子邮箱:orientalstudies@126.com。

本刊通信地址:江苏省南京市栖霞区仙林大道 163 号南京大学哲学系 313 室《东方哲学与文化》编辑部,邮编:210023,联系电话:025-89681610。

《东方哲学与文化》编辑部